JN430217

시은맘의 손뜨개 인형

Making of Crochet Doll

코바늘로 뜨는 창작 인형 인기 클래스
시은맘의 손뜨개 인형

지은이 황부연
펴낸이 정규도
펴낸곳 황금시간

초판 1쇄 발행 2021년 1월 20일
초판 2쇄 발행 2021년 3월 8일

편집총괄 권명희
편집 신소연
디자인 ALL designgroup
사진 이현구
도안 일러스트 정영경

황금시간
Golden Time

주소 경기도 파주시 문발로 211
전화 (02)736-2031(내선 360)
팩스 (02)738-1713
인스타그램 @goldentimebook

출판등록 제406-2007-00002호
공급처 (주)다락원
구입문의 전화: (02)736-2031(내선 250~252)
　　　　　　팩스: (02)732-2037

Copyright ⓒ 2021, 황부연

저자 및 출판사의 허락 없이 이 책의 일부 또는 전부를 무단 복제·전재·발췌할 수 없습니다. 구입 후 철회는 회사 내규에 부합하는 경우에 가능하므로 구입처에 문의하시기 바랍니다. 분실·파손 등에 따른 소비자 피해는 공정거래위원회에서 고시한 소비자 분쟁 해결 기준에 따라 보상 가능합니다. 잘못된 책은 바꿔 드립니다.

값 20,000원
ISBN 979-11-87100-96-6 13590

시은맘의 손뜨개 인형

Making of Crochet Doll

황부연 지음

코바늘로 뜨는 창작 인형 인기 클래스

황금시간

손뜨개 인형 만드는 재미에 빠져 벌써 7년이라는 시간이 흘렀네요. 처음 손뜨개를 시작했을 때는 실과 바늘만 가지고 꼼지락거리다 보면 인형이 되는 것이 신기했던 초보였어요. 그래픽 디자인 일을 할 때 수없이 많은 디자인을 하고 다양한 작품들을 보았지만, 실물을 만질 수 없는 것이 항상 아쉬웠어요. 그래서 손으로 만질 수 있는 손뜨개 인형이 더욱 매력적으로 보였어요. 사실 손뜨개보다는 인형 만드는 것에 푹 빠졌었죠.

집중할 수 있는 행복한 일을 찾으면, 그 하나에 모든 에너지를 쏟기 때문에 항상 좋은 결과가 나왔어요. 지난 시간 동안 행복하게 일을 해왔고, 앞으로도 이 일을 평생 즐겁게 하고 싶어요. 새로운 인형을 디자인할 생각만 하면 여전히 가슴이 두근거리거든요.

7년이라는 시간 동안 저를 설레게 하고 잠 못 들게 만들었던 인형들을 선별해서 이 책에 담았어요. 여러분도 이 책을 통해 그런 가슴 뛰는 경험을 할 수 있기를 바랄게요.

인형을 만들기 위해 코바늘 손뜨개를 시작한 만큼 저에게 있어 뜨개는 규칙보다는 변칙이 많아요. 예쁘고 독창적이면서 만들기 쉬운 방법을 항상 연구했기에 기존 도안이나 뜨개에 익숙한 분들은 낯설게 느끼실 수도 있습니다. 이런 부분들을 함께 고민하고 독자 관점에서 이해하기 쉽게 만들어 준 편집자님께 정말 감사드려요. 신소연 편집자님을 만나 책을 출판하게 된 것은 정말 행운입니다. 그리고 책을 예쁘게 만드는 데 도움 주신 사진작가님과 편집 디자이너분께도 감사 인사드립니다. 항상 기쁨을 주는 딸 시은이와 든든한 남편 그리고 가족들, 항상 감사합니다. 무엇보다 이 책을 보는 모든 분께 진심으로 감사드립니다.

시은맘 황부연

contents

01 part

코바늘 인형 만들기 기초

02 part

귀여운 동물 인형 만들기

사랑스러운 사람 인형 만들기

03 part

귀여운 동물 인형 만들기

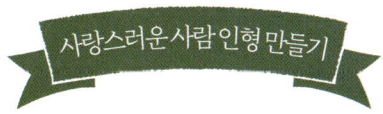

시은맘의 손뜨개 인형

01 part

코바늘 인형 만들기 기초

코바늘뜨기의 기초와 인형 만들기의 기초를
사진과 함께 상세한 설명으로 소개합니다.

코바늘뜨기 기초

도구와 재료 소개

1 시침핀: 편물을 고정할 때 사용한다.

2 마커(표시링): 뜨개코에 걸어 단수와 콧수를 표시한다.

3 돗바늘: 편물을 연결하거나 마무리할 때, 인형에 눈코
입 등 수를 놓을 때 사용한다.

4 가위: 뜨개실을 자를 때 사용한다.

5 겸자: 솜을 골고루 넣을 때 사용한다.

6 목공풀: 소품 만들 때 사용한다.

7 와이어: 인형의 팔이나 다리에 넣어 고정할 때 사용한다.

8 뜨개실: 종류나 두께에 따라 작품의 크기가 달라지는
데, 이 책에서는 대부분 면 소재의 실을 사용한다.

9 방울솜: 인형의 속을 채울 때 사용한다.

10 코바늘: 코바늘은 모사용과 레이스용으로 나뉜다. 바
늘은 호수가 커질수록 굵기가 굵어진다.

11 고무줄: 모자나 러그를 인형에 씌울 때 사용한다.

12 리본: 모자의 장식으로 사용한다.

13 왕관 장식: '08. 소녀발레단'의 머리에 장식할 때 사용
한다.

14 단추: '13. 꼬마 마녀'의 호박 가방의 장식으로 사용한다.

15 비즈: '08. 소녀발레단'의 옷에 붙이는 장식으로 사용
한다.

16 레이스 천: '12. 우리 결혼했어요.'에서 신부 화관 만들
때 사용한다.

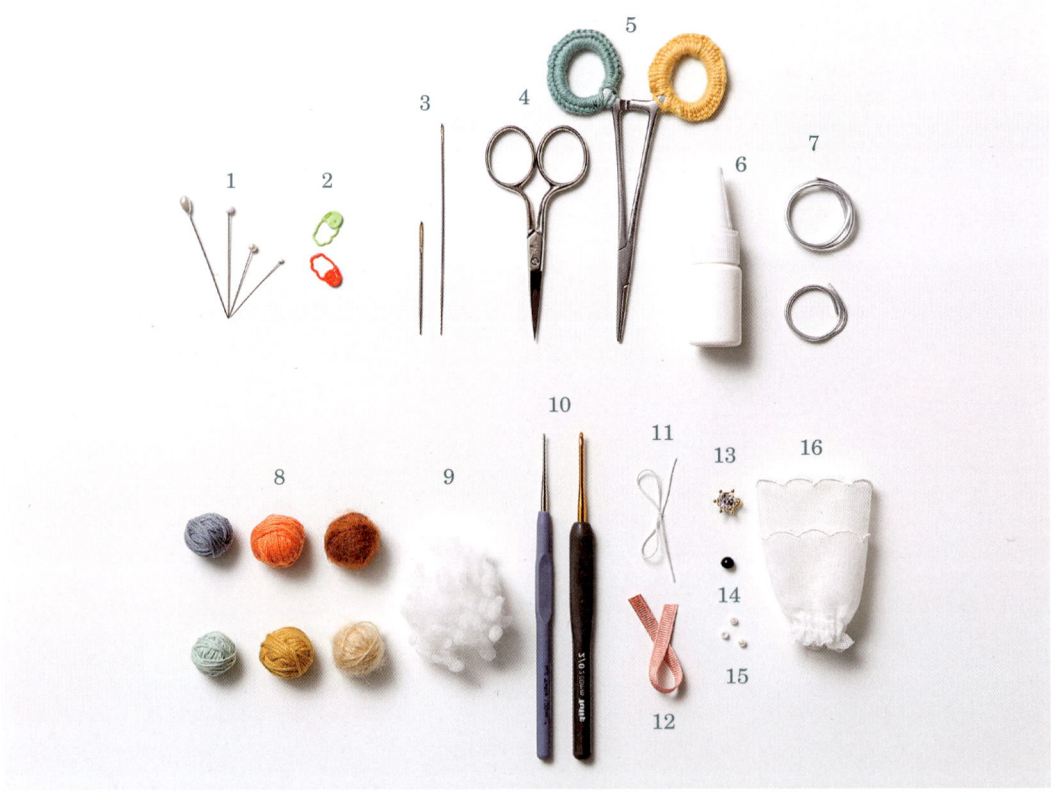

시은맘의
손뜨개 인형

이 책에서 사용한 실 정보

1 화이트	2 아이보리	3 피치	4 연베이지	5 베이지	6 레몬	7 치즈	8 옐로우
9 머스타드	10 피넛	11 당근 오렌지	12 오렌지	13 연핑크	14 러블리 핑크	15 진러블리 핑크	16 핑크
17 진핑크	18 다홍	19 핑크 다홍	20 레드	21 빈티지 핑크	22 진빈티지 핑크	23 다크 레드	24 스카이
25 빈티지 블루	26 블루 그레이	27 민트 그레이	28 블루	29 진블루	30 청록색	31 네이비 블루	32 네이비
33 라임	34 연두	35 풀색	36 민트 스카이	37 밝은 그린	38 민트	39 카키	40 그린
41 진레드 베이지	42 레드 베이지	43 진베이지	44 커피 브라운	45 월넛 브라운	46 브라운	47 초코 브라운	48 레드 브라운
49 자주	50 보라	51 그레이	52 다크 그레이	53 블랙			

돌리코튼: 면 100%, 50g, 170m, 추천 바늘 모사용 코바늘 2mm~3mm(2호~3호)
돌리코튼 레이스: 면 100%, 40g, 220m, 추천 바늘 레이스 코바늘 0.9mm~모사용 코바늘 2mm

1. 실 잡는 방법

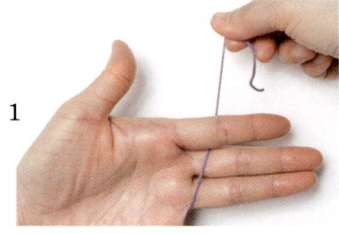

1

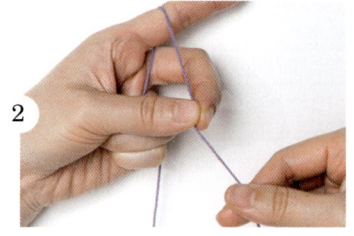

2

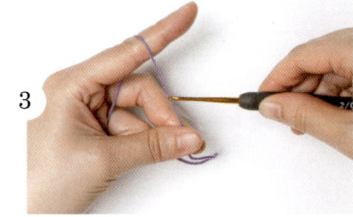

3

오른손으로 실 끝을 잡고 왼손에 실을 건다.

실이 걸릴 수 있게 검지를 세워 삼각형을 만든 후, 엄지와 중지로 실 끝을 잡는다.

나이프 잡듯이 가볍게 코바늘을 잡아 실 위에 놓는다.

---

tip

실은 심지가 있는 경우를 제외하고 안쪽에서 빼서 쓰는 것이 좋다. 또한 인형을 뜰 때는 실을 어느 정도 빼놓고 쓰는 것이 좋다. 장력의 차이 때문에 결과물이 달라지기도 한다.

2. 바늘 잡는 방법

1

2

• 연필처럼 잡기

코바늘 잡는 가장 기본적인 방법으로 연필 잡듯이 잡는다.

• 나이프처럼 잡기

손목에 무리가 덜 가는 방법으로 나이프 잡듯이 잡는다.

시은맘의 손뜨개 인형

1. 사슬코

사슬뜨기를 뜨고 난 후 생기는 코를 '사슬코'라고 한다. 사슬코에는 겉면과 안쪽 면이 있다. 겉면에 보이는 V자 모양(반코 2개)과 안쪽 면 중앙에 있는 코산 모두를 가리켜 사슬코라고 한다.

V자 모양이 보이면 사슬코의 겉면.

가운데 볼록하게 솟은 코 모양이 있으면 사슬코의 안쪽 면.

2. 코의 머리

사진처럼 V자 모양의 코를 '코의 머리'라고 한다. 다음 단이나 코를 뜰 때 코의 머리에 뜬다.

3. 기둥코

코바늘뜨기는 뜨개코에 따라서 단의 높이가 달라진다. 뜨개의 시작 지점에서 뜨개코를 떠서 높이를 맞추는데, 이 뜨개코를 기둥코라고 한다. 이 기둥코는 사슬뜨기로 뜨고 뜨개코의 길이만큼 떠서 높이를 맞춘다.

※ 이 책에서는 기둥코를 콧수에 포함하지 않는다. 하지만 보통은 짧은뜨기 이외의 기둥코는 1코로 세는 경우가 많다.

빼뜨기는 높이가 없으므로 기둥코를 뜨지 않는다.

기둥코=사슬뜨기 1코

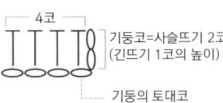

기둥코=사슬뜨기 2코 (긴뜨기 1코의 높이)

기둥의 토대코

기둥코=사슬뜨기 3코 (한길긴뜨기 1코의 높이)

기둥의 토대코

4. 코의 높이

코바늘뜨기의 뜨개코는 모두 일정한 높이를 가지고 있다(사슬뜨기와 빼뜨기 제외). 사슬뜨기 1코를 기준으로 뜨개코의 높이는 그림과 같다.

빼뜨기　사슬뜨기　짧은뜨기　긴뜨기　한길긴뜨기

사슬뜨기

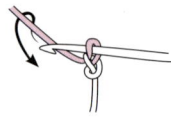

첫 코를 만들고 바늘에 실을 건다.

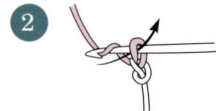

바늘에 걸린 실을 끌어내어 사슬코 완성.

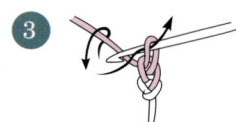

같은 방법으로 1, 2를 되풀이하여 뜬다.

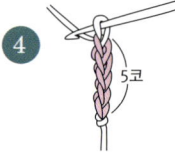

사슬뜨기 5코 완성.

 빼뜨기

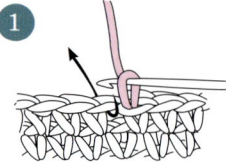

앞단 코에 바늘을 넣는다.

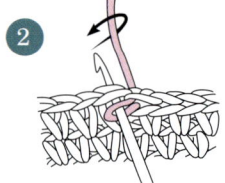

바늘에 실을 건다.

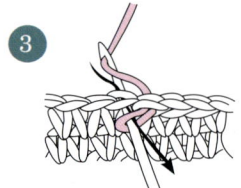

실을 한 번에 빼낸다.

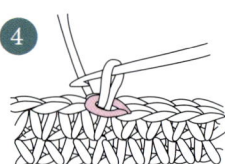

빼뜨기 1코 완성.

 짧은뜨기

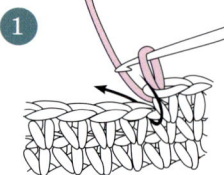

앞단 코에 바늘을 넣는다.

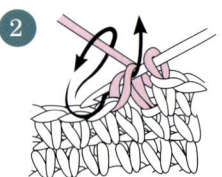

바늘에 실을 걸어서 고리 앞으로 끌어낸다.

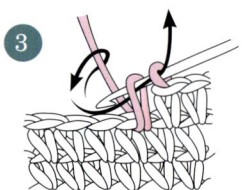

바늘에 실을 걸고, 고리 2개 안으로 한 번에 빼낸다.

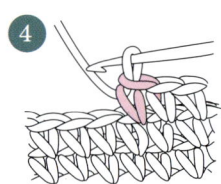

짧은뜨기 1코 완성.

 긴뜨기

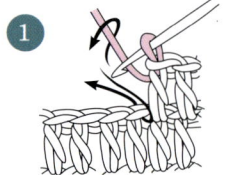

바늘에 실을 건 다음 앞단 코에 바늘을 넣는다.

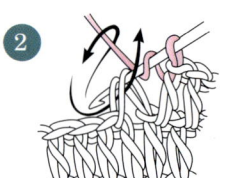

다시 바늘에 실을 걸어서 앞으로 끌어낸다(끌어낸 이 상태를 미완성 긴뜨기라고 한다).

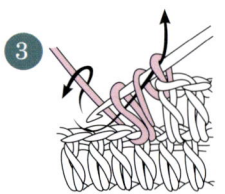

바늘에 실을 걸고 고리 3개 안으로 한 번에 빼낸다.

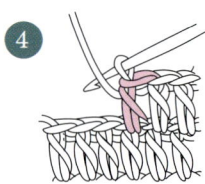

긴뜨기 1코 완성.

시은맘의 손뜨개 인형

한길긴뜨기

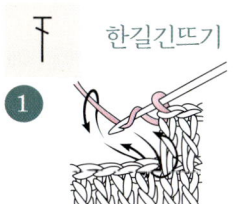

1 바늘에 실을 건 다음 앞단 코에 바늘을 넣고, 다시 실을 걸어서 고리 앞으로 끌어낸다.

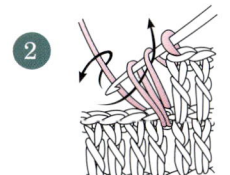

2 화살표처럼 바늘에 실을 걸고 고리 2개 안으로 빼낸다(빼낸 이 상태를 미완성 한길긴뜨기라고 한다).

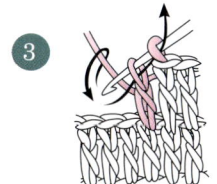

3 한 번 더 바늘에 실을 건 다음에 남은 고리 2개 안으로 화살표처럼 빼낸다.

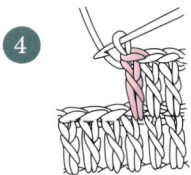

4 한길긴뜨기 1코 완성.

짧은뜨기 2코 늘려뜨기

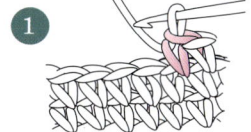

1 짧은뜨기를 1코 뜬다.

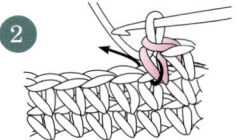

2 같은 코에 한 번 더 바늘을 넣어서 고리 앞으로 끌어낸다.

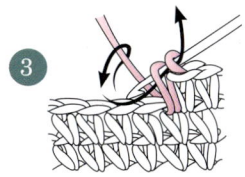

3 바늘에 실을 걸고 고리 2개 안으로 한 번에 빼낸다.

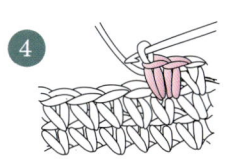

4 앞단의 1코에 짧은뜨기 2코를 뜬 모습. 앞단보다 1코 늘어난 상태.

짧은뜨기 2코 모아뜨기 (기본 줄이기 29쪽 참조)

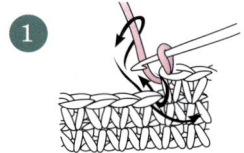

1 앞단 코에 화살표처럼 바늘을 넣고, 실을 걸어서 고리 앞으로 끌어낸다.

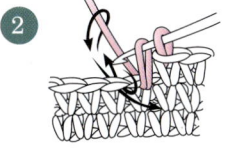

2 다음 코에서도 같은 방법으로 실을 끌어낸다.

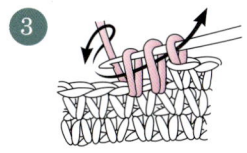

3 바늘에 실을 걸고, 고리 3개 안으로 한 번에 빼낸다.

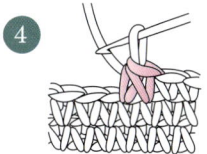

4 짧은뜨기 2코 모아뜨기 완성. 앞단보다 1코 줄어든 상태.

 '짧은뜨기 2코 모아 변형이랑뜨기'는 29쪽 '보이지 않게 줄이기'를 참조한다.

되돌아 짧은뜨기

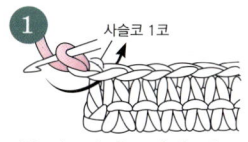

사슬코 1코

1 바늘을 화살표처럼 앞쪽으로 돌려서 코의 머리를 줍는다.

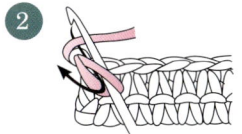

2 바늘에 실을 걸어 화살표처럼 끌어낸다.

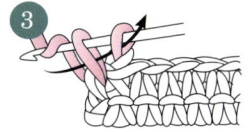

3 바늘에 실을 걸어 2개의 고리 안으로 빼낸다.

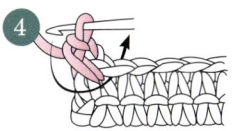

4 과정 1~3을 되풀이하며 왼쪽에서 오른쪽으로 진행하면서 뜬다.

코바늘 인형 만들기 기초

짧은뜨기 뒤이랑뜨기

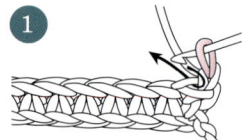

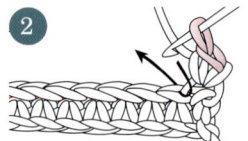

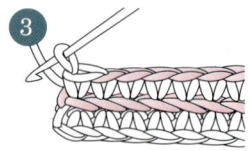

 '긴뜨기 뒤이랑뜨기'도
같은 요령으로 뜬다.

 '짧은뜨기 2코 늘려 뒤
이랑뜨기'도 같은 요령
으로 뜬다.

① 앞단 코의 뒤쪽 반코에 화
살표처럼 바늘을 넣는다.

② 짧은뜨기를 하고, 다음 코
도 마찬가지로 뒤쪽 반코
에 바늘을 넣는다.

③ 끝까지 뜬 모습.

 짧은뜨기 앞이랑뜨기

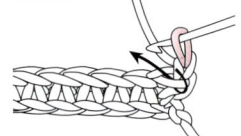

 '긴뜨기 앞이랑뜨기'도 같은 요령으로 뜬다.

'짧은뜨기 2코 늘려 앞이랑뜨기'도 같은 요령으로 뜬다.

앞단 코의 앞쪽 반코에 화
살표처럼 바늘을 넣는다.

 긴뜨기 2코 늘려뜨기

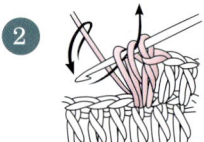

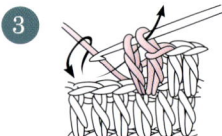

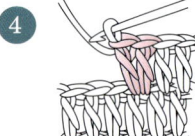

① 긴뜨기 1코를 뜨고, 바늘
에 실을 걸어 같은 코에
화살표처럼 바늘을 넣어
서 실을 끌어낸다.

② 바늘에 실을 걸고 고리 2
개 안으로 빼낸다.

③ 한 번 더 바늘에 실을 건
다음 남은 고리 2개 안으
로 빼낸다.

④ 1코에 긴뜨기를 2코 뜬 모
습(앞단보다 1코 늘어난
상태).

 '한길긴뜨기 2코 늘려뜨기'도 같은 요령으로 뜨는데,
앞단 1코에 한길긴뜨기 2코를 뜬다.

'한길긴뜨기 3코 늘려뜨기'도 같은 요령으로 뜨는데,
1코에 한길긴뜨기 3코를 뜬다.

 긴뜨기 2코 모아뜨기

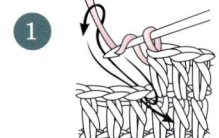

① 바늘에 실을 걸고 앞단 코
에 바늘을 넣고, 다시 바늘
에 실을 걸어서 화살표처
럼 앞으로 끌어낸다(끌어
낸 이 상태를 미완성 긴뜨
기라고 한다).

② 바늘에 실을 걸고 앞단 다
음 코에 바늘을 넣고 실을
끌어낸다.

③ 바늘에 실을 걸고 화살표
처럼 고리 5개 안으로 한
번에 빼낸다.

④ 긴뜨기 2코 모아뜨기 완성
(앞단보다 1코 줄어든 상태).

시은맘의 손뜨개 인형

짧은뜨기 앞걸어뜨기

 '짧은뜨기 뒤걸어뜨기'도 같은 요령으로 뜨는데,
앞단 코가 아닌 뒤에 있는 코에 바늘을 걸어 뜬다.

 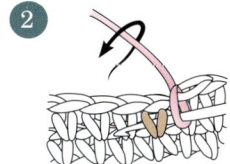 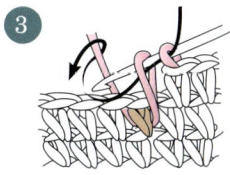 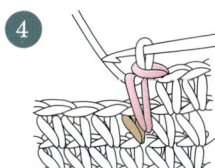

① 앞단 아래 기둥 코에 바늘을 넣는다.

② 바늘에 실을 걸어서 고리 앞으로 끌어낸다.

③ 바늘에 실을 걸고 고리 2개 안으로 한 번에 빼낸다.

④ 완성.

 겹짧은뜨기

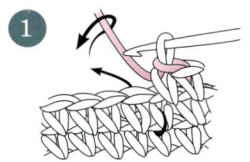 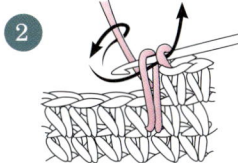 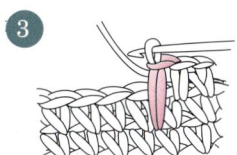

① 한 단 아래 화살표 방향으로 바늘을 넣어 실을 감아 빼낸다.

② 바늘에 걸린 코를 한꺼번에 뜬다.

③ 완성.

 피코뜨기

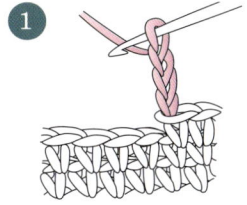 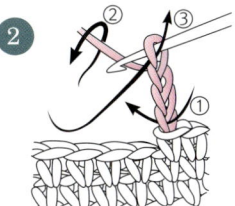 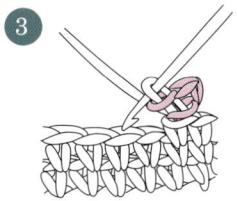

① 사슬뜨기 3코를 뜬다.

② 처음 떴던 '사슬' 반코에 바늘을 넣은 후, 바늘에 실을 걸고 화살표처럼 한 번에 빼낸다.

③ 피코뜨기 완성.

1. 실을 두 번 감아 원형코 만들기(원형뜨기)

인형을 만들 때는 단단하게 조이기 위해 실을 두 번 감아 원형코를 만든다. 짧은뜨기로 1단 만드는 과정을 살펴본다.

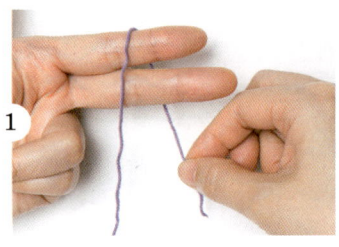

왼손의 검지와 중지에 사진처럼 실을 걸고, 오른손으로 실 끝을 잡는다.

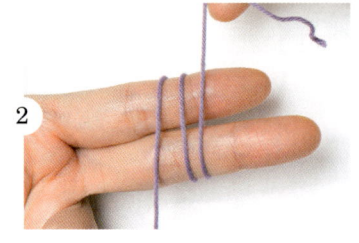

사진처럼 손가락에 실을 두 번 감는다.

3가닥의 실을 오른손으로 옮겨 잡는다.

왼손 검지에 실을 걸고, 엄지와 중지로 원형코를 잡는다.

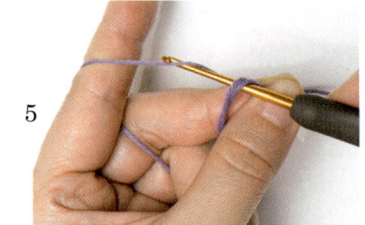

오른손으로 코바늘을 잡은 후, 원형코 안으로 바늘을 넣고 실을 걸어 빼낸다.

실을 빼낸 상태에서 짧은뜨기의 기둥코(사슬뜨기 1코)를 만들기 위해 바늘에 실을 걸어 고리 사이로 빼낸다.

원형코에 바늘을 넣고 실을 걸어 빼낸다.

다시 실을 걸고 바늘에 걸린 2개의 고리 사이로 한 번에 빼낸다.

짧은뜨기 1코 완성.

10

6코

과정 7~9까지 5번 더 반복해서 짧은
뜨기 총 6코를 완성한다.

※ 콧수가 많으면 원형을 만들어 놓은 실과 짧
은뜨기한 실을 서로 반대 방향으로 힘을 주어
짧은뜨기한 것을 모은다. 원을 중심으로 코의
머리가 바깥쪽으로 가도록 가지런하게 모아놓
는다.

11

실 끝을 당겨서 원형코를 만든 실 2
가닥 중 움직이는 실을 찾는다.

12

움직이는 실이 아닌 다른 실을 당겨
조인다.

13

실 끝을 바짝 당겨서 나머지 1가닥
도 구멍이 생기지 않도록 한다.

14

이제 1단의 마무리를 위해 빼뜨기를
하는데, 처음에 떴던 첫코를 찾는다.

15

첫코에 바늘을 넣고 실을 걸어 빼낸다.

16

2개의 고리 사이로 한 번에 빼낸다.

※ 2단은 기둥코를 세운 후 짧은뜨기를 뜨는
데, 다음 코에 뜨지 않도록 주의한다.

첫코 찾기

1단을 뜬 후 다음 단을 뜨기 위해서는 앞단 첫코를 찾아야 한다. 바늘에 걸려있는 실은 콧수에 포함하지 않고 코의 머리를 거꾸로 세어서 첫 번째 코를 찾는다.

2단 이후부터는 빼뜨기와 기둥코를 지나서 첫코가 된다.
코의 구분이 어려운 경우에는 첫코를 뜬 후, 코의 머리에 마커를 걸어서 표시하면 쉽게 찾을 수 있다. 다만 코바늘 뜨기는 콧수 세는 것이 중요하기에 콧수를 세면서 뜨는 연습을 해야 한다.

빼뜨기와 기둥코

빼뜨기한 코의 머리가 넓어지면 인형의 완성도가 떨어지므로 편물과 바늘에 걸린 실을 반대로 힘주어 꽉 조인다. 다음 단을 뜨기 위해 기둥코를 세울 때는 실을 살짝 빼서 높게 해주고 기둥코(사슬뜨기)를 뜬다.

첫코에 짧은뜨기

앞단 첫코를 찾아 빼뜨기를 하고 기둥코를 세우므로 같은 코에 짧은뜨기를 해야 콧수에 변함이 없다.
다음 코에 하게 되면 한 코가 모자라게 되어 빼뜨기 코가 사선으로 올라가게 되니 주의한다.

2. 사슬뜨기로 원형코 만들기(원형뜨기)

중심에 구멍을 크게 만드는 데 사용하는 방법이다.

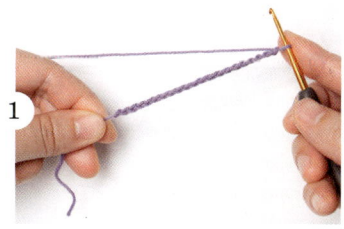

1 사슬뜨기 20코를 떠서 기초코를 만든다.

2 사슬코의 방향을 사진처럼 사슬코 산이 보이도록 잡는다.

3 원형이 되도록 사슬의 시작과 끝부분을 만나도록 한다.

4 빼뜨기를 해서 원형코를 만든다. 이 원형코에 바늘을 넣어 1단을 뜬다.

---

tip　　　　　　　　　　　　　　　　　　　　**알아두면 좋아요.**

사슬코에 바늘을 넣어 걸어 뜰 때 어디에 걸어 뜨는지에 따라 3가지 방법으로 나뉜다.

1 사슬 반코 1가닥에 걸어 뜨기는 가장 쉬운 방법이다.

2 코산 1가닥에 걸어 뜨는 방법으로 하면 단의 모양을 예쁘게 마무리할 수 있다.

3 사슬 반코와 코산 2가닥에 한꺼번에 걸어 뜨는 방법은 조금 어렵지만, 구멍을 작게 만들 수 있다.

3. 사슬뜨기로 기초코 만들어 평면뜨기(왕복뜨기)

편물을 뜨는 가장 기본적인 방법으로 편물을 돌려가면서 뜬다.

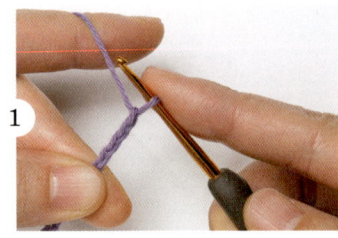

사슬뜨기 5코를 뜬다.

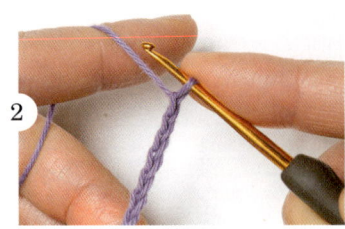

기둥코를 세운다.
(짧은뜨기 기둥코=사슬뜨기 1코)

사슬코 산에 바늘을 넣고, 짧은뜨기 1코를 뜬다.

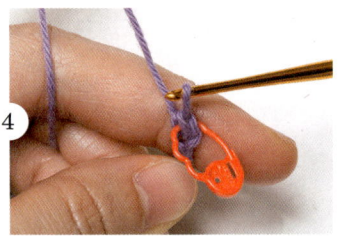

첫코와 마지막 코 구분이 잘 안 될 때는 마커를 이용하거나 콧수를 세면서 뜬다.

마지막 코까지 뜬다.

편물을 돌리고 기둥코를 세워 2단을 뜬다.

기둥코를 지나 앞단 첫코부터 끝까지 뜬다.

2단까지 완성.

시은맘의 손뜨개 인형

4. 사슬뜨기로 기초코 만들어 타원형뜨기

타원형으로 된 편물을 뜰 때 사용하는 방법으로 기초코를 중심으로 한 바퀴 돌면서 뜬다.

사슬뜨기 6코를 떠서 기초코를 만든다.

1단의 기둥코(사슬뜨기 1코)를 세우고, 짧은뜨기 6코를 뜬다.

옆면을 곡선으로 만들기 위해 과정 2에서 마지막에 뜬 코(시작코)에 짧은뜨기 2코를 더 뜬다.

계속해서 짧은뜨기 5코를 뜨고, 마지막 코에 짧은뜨기 2코를 더 뜬다.

1단 기둥코에 빼뜨기하고 1단을 마무리한다.

making of crochet doll

5. 게이지 내기

인형을 뜰 때는 솜을 넣는 경우와 넣지 않는 경우가 있어서 두 가지로 게이지를 낸다. 솜을 넣지 않을 때는 힘을 조금 빼고 느슨하게 뜨고, 솜을 넣을 경우는 구멍이 생기지 않도록 상대적으로 힘을 주어 뜬다.

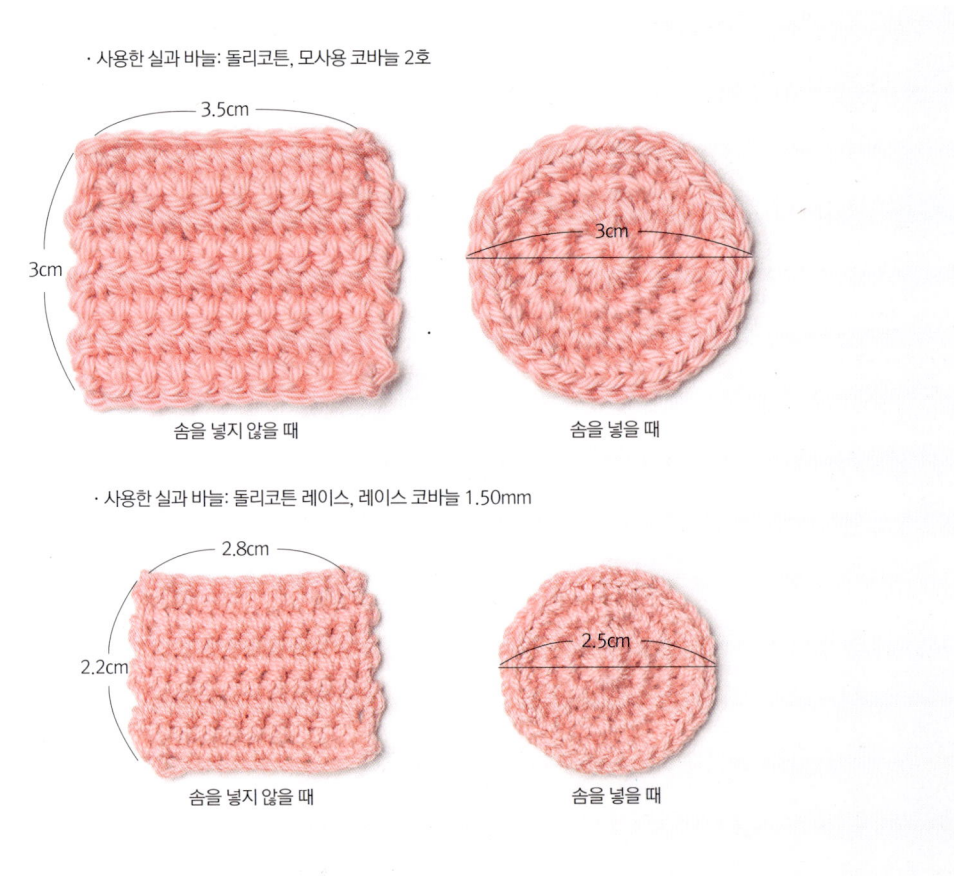

· 사용한 실과 바늘: 돌리코튼, 모사용 코바늘 2호

3.5cm

3cm

3cm

솜을 넣지 않을 때

솜을 넣을 때

· 사용한 실과 바늘: 돌리코튼 레이스, 레이스 코바늘 1.50mm

2.8cm

2.2cm

2.5cm

솜을 넣지 않을 때

솜을 넣을 때

• 기본 도안

• 다리

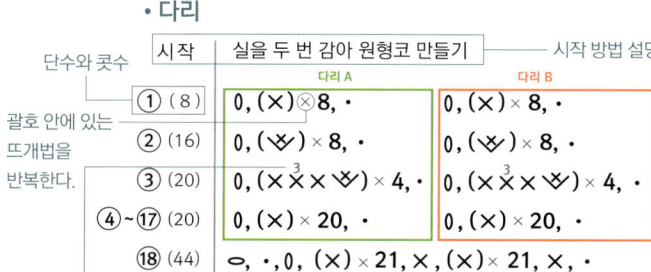

단수와 콧수

괄호 안에 있는
뜨개법을
반복한다.

시작	실을 두 번 감아 원형코 만들기	← 시작 방법 설명

		다리 A	다리 B
①	(8)	0, (×)⊗8, ·	0, (×) × 8, ·
②	(16)	0, (ᵛ) × 8, ·	0, (ᵛ) × 8, ·
③	(20)	0, (××ᵛ) × 4, ·	0, (××ᵛ) × 4, ·
④~⑰	(20)	0, (×) × 20, ·	0, (×) × 20, ·
⑱	(44)	○, ·, 0, (×) × 21, ×, (×) × 21, ×, ·	

콧수가 많아 한번
에 읽기 힘든 경
우, 도안 위에 작
은 숫자로 표기

· ⑰단까지 다리 A와 다리 B를 뜬다. 이때, 다리 A는 실을 10cm 정도
남기고 잘라 첫코의 안쪽으로 매듭지어 마무리한다. 다리 B는 실을
자르지 않고 둔다.
· ⑱단에서 다리를 연결한 후, 10cm 정도 실을 남기고 자른다.
· 한 쌍을 더 뜬다.

도안 해석

1단(8코): 기둥코(사슬뜨기 1코), 짧은뜨기 8코, 빼
뜨기 1코
2단(16코): 기둥코(사슬뜨기 1코), 짧은뜨기 2코
늘려뜨기 8코, 빼뜨기 1코
3단(20코): 기둥코(사슬뜨기 1코), 짧은뜨기 3코+
짧은뜨기 늘려뜨기 1코를 4번 반복, 빼뜨기 1코
4~17단(20코): 기둥코(사슬뜨기 1코), 짧은뜨기
20코, 빼뜨기 1코

※ 17단까지 2개를 만들고 18단에서 연결한다.

18단(44코): 사슬뜨기 1코, 빼뜨기 1코, 기둥코(사
슬뜨기 1코), 짧은뜨기 21코, 짧은뜨기 1코, 짧은뜨
기 21코, 짧은뜨기 1코, 빼뜨기 1코

• 타원형뜨기 도안

• 다리

시작	사슬뜨기 8코를 기초코로 만들어 타원형뜨기

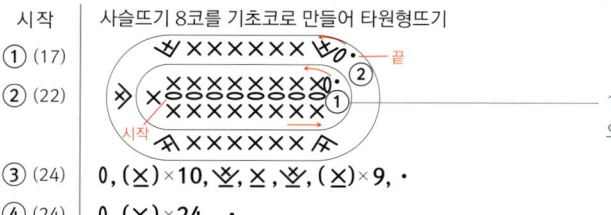

①	(17)	
②	(22)	
③	(24)	0, (×) × 10, ᵛ, ×, ᵛ, (×) × 9, ·
④	(24)	0, (×) × 24, ·

· 실을 10cm 정도 남기고 자른다.

1단은 기초코(사슬코)에 걸어 뜨는데, 화살표 방향
으로 한 바퀴 돌려서 뜬다.

• 평면뜨기 도안

• 비버 멜빵바지 앞주머니

시작	사슬뜨기 10코를 기초코로 평면뜨기

①	(10)	0, (×) × 10
②	(8)	0, (×) × 7, ᐃ
③	(8)	0, (×) × 8
④	(6)	0, (×) × 5, ᐃ
⑤	(6)	0, (×) × 6

각 단마다 편물을 돌려가며 왕복뜨기를 한다.

· ②단과 ③단의 ＿ 부분은 1코씩 비우고 뜬다.
· 실을 100cm 정도 남기고 자른 후, 돗바늘로 바지에 꿰매 붙인다.

• 실 색

Color

도안 컬러에 별도의 코바늘 호수 표시가 없는 경우
모사용 코바늘 2호, 실은 돌리코튼을 사용한다.

인형 만들기 기초

만들기

---

1. 코의 모양과 크기

• 코의 모양 예쁘게 만들기

느슨하게 뜬 편물   촘촘하게 뜬 편물

실을 걸어서 코의 머리 안으로 길게 빼낸다.

※ 이렇게 하면 코의 높이가 높아져서 인형의 크기가 옆으로 퍼지지 않고 너무 작아지지 않게 하는 데 도움이 된다.

바늘에 2개의 고리가 걸린 상태에서 실을 걸어서 최대한 짧게 빼낸다. 이때, 코의 머리가 넓으면 인형에 구멍이 생기고 편물의 조직이 예쁘지 않게 된다.

인형을 만들 때는 솜을 넣기 때문에 촘촘하게 뜨는 연습을 하면 인형의 모양을 예쁘게 만드는 데에 도움이 된다.

• 일직선으로 뜨기

오른손으로 바늘을 잡고 뜨면 코의 모양이 오른쪽으로 기울어지기 쉽다. 같은 콧수로 여러 단을 떴을 때 빼뜨기 코가 오른쪽으로 많이 기울어지면 이런 습관을 지닌 것이다.

일직선으로 코의 모양이 올라가게 떠야 인형의 완성도가 높아진다. 이 책의 인형들은 최대한 기울어지지 않게 떠서 만든 도안들이기 때문에 많이 기울어지면 인형이 틀어질 수 있으므로 일자로 뜨도록 연습한다.

짧은뜨기를 마무리할 때 오른쪽으로 당기지 않고 살짝 왼쪽으로 힘을 준다.

손가락을 편물 안쪽으로 넣지 말고 겉면을 접어서 잡고 뜬다.

시은맘의 손뜨개 인형

2. 짧은뜨기의 줄이기 방법

• 기본 줄이기(=짧은뜨기 2코 모아뜨기)
2코를 1코로 줄이는 가장 기본적인 방법이다.

줄이려는 첫 번째 코의 머리에 바늘을 넣고, 실을 걸어 빼낸다.

다음 코의 머리에 바늘을 넣고, 실을 걸어 빼낸다.

바늘에 실을 걸고, 3개의 고리 사이로 한 번에 빼낸다.

• 구멍이 보이지 않게 줄이기(=짧은뜨기 2코 모아 변형이랑뜨기)
이 책에서는 주로 이 방법을 사용한다.

줄이려는 첫 번째 코의 머리 중 앞쪽 반코에 바늘을 넣는다.

다음 코의 앞쪽 반코에 바늘을 넣는다.

바늘에 3개의 고리가 있는 상태에서 실을 걸고, 고리 2개의 사이로 빼낸다.

바늘에 2개의 고리가 남은 상태에서 실을 걸고, 고리 2개 사이로 한 번에 빼낸다.

> **tip**   **2코 모아뜨기(=줄이기)할 때 주의할 점**
>
> 2코를 1코로 만드는 만큼 코 사이에 공백이 생긴다. 공백이 생긴 곳은 코의 머리가 넓어지기 쉬우며 구멍이 생길 수 있다. 그래서 모아뜨기할 때와 다음 코를 뜰 때 코의 머리가 넓어지지 않도록 주의하면서 뜬다.

3. 실 바꾸기

뜨개를 하다 보면 다른 실로 바꿔서 떠야 하는 경우가 있다. 실을 잇거나 실 색을 바꿀 때 모두 같은 방법으로 한다.

1 바늘에 실이 2가닥 걸린 상태에서 짧은뜨기를 완성하지 않고 둔다(미완성 짧은뜨기).

2 교체할 실을 왼손으로 잡는다. 바늘에 실을 걸고, 고리 2개 사이로 한 번에 빼내 짧은뜨기를 완성한다.

3 실을 교체한 후에는 이전 실과 교체한 실을 한 번씩 당겨서 조인다.

4. 배색하기

• 단의 실 색 교체

1 바늘에 실이 2가닥 걸린 상태(미완성 짧은뜨기)로 둔다.

2 교체할 실을 왼손으로 잡는다.

3 바늘에 실을 걸고, 2개의 고리 사이로 한 번에 빼내 짧은뜨기를 완성한다.

4 바뀐 실로 빼뜨기한다.

5 실을 교체한 후에는 이전 실과 교체한 실을 한 번씩 당겨서 조인다.

6 첫코를 뜰 때 뒤에 남은 실을 사진처럼 사이에 놓고 같이 뜬다. 이렇게 하면 단단하게 고정할 수 있다.

시은맘의 손뜨개 인형

• 입체 편물의 가로 배색

1 바늘에 실이 2가닥 걸린 상태(짧은 뜨기 미완성)로 둔다.

2 교체할 실을 왼손으로 잡는다.

3 바늘에 실을 걸고 2개의 고리 사이로 한 번에 빼내 짧은뜨기를 완성한다.

4 실을 교체한 후에는 이전 실과 교체한 실을 한 번씩 당겨서 조인다.

5 첫코를 뜰 때 뒤에 남은 실을 사진처럼 사이에 놓고 같이 뜬다. 이렇게 하면 단단하게 고정할 수 있다.

※ 인형이 아닌 경우에는 남은 실을 같이 잡고 뜨지만, 인형의 경우 실 색이 겉면에서 보일 수 있어서 첫코만 같이 뜬다.

6 배색할 때는 실을 느슨하게 남겨서 다시 써야할 때 가져와서 뜬다. 첫코만 기존 실과 함께 떠서 단단하게 고정한다.

7 솜을 넣을 때 남겨놓은 실들이 편물에 바짝 붙지 않도록 한다.

※ 배색하는 실을 편물에 바짝 붙이면 겉에서 실 색이 비쳐 보일 수 있으니 솜 넣을 때 주의한다.

8 폭이 좁은 편물의 경우에는 첫코를 같이 뜨지 않고 실을 당겨 조이며 작업한다.

• 평면 편물의 가로 배색

평면 편물의 세로 배색은 입체 배색과 같은 방법으로 뜨는데, 배색하는 실은 느슨해지지 않게 편물에 바짝 붙여서 뜬다.

5. 솜 넣기

• 팔에 솜 넣기

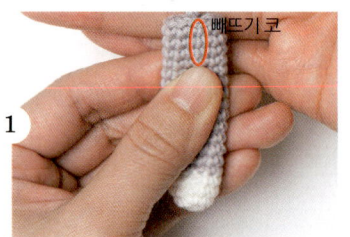

빼뜨기 코

1

마무리한 팔의 빼뜨기 코가 중앙에 위치하도록 놓고 사진처럼 잡는다. 빼뜨기 코가 정확하게 중앙에 오지 않아도 된다. 가장자리로만 가지 않도록 접는다.

※ 정리한 실은 안쪽으로 숨긴다.

2

안쪽에 솜을 차곡차곡 채우고, 바깥으로 갈수록 얇아지도록 만든다. 이때, 솜을 너무 많이 채우면 팔이 뻣뻣해서 몸통 쪽에 가까이 붙지 않게 되니 주의한다.

• 몸통에 솜 넣기

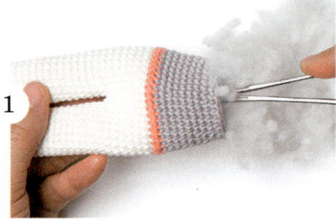

1

다리 안쪽부터 차곡차곡 채우면서 넣는다.

2

인형을 완성한 후 뭉친 곳이 보이면 돗바늘을 사용해서 풀어준다.

※ 솜을 넣을 때는 모양을 생각하면서 뭉치는 곳이 없도록 한다. 만졌을 때 빈 곳이 느껴지거나 뭉친 곳이 없도록 적당량을 넣는다. 한꺼번에 많이 넣지 않도록 하고 뭉친 곳이 만져지면 돗바늘로 풀어준다.

시은맘의 손뜨개 인형

1. 입체 편물 마무리

• 매듭짓고 정리하기

코바늘에 실을 걸어 첫코 안쪽으로 빼낸다.

편물에 바짝 붙여 빠지지 않도록 3~4번 정도 굵게 매듭짓는다.

• 입체 편물의 꿰맬 실 남기고 마무리

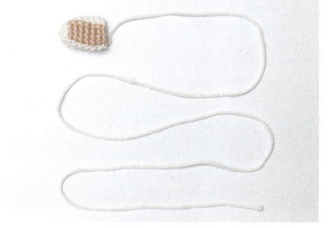

빼뜨기한 후 도안에 따라 실을 길게 남기고 자른다.

※ 꿰맬 때는 실을 되도록 길게 남기고 자른다. 하지만 너무 많이 남기면 꿰맬 때 엉킬 수 있으므로 적당히 남긴다.

2. 평면 편물의 마무리

• 돗바늘로 실 정리

실을 남기고 자른 후, 돗바늘에 꿴다. 첫코의 머리에 바늘을 넣고 뒤로 빼낸다.

※ 돗바늘에 실을 꿸 때는 돗바늘의 구멍이 세로로 길기 때문에 실을 엄지와 검지로 납작하게 눌러 세로로 길게 만들어서 꿴다.

겉면에서 보이지 않도록 숨기듯이 여러 번 왔다 갔다 한다. 남은 실은 바짝 잘라 정리한다.

• 뜨면서 남은 실 정리

사슬뜨기 또는 원형뜨기에서 시작할 때 남은 실을 함께 뜨면서 정리한다.

3. 구멍 조여 마무리

• 돗바늘로 실 정리

1 돗바늘에 실을 꿴 후, 안쪽에서 바깥쪽으로 1코씩 건너뛰면서 코의 머리에 넣고 빼낸다.

2 마지막 코까지 바느질 후, 실 끝을 잡아당겨서 구멍을 조인다.

3 반대쪽 코의 머리에 바늘을 넣어서 구멍이 없도록 마무리한다.

4 돗바늘을 솜 안쪽까지 깊숙이 넣었다가 구멍이 큰 곳으로 빼낸다.

5 마무리할 때는 실을 굵게 매듭짓는다.

6 다시 같은 구멍에 넣고 적당한 곳으로 빼내 매듭이 인형 안쪽으로 들어가도록 실을 잡아당긴다. 남은 실은 바짝 자른다.

---

tip

돗바늘을 인형에 넣었다 빼면서 꿰매기 때문에 의도치 않은 부분이 꿰매지기도 한다. 그러면 인형이 움푹 들어가 모양이 예쁘지 않기 때문에 바늘을 넣을 때 주의한다.

만약 인형을 잘못 꿰맸다면 인형의 모양을 돗바늘로 바로 잡은 후, 힘을 주지 말고 바늘을 넣어서 꿰맨다. 한 번 꿰맨 후에는 힘을 주어도 영향을 받지 않는다.

시은맘의 손뜨개 인형

4. 끈 마무리

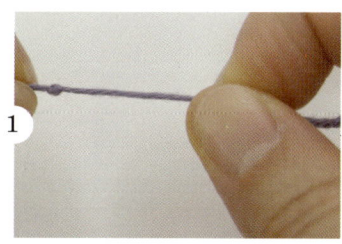

1 남은 실을 정리할 수 없는 끈의 경우 끝을 세게 매듭짓는다.

2 손톱으로 최대한 힘주어 매듭짓고 끝을 짧게 자른다.

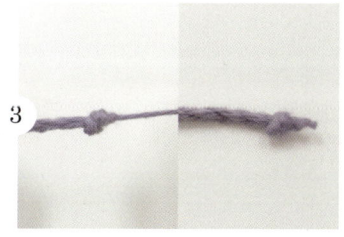

3 사슬뜨기에 매듭지을 때 사슬을 뜬 부분의 최대한 끝 쪽에 매듭짓는다.

making of crochet doll

1. 다리 잇기

• 원형으로 만든 다리

1

다리 두 개 중 한쪽은 실을 잘라 첫 코 안쪽으로 매듭지어 정리한다. 다른 한쪽은 실을 자르지 않고 그대로 둔다.

2

다리 한쪽에 연결된 실로 사슬뜨기 1코를 뜬다.

※ 도안에 사슬뜨기가 없는 경우는 뜨지 않고 다음 단계로 넘어간다.

3

사슬뜨기를 뜬 후, 다른 쪽 다리의 빼뜨기 코에 빼뜨기를 하여 다리를 연결한다.

4

기둥코를 세우고 빼뜨기한 코를 첫 코로 한다. 빼뜨기 코를 포함해서 1 코가 늘어난 콧수만큼 한쪽 다리에 뜬다.

5

과정 3에서 뜬 사슬뜨기 부분이 나오면 사슬코의 한 가닥을 걸어 짧은 뜨기를 뜬다.

6

다른 쪽 다리의 첫코부터 뜨는데, 마지막 빼뜨기 코까지 포함해서 1코가 늘어나게 뜬다.

7

과정 3에서 뜬 사슬뜨기 부분이 나오면 사슬코의 남은 가닥을 걸어 짧은뜨기를 뜬다. 첫코를 찾아 빼뜨기 하면 두 개의 다리를 연결한 단이 마무리된다.

시은맘의 손뜨개 인형

• 타원형으로 만든 다리

1

떠 놓은 두 다리 모두 실을 잘라 첫코의 안쪽으로 뺀 후, 굵게 매듭짓는다.

2

실을 새로 가져와서 끝부분을 굵게 매듭짓는다. 다리 한 개를 잡고 도안에 표시된 코의 머리에 바늘을 넣고 사진처럼 실을 가져온다. 이때, 매듭지은 부분이 다리 안쪽에 걸리도록 한다.

※ '원형으로 만든 다리 잇기'의 과정 2~7번과 같은 방법으로 한다. 빼뜨기의 위치만 다를 뿐 콧수에 포함하는 것은 같으므로 빼뜨기 코를 놓치지 않고 뜨도록 주의한다.

※ 일정한 코로 단을 올렸을 때, 빼뜨기 코가 사선으로 많이 기울면 다리를 연결했을 때 옆으로 돌아갈 수 있다. 코의 모양이 일자로 올라가도록 28쪽 '일직선으로 뜨기'를 참조해서 뜬다.

2. 바지통 잇기

1

바지통 2개 중 한쪽은 실을 잘라 돗바늘로 남은 실을 정리한다. 나머지 한쪽은 실을 자르지 않고 그대로 둔다.

2

'원형으로 만든 다리' 과정 2~7과 같은 방법으로 한다.

3. 앉아있는 인형 다리 잇기

1

떠 놓은 두 다리 모두 첫코의 안쪽으로 실을 넣고, 굵게 매듭지어 정리해 놓는다.
32쪽 '팔에 솜 넣기'를 참조해서 다리에도 솜을 넣는다.

2

다리 한쪽을 잡고, 도안에 표시된 다리의 코 머리가 아닌 기둥 부분에 바늘을 넣는다. 이때 바늘이 여러 땀이 아닌 한 땀만 통과하도록 주의한다. 몸통의 다음 코에 그대로 이어서 바늘을 넣은 후, 몸통과 함께 뜬다.

3

도안대로 몸통과 함께 뜨고 마지막 코도 첫코와 마찬가지로 다리의 코머리가 아닌 기둥 부분에 뜬다. 이때 다리의 빼뜨기 코는 건너뛰고 뜬다.

4. 팔 잇기

1 팔 2개를 뜨고 실을 매듭지어 정리한 후, 솜을 넣는다. 마무리한 팔의 빼뜨기 코가 중앙에 위치하도록 놓고 사진처럼 잡는다. 빼뜨기 코가 정확하게 중앙에 오지 않아도 된다. 가장자리로만 가지 않도록 접는다.

※ 정리한 실은 안쪽으로 숨긴다.

2 이어서 팔을 연결하는데, 팔의 코 머리가 아닌 기둥 부분에 사진과 같이 코바늘을 넣는다. 이때 바늘이 여러 땀이 아닌 한 땀만 통과하도록 주의한다.

3 몸통의 다음 코에 그대로 이어서 바늘을 넣고 1코를 뜬다.

4 도안대로 몸통과 함께 뜨고, 마지막 코도 첫코와 마찬가지로 코의 머리가 아닌 기둥 부분에 뜬다.

5 팔을 접었을 때 콧수가 도안의 콧수보다 보통은 많다. 그래서 팔의 뒷부분은 임의로 한 코씩 비우고 뜬다. 이때, 한 코 이상은 되도록 비우지 않는다.

6 도안대로 몸통 부분을 뜨고 남은 한쪽 팔도 같은 방법으로 몸통과 함께 뜬다.

7 빼뜨기로 단을 마무리한 후, 팔이 중심에서 대칭되게 잘 떴는지 확인한다.

8 몸통의 코의 모양이 사선으로 기울었을 경우 팔이 대칭으로 이어지지 않고 한쪽으로 치우칠 수 있다. 몸통과 팔을 잇는 부분을 한 코씩 이동해서 팔이 대칭되도록 한다. 이때 콧수가 달라지지 않도록 주의한다.

5. 중앙을 꿰매 중심 잡기

세워 놓아야 하는 인형 또는 소품의 경우, 솜을 넣었기 때문에 바닥이 평평하지 않고 볼록해서 기우뚱하게 된다. 이럴 때 바닥 부분을 오목하게 꿰매서 잘 서 있을 수 있도록 한다.

1

새로운 실을 매듭짓고, 돗바늘에 꿴다. 바늘을 바닥의 중심으로 빼낼 수 있도록 위쪽에서 넣은 후, 사진처럼 빼낸다.

2

바늘을 빼낸 곳에서 한 코 옆으로 바늘을 넣는다.

3

반대쪽으로 되도록 깊이 바늘을 넣고 빼낸다.

4

다시 바닥 부분의 중앙으로 빼낸 후, 2~4번 과정을 반복한다. 굵게 매듭지어 안쪽으로 넣어 마무리한다.

making of crochet doll

6. 동물 인형 코 달기

1 인형 코를 뜬 후, 실을 길게 남기고 자른다. 남긴 실을 돗바늘에 꿴 후, 첫코의 안쪽으로 빼낸다.

2 모양이 잡힐 정도로만 솜을 채운다.

3 얼굴에 코의 위치를 잡아 시침핀으로 고정한다.

4 빼뜨기 코가 아래쪽을 향하도록 인형 코를 놓는다. 돗바늘을 직각에서 살짝 안쪽으로 넣은 후, 위쪽 머리 부분으로 빼낸다.

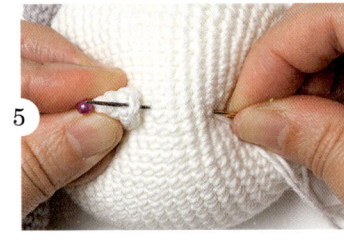

5 바늘을 빼낸 곳으로 다시 넣는다. 인형 코의 안쪽으로 바늘을 빼낸 후, 붙일 인형 코의 위쪽 코 머리를 걸고 빼낸다.

※ 같은 코에 바늘을 넣어도 안에 솜이 있어 실이 풀리지 않는다.

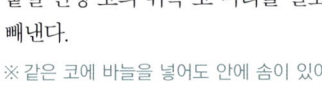

6 직각에서 살짝 안쪽으로 들어가는 느낌으로 바늘을 최대한 코 가까이 대고 꿰맨다.

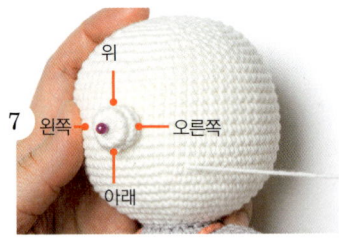

7 네 부분(아래위, 왼쪽, 오른쪽)을 꿰매서 코를 얼굴에 고정한다.

위
왼쪽
오른쪽
아래

8 시침핀을 뺀다. 나머지 부분도 동그랗게 모양을 잡으면서 빈 곳이 없도록 모두 꿰맨다.

9 1코 정도 남기고 겸자로 솜을 마저 채운다.
마지막 코까지 꿰맨 후, 매듭을 굵게 지어 인형의 안쪽으로 넣는다. 남은 실은 잘라낸다.

7. 동물 인형 귀 달기

• 곰 귀 달기

1 빼뜨기 코가 가장자리 쪽으로 가도록 반으로 접어 돗바늘로 꿰맨다.

2 바늘이 들어가는 쪽은 1코씩 건너뛰고, 뒤쪽은 2코씩 건너뛰어 꿰맨다.

3 중앙을 기준으로 대칭이 되도록 시침핀을 꽂아 위치를 정한다.

4 한쪽 귀부터 꿰매는데 양쪽 모서리의 코 머리를 걸고 꿰매 위치를 고정한다.

5 안쪽 부분도 촘촘하게 꿰매 단단하게 붙인다.
다른 쪽 귀도 같은 방법으로 꿰매 붙인다.

• 토끼 귀 달기

1 토끼 귀를 뜨고, 실을 길게 남기고 자른다. 남긴 실을 돗바늘에 꿴 후, 첫코의 안쪽으로 빼낸다.

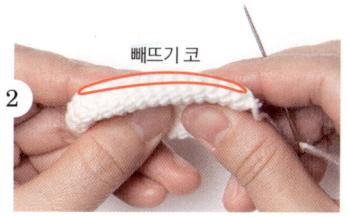

2 빼뜨기 코가 가장자리 쪽으로 가도록 반으로 접는다.

3 반으로 접은 귀를 사진처럼 잡고 바늘을 넣는다.

4

다시 사진처럼 반대편에서 넣고 빼내 고정한다.

5

머리의 중앙이 양쪽 귀의 중간이 되도록 위치를 잡고 한쪽 귀부터 꿰매 붙인다.
여기서는 보기 편하도록 수성펜으로 표시했지만 시침핀으로 위치를 잡아도 된다.

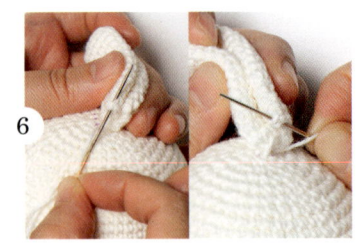

6

먼저 귀 아래 한쪽 모서리의 코 머리를 걸고 꿰매 붙인다. 나머지 한쪽도 같은 방법으로 꿰맨다.

7

뒤쪽도 코의 머리를 걸어 꿰매 붙인다.

8

옆부분도 바늘을 넣고 꿰맨다. 두세 군데 꿰매서 단단하게 고정한다.

9

나머지 한쪽 귀도 같은 방법으로 꿰매 붙인다.

※ 나머지 한쪽을 붙일 때 귀 사이가 벌어지지 않도록 한다.

8. 동물 인형 코 수놓기

1

실을 100cm 정도 잘라 돗바늘에 꿴 후, 굵게 매듭짓는다.
바늘을 코의 중앙으로 빼내면서 인형의 안쪽으로 매듭을 넣는다.

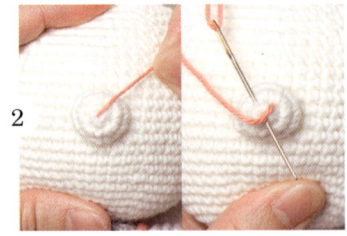

2

오른쪽 사선 한 단 위의 높이를 코의 크기로 잡는다. 코의 중앙으로 바늘을 빼내 수놓는다.
왼쪽 사선 한 단 위의 높이를 코의 크기로 잡고 코의 중앙으로 바늘을 빼낸다.

3

V자 모양이 되었으면 가운데 부분을 꿰매서 채운다.
한 단 아래 직선으로 내려서 인중을 만든 후, 매듭짓고 인형 안쪽으로 넣어 완성한다.

9. 동물 인형 눈 수놓기

동물 인형의 경우 코를 먼저 수놓고, 나중에 눈을 수놓는다.

1

실을 100cm 정도 잘라 돗바늘에 꿴 후, 굵게 매듭짓는다.
코와 너무 떨어지지 않은 곳에 눈의 위치를 잡는다. 이때, 실을 대보고 위치를 잡아도 좋다.

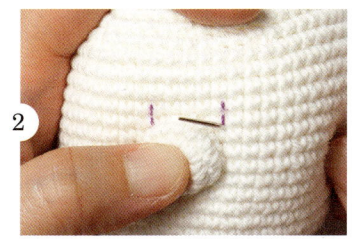

2

되도록 코와 코 사이가 아닌 구멍이 작은 부분에서 시작하는 것이 좋다.

※ 작은 구멍이란 편물 겉면에 보이는 V자 모양의 사이를 말한다.

3

이때 눈의 아래와 위가 직선이 되도록 수놓는 것이 중요하다. 직선이 되는 위치에 바늘을 넣어서 모양을 잡는다. 한 번 수놓은 후, 최대한 같은 위치에 겹치도록 한 번 더 수놓는다.

※ 너무 굵지 않고 끝이 뾰족한 돗바늘을 사용하는 것이 좋다.

4

다른 한쪽 눈도 수놓아 완성한다.

| tip | **눈을 수놓을 때 알아두면 좋아요!** |

이 책의 도안에서 '한 단의 높이보다 살짝 길게'라고 적힌 경우는 한 단에 가깝지만 살짝 높게, '두 단의 높이보다 살짝 낮게'라고 적힌 경우는 두 단에 가깝지만 살짝 낮게 수놓으면 된다.
미세한 차이가 인형의 퀄리티를 좌우할 수 있으므로 만들면서 차이를 파악해 가도록 한다.

making of crochet doll

10. 사람 인형 눈코입 수놓기

사람 인형의 경우 코의 위치를 잡고 눈을 먼저 수놓는다.

1 눈을 꿰맬 실을 돗바늘에 꿴 후, 굵게 매듭지어 준비한다.
사람 인형의 경우 눈을 먼저 수놓는다. 그 전에 코의 위치를 얼굴의 중앙에서 살짝 위쪽으로 잡고 시침핀을 꽂는다.

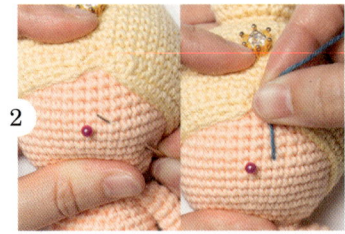

2 시침핀을 꽂은 위치에서 한 코 반 정도 옆으로 눈을 수놓는다.
되도록 코와 코 사이가 아닌 구멍이 작은 부분에서 시작하는 것이 좋다.

※ 작은 구멍이란 편물 겉면에 보이는 V자 모양의 사이를 말한다.

3 실이 기울지 않고 직선으로 올라가도록 한다.

4 왼쪽 눈도 같은 방법으로 수놓는다. 한 번 수놓은 후, 최대한 같은 위치에 겹치도록 한 번 더 수놓는다.

※ 너무 굵지 않고 끝이 뾰족한 돗바늘을 사용한다.

5 눈을 꿰맨 실을 여러 번 굵게 매듭지어 안으로 넣고 마무리한다.

※ 43쪽 tip을 참조한다.

6 코와 입을 꿰맬 실을 돗바늘에 꿴 후, 굵게 매듭짓는다.
눈 사이의 가운데 한 단 아래쪽에서 실을 빼서 직선으로 한 단 올려서 수놓는다.

7 코에서 한 단 내려간 부분에서 입의 크기를 정한 후(한 코 반 정도의 크기) 왼쪽 끝에서 실을 빼낸다. 다시 일직선으로 오른쪽 끝에서 입 가운데 아래쪽으로 바늘을 넣는다.

8 실을 느슨하게 남긴 후, 입의 한 단 아래 중앙 부분으로 바늘을 넣고, 입을 수놓은 실 위로 빼낸다.

9 다시 입을 수놓은 실 아래쪽에 바늘을 넣고 빼내서 웃는 모양의 입을 만든다.
굵게 매듭지어 인형 안으로 넣고 실을 잘라 마무리한다.

시은맘의 손뜨개 인형

11. 사람 인형 머리카락 꿰매 붙이기

머리카락은 인형의 머리 크기에 맞게 떠야 한다. 같은 도안으로 떴어도 사람마다 힘 조절이 달라 느슨하거나 작아질 수 있다. 중간중간 머리에 씌우면서 작은 경우에는 한 단 더 뜨고, 큰 경우에는 한 단을 풀어준다. 인형에 씌웠을 때 윗 머리카락과 옆 머리카락이 적당히 보이는 크기가 좋다.

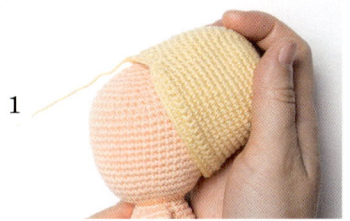

1

실을 길게 남기고 잘라 돗바늘에 꿴 후, 첫코 안쪽으로 바늘을 넣어 준비한다.
인형의 뒤쪽부터 씌운다.

2

사진처럼 목덜미까지 덮도록 씌운다. 뒤쪽부터 앞으로 쓸어내려 인형 머리와 머리카락 사이가 뜨지 않도록 한다.

3

정면에서 봤을 때, 윗 머리카락과 옆 머리카락이 적당히 보이는지 확인하여 양쪽이 대칭인지 확인한다.
사진의 인형은 빼뜨기 선이 오른쪽으로 가도록 위치를 잡았다.

4

인형의 안쪽으로 돗바늘을 넣고, 사진처럼 머리카락 코의 머리 사이로 빼낸다.

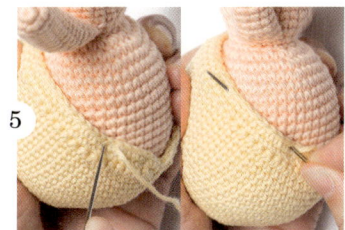

5

한 코를 지나 다시 바늘을 안쪽으로 넣은 후, 돗바늘을 빼내기 편한 만큼 건너뛰고 밖으로 빼낸다.

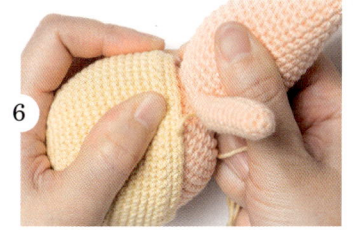

6

중심이 돌아가지 않도록 손으로 잘 고정하면서 꿰맨다.

7

듬성듬성하게 머리둘레 전체를 꿰맨 후, 나머지 부분은 꼼꼼하게 꿰맨다.

8

모든 코를 다 꿰맬 필요는 없고 한 코 건너 한 코씩 꿰매도록 한다.
실을 굵게 매듭지어 인형의 안쪽으로 넣고, 남은 실은 잘라 마무리한다.

코바늘 인형 만들기 기초

045

12. 고무줄 달기

1

고무줄을 길게 잘라 돗바늘에 끼운다. 매듭지을 길이를 남기고 한 코 정도의 크기로 모자의 한쪽에 여러 번 단단하게 꿰맨다.

2

맞은편에 위치를 정하고 고무줄을 걸어준다. 인형에 씌우고 고무줄을 당겨 길이를 정해 꿰맨다.

3

안쪽 면에 고무줄을 굵게 매듭짓고, 남은 실은 자른다.

13. 프렌치 노트 스티치

자수 기법의 하나로 인형을 만들 때 활용한다.

1

실을 길게 자른 후, 굵게 매듭짓고 바늘을 편물 안으로 넣는다.

2

왼손으로 실을 잡고 팽팽하게 당긴 후, 오른손으로 잡은 바늘을 편물에 바짝 붙인다.

3

왼손으로 실을 바늘에 감는데, 도안에 표기된 횟수만큼 감는다.

4

왼손은 감은 실이 풀어지지 않도록 당기면서 실을 빼낸 곳으로 바늘을 가져간다.

5

실이 풀어지지 않도록 모양을 잡으면서 바늘을 넣고 빼낸다. 굵게 매듭짓고 편물 안쪽으로 넣는다. 남은 실을 잘라 정리한다.

※ 원단에 수놓을 때와 달리 구멍이 큰 뜨개 편물의 경우 감은 실이 편물 안으로 들어가 버릴 수 있으므로 좁은 구멍을 선택해서 수놓는다.

시은맘의 손뜨개 인형

시은맘의 **손뜨개** 인형

Making of Crochet Doll

시은맘의 손뜨개 인형

02 part

귀여운 동물 인형 만들기

이번 장에서는 토끼, 곰, 기니피그, 펭귄, 라마 등

동물들의 특징을 살려 디자인한

귀여운 손뜨개 인형을 소개합니다.

01 Making of Crochet Doll

첫 친구 바니와 베어

인형을 처음 만드는 사람은 물론 귀여운 아기의 첫 친구가 될 수 있는
사랑스러운 토끼 인형 바니와 곰 인형 베어입니다.

information.

level	size
★ ☆ ☆	바니 22cm 베어 20cm

준비물

실　　바니 돌리코튼 2번 아이보리, 17번 진핑크, 51번 그레이, 53번 블랙
　　　베어 돌리코튼 48번 레드 브라운, 28번 블루, 6번 레몬, 53번 블랙
바늘　모사용 코바늘 2/0호(2.0mm)
기타　돗바늘, 겸자, 가위, 방울솜, 마커, 시침핀

사용한 뜨개 기법

사슬뜨기(○ 또는 ()), 짧은뜨기(×), 짧은뜨기 2코 늘려뜨기(⋎), 짧은뜨기 2코 모아 변형이랑뜨기(⚊), 빼뜨기(●), 짧은뜨기 뒤이랑뜨기(✕)

인형 만들기 기초

28~46쪽을 참조한다.

1 팔 2개를 뜬다.

2 다리 2개를 떠서 연결한다.

3 팔을 이어주기 전 몸통을 10단까지 뜬다.

4 팔과 몸통에 솜을 채운다.

5 팔을 몸통과 이어서 같이 뜬다.

5-1 바니는 2단의 이랑뜨기한 부분에 실을 걸어 치마를 뜬다.

6 이어서 머리를 25단까지 뜬다.

7 솜을 채운다.

8 나머지 단을 모두 뜬 후, 솜을 더 채워 마무리한다.

9 귀와 코를 뜬다.

10 코를 얼굴에 꿰매 붙인다.

11 귀를 머리에 꿰매 붙인다.

12 상의와 멜빵을 뜬다.

13 코와 눈을 수놓아 마무리한다.

• 바니 다리

시작		실을 두 번 감아 원형코 만들기	
		다리 A	다리 B
①	(8)	$0, (\times) \times 8, \cdot$	$0, (\times) \times 8, \cdot$
②	(16)	$0, (\vee\!\!\!\vee) \times 8, \cdot$	$0, (\vee\!\!\!\vee) \times 8, \cdot$
③~⑱	(16)	$0, (\times) \times 16, \cdot$	$0, (\times) \times 16, \cdot$
⑲	(36)	$\circ, \cdot, 0, (\times) \times 17, \times, (\times) \times 17, \times, \cdot$	
⑳~㉕	(36)	$0, (\times) \times 36, \cdot$	

· ⑱단까지 다리 A(왼쪽 다리)와 다리 B(오른쪽 다리)를 뜬다.
이때, 다리 A는 실을 10cm 정도 남기고 잘라 첫코의 안쪽으로
매듭지어 마무리한다. 다리 B는 실을 자르지 않고 둔다.

• 다리 연결하기(19단)

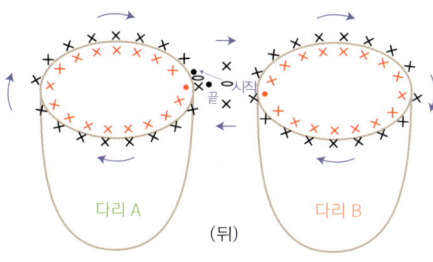

다리 A   (뒤)   다리 B

1. ⑲단은 다리 B를 잡고 다리 A에 연결하면서 뜬다.
2. 사슬뜨기 1코를 뜨고, 다리 A의 마지막 빼뜨기한 코에 빼뜨기로 연결한다.
3. 기둥코(사슬뜨기 1코)를 세우고 같은 자리에 짧은뜨기 1코, 나머지 코에 짧은뜨기 16코를 뜬다.
4. 다시 다리 B와 다리 A를 연결할 때 뜬 사슬코에 짧은뜨기 1코, 다리 B ⑱단의 첫코부터
짧은뜨기 16코, ⑱단 빼뜨기한 자리에 짧은뜨기 1코를 더 뜬다.
5. 다리 B와 A를 연결할 때 뜬 사슬코에 짧은뜨기 1코를 뜬 후, A의 첫코에 다시 빼뜨기한다.

• 바니&베어 팔(2개)

시작		실을 두 번 감아 원형코 만들기
①	(6)	$0, (\times) \times 6, \cdot$
②	(12)	$0, (\vee\!\!\!\vee) \times 6, \cdot$
③~⑱	(12)	$0, (\times) \times 12, \cdot$

· 실을 10cm 정도 남기고 자른다.
· 남긴 실을 첫코의 안쪽으로 빼내 매듭짓는다.
· 솜을 채운다.

• 바니 몸통

시작		다리에 이어서 뜬다.
①	(36)	$0, (\times) \times 36, \cdot$
②	(36)	$0, (\underline{\times}) \times 36, \cdot$
③	(36)	$0, (\times) \times 36, \cdot$
④	(33)	$0, (\times\times\overset{5}{\times}\times\times\,\diagup\!\!\!\diagdown\,\times\times\overset{5}{\times}\times\times) \times 3, \cdot$
⑤~⑥	(33)	$0, (\times) \times 33, \cdot$
⑦	(30)	$0, (\times\times\times\times\overset{9}{\times}\times\times\times\,\diagup\!\!\!\diagdown) \times 3, \cdot$
⑧	(30)	$0, (\times) \times 30, \cdot$
⑨	(27)	$0, (\times\times\overset{4}{\times}\times\,\diagup\!\!\!\diagdown\,\times\times\overset{4}{\times}\times) \times 3, \cdot$
⑩	(27)	$0, (\times) \times 27, \cdot$
⑪	(27)	$0, (\times) \times 6, \underline{(\times) \times 5}, (\times) \times 8, \underline{(\times) \times 5}, (\times) \times 3, \cdot$
⑫	(18)	$0, (\times\,\diagup\!\!\!\diagdown) \times 9, \cdot$
⑬	(15)	$0, (\times\times\,\diagup\!\!\!\diagdown\,\times\times) \times 3, \cdot$

· ⑪단의 ___ 부분을 팔과 함께 뜬다.
· 팔을 이을 때 다리에 솜을 넣는다.
· 마지막 단까지 뜬 후, 실을 20cm 정도 남기고 자른다.
· 치마를 먼저 뜨고 이어서 얼굴을 뜬다.

Color

바니 다리
2번 아이보리

바니 팔
①~④ 2번 아이보리
⑤~⑱ 51번 그레이

베어 팔
①~④ 48번 레드 브라운
⑤~⑱ 6번 레몬

바니 몸통
① 17번 진핑크
②~⑬ 51번 그레이

귀여운 동물 인형 만들기

• 베어 다리

시작	실을 두 번 감아 원형코 만들기	
	다리 A	**다리 B**
① (9)	0, (×) × 9, ・	0, (×) × 9, ・
② (18)	0, (ⵣ) × 9, ・	0, (ⵣ) × 9, ・
③~⑤ (18)	0, (×) × 18, ・	0, (×) × 18, ・
⑥ (18)	0, (ⵉ) × 18, ・	0, (ⵉ) × 18, ・
⑦~⑯ (18)	0, (×) × 18, ・	0, (×) × 18, ・
⑰ (38)	・, 0, (×) × 19, (×) × 19, ・	
⑱~㉕ (38)	0, (×) × 38, ・	

· ⑯단까지 다리 A(왼쪽 다리)와 다리 B(오른쪽 다리)를 뜬다.
이때, 다리 A는 실을 10cm 정도 남기고 잘라 첫코의 안쪽으로
매듭지어 마무리한다. 다리 B는 실을 자르지 않고 둔다.

• 다리 연결하기(17단)

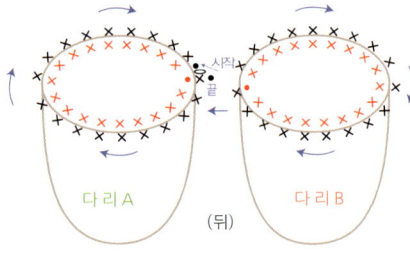

다리 A   (뒤)   다리 B

1. ⑰단은 다리 B를 잡고 다리 A에 연결하면서 뜬다.
2. 다리 A의 마지막 빼뜨기한 코에 빼뜨기로 연결한다.
3. 기둥코(사슬뜨기 1코)를 세우고 같은 자리에 짧은뜨기 1코,
   나머지 코에 짧은뜨기 18코를 뜬다.
4. 다리 B ⑯단의 첫코부터 짧은뜨기 18코, ⑯단 빼뜨기한 코에
   짧은뜨기 1코를 더 뜬다.
5. A의 첫코에 다시 빼뜨기한다.

Color

베어 다리
①~⑤ 48번 레드 브라운
⑥~㉕ 28번 블루
베어 몸통
6번 레몬

• 베어 몸통

시작	다리에 이어서 뜬다.
① (38)	0, (ⵉ) × 38, ・
② (38)	0, (×) × 38, ・
③ (36)	0, (×××××××××××××ⵣ)(17) × 2, ・
④ (33)	0, (×××ⵣ(5)×××××(5)) × 3, ・
⑤~⑥ (33)	0, (×) × 33, ・
⑦ (30)	0, (×××(9)×××××ⵣ) × 3, ・
⑧ (30)	0, (×) × 30, ・
⑨ (27)	0, (×××(4)ⵣ×××(4)) × 3, ・
⑩ (27)	0, (×) × 27, ・
⑪ (27)	0, (×) × 6, (×) × 5, (×) × 8, (×) × 5, (×) × 3, ・
⑫ (18)	0, (× ⵣ) × 9, ・
⑬ (15)	0, (××ⵣ××) × 3, ・

· ⑪단의 ___ 부분을 팔과 함께 뜬다(59쪽 참조).
· 팔을 이을 때 다리에 솜을 넣는다.
· 마지막 단까지 뜬 후, 실 색을 바꿔 얼굴을 이어서 뜬다.

• 바니 치마(머리를 뜨기 전에 먼저 뜬다)

시작	몸통 ②단의 이랑뜨기에 실을 걸어 원형뜨기
① (38)	0, (××××××××¹⁷×××××××× ❤) × 2, ·
② (40)	0, (×××××⁹×× ❤ ××××⁹××××) × 2, ·
③ (44)	0, (×××××⁹×× ❤) × 4, ·
④ (48)	0, (×××⁵×× ❤ ××⁵××) × 4, ·
⑤ (52)	0, ×, ×, ×, ❤, (×××××¹¹×××××× ❤) × 3, (×) × 8, ·
⑥ (56)	0, (×××⁶××× ❤ ×××⁶×××) × 4, ·
⑦ ~ ⑩ (56)	0, (×) × 56, ·

· 치마는 인형을 거꾸로 놓고 뜬다.
· 마지막 단까지 뜬 후, 10cm 정도 실을 남기고 잘라 돗바늘로 정리한다.

• 바니&베어 머리

시작	몸통에 이어서 뜬다.
① (30)	0, (❤) × 15, ·
② (45)	0, (× ❤) × 15, ·
③ (50)	0, (×××⁴× ❤ ×××⁴×) × 5, ·
④ (55)	0, (××××⁹×××× ❤) × 5, ·
⑤ ~ ⑥ (55)	0, (×) × 55, ·
⑦ (60)	0, (×××⁵× ❤ ×××⁵×) × 5, ·
⑧ ~ ⑱ (60)	0, (×) × 60, ·
⑲ (55)	0, (×××⁵× ⚊ ×××⁵×) × 5, ·
⑳ (50)	0, (××××⁹×××× ⚊) × 5, ·
㉑ (45)	0, (×××⁴× ⚊ ×××⁴×) × 5, ·
㉒ (40)	0, (××××⁷×× ⚊) × 5, ·
㉓ (35)	0, (××× ⚊ ×××) × 5, ·
㉔ (28)	0, (××× ⚊) × 7, ·
㉕ (21)	0, (×× ⚊) × 7, ·
㉖ (14)	0, (× ⚊) × 7, ·
㉗ (7)	0, (⚊) × 7, ·

· ㉕단까지 뜨고 머리에 솜을 채운다.
· 마지막 단까지 뜬 후, 마무리할 실 50cm 정도를 남기고 자른다.
· 솜을 마저 채운다.
· 남긴 실을 돗바늘에 꿴 후, 바짝 잡아당겨 구멍을 조인다.

Color

바니 머리
2번 아이보리
베어 머리
48번 레드 브라운
바니 치마
17번 진핑크

귀여운 동물 인형 만들기

Color

바니 귀
2번 아이보리
베어 귀
48번 레드 브라운

• 바니 귀(2개)

시작	실을 두 번 감아 원형코 만들기
① (6)	0, (×) × 6, ·
② (12)	0, (✦) × 6, ·
③ (18)	0, (×✦) × 6, ·
④ (20)	0, (×××✦✦×××) × 2, ·
⑤ (22)	0, (×××××××××✦) × 2, ·
⑥~⑬ (22)	0, (×) × 22, ·
⑭ (20)	0, (×××××××××⚫) × 2, ·
⑮ (18)	0, (××××⚫××××) × 2, ·
⑯ (18)	0, (×) × 18, ·

· 실을 100cm 정도 남기고 자른다.
· 남긴 실을 돗바늘에 꿴 후, 인형 머리에 꿰매 붙인다.

• 바니 귀 달기

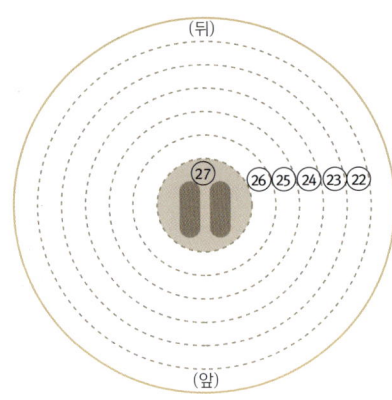

(뒤)

(앞)

· 귀 다는 방법은 41~42쪽을 참조한다.

• 베어 귀(2개)

시작	실을 두 번 감아 원형코 만들기
① (7)	0, (×) × 7, ·
② (14)	0, (✦) × 7, ·
③ (21)	0, (×✦) × 7, ·
④~⑥ (21)	0, (×) × 21, ·

· 실을 100cm 정도 남기고 자른다.
· 남긴 실을 돗바늘에 꿴 후, 인형 머리에 꿰매 붙인다.

• 베어 귀 달기

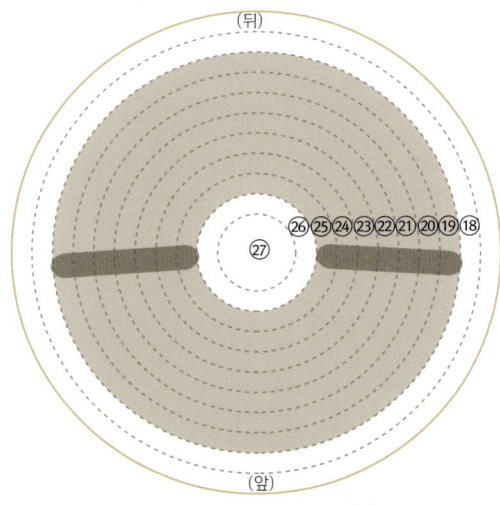

(뒤)

(앞)

· 귀 다는 방법은 41쪽을 참조한다.

시은맘의 손뜨개 인형

• 바니&베어 코

시작	실을 두 번 감아 원형코 만들기
① (7)	0, (✕) × 7, •
② (14)	0, (V) × 7, •
③ (14)	0, (✕) × 14, •

· 실을 100cm 정도 남기고 자른다.
· 솜을 채운 후, 돗바늘로 인형 얼굴에 꿰매 붙인다.

• 바니&베어 코 달기, 눈코 수놓기

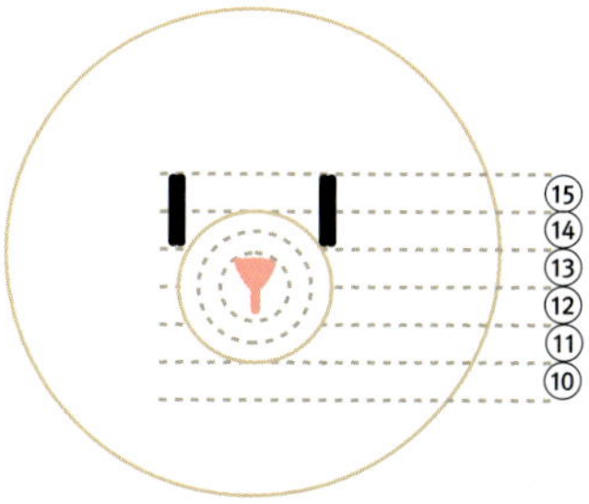

⑮
⑭
⑬
⑫
⑪
⑩

· 코 다는 방법은 40쪽을 참조한다.
· 수놓는 방법은 42~43쪽을 참조한다.

Color

바니 코
2번 아이보리
베어 코
48번 레드 브라운
바니 상의&멜빵
17번 진핑크
베어 상의&멜빵
28번 블루
바니&베어 얼굴에 수놓기
53번 블랙(눈, 베어 코)
17번 진핑크(바니 코)

• 바니 상의

시작	몸통 ②단의 14번째과 15번째 코 사이 기둥에 실을 걸어 뜨는데, 빼뜨기 12코를 한다. 이어서 평면뜨기한다.
①~⑥ (12)	0, (✕) × 12

• 베어 상의

시작	몸통 ①단의 이랑뜨기한 13번째 코에 실을 걸어 평면뜨기
①~⑦ (12)	0, (✕) × 12

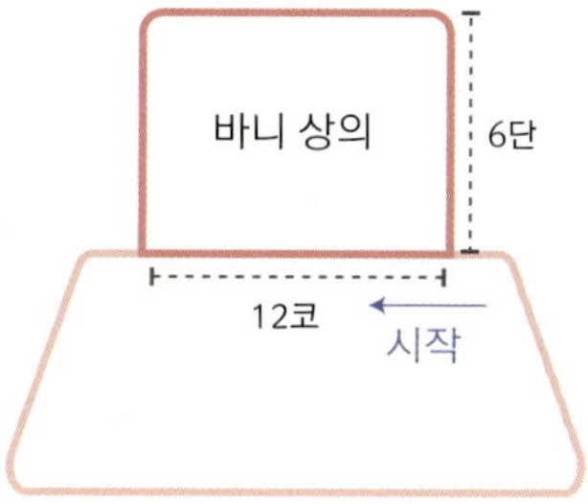

바니 상의
6단
12코
시작

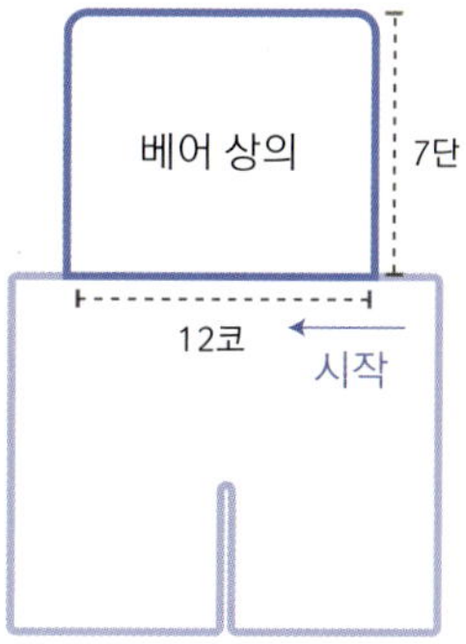

베어 상의
7단
12코
시작

• 바니&베어 멜빵 뜨기

1. 상의를 다 뜬 후, 실을 끊지 않고 사슬뜨기 20코로 멜빵을 뜬다.
2. 실을 30cm 정도 남기고 자른다.
3. 인형을 뒤로 돌리고 대각선 방향의 몸통 4번째 코 하의와 경계 부분에 꿰매 붙인다.
4. 나머지 한쪽은 상의 왼쪽 모서리 코의 머리에 실을 걸어 사슬뜨기 20코를 뜬다.
5. 인형을 뒤로 돌리고 대각선 방향의 몸통 34번째 코 하의와 경계 부분에 꿰매 붙인다.
6. 남은 실은 돗바늘로 숨기면서 정리한다.

○ 바니 다리 떠서 연결하기

1 다리 A를 먼저 뜨고 실을 자른다. 자른 실은 코바늘을 이용해 첫코 안쪽으로 빼낸다.

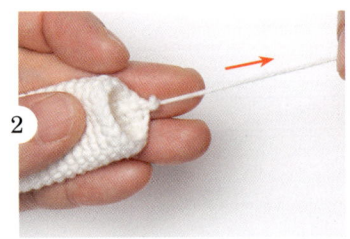

2 편물에 바짝 붙여 빠지지 않도록 3~4번 정도 굵게 매듭을 짓는다.

3 다리 B는 도안을 참고해서 18단까지 뜬 후, 실을 끊지 않고 그대로 둔다.

※ 다리를 뜨고 나서 팔 2개도 같이 떠서 준비해두면 몸통을 뜨면서 팔을 바로 연결해서 뜰 수 있어 좋다.

다리 A

다리 B

4 구분하기 쉽도록 양쪽 다리에 마커를 끼운다. 다리 A는 빨간색 마커, 다리 B는 초록색 마커.

5 실이 연결된 다리 B를 잡고 다리 A와 연결하기 위한 사슬뜨기 1코를 뜬다.

6 다리 A의 마지막 빼뜨기 부분에 바늘을 넣는다.

7 빼뜨기 1코와 기둥코(사슬뜨기 1코)를 뜬다.

8 과정 7에서 뜬 같은 코에 짧은뜨기 1코를 뜨고, 나머지 16코에 짧은뜨기 1코씩 뜬다. 다리 A에 1코가 늘어나서 총 17코가 된다.

사슬뜨기 연결 부분

9 다리를 연결하기 위해 떴던 사슬뜨기에 짧은뜨기 1코를 뜬다. 이때, 사슬의 반코에 걸어서 뜬다.

시은맘의 손뜨개 인형

10 다리 B에도 17코를 뜬다. 이때, 실로 연결된 부분(첫코)을 첫코로 시작해 뜬다. 마지막 빼뜨기 코까지 포함해서 17코를 뜬다.

11 다리를 연결하기 위해 떴던 사슬뜨기에 짧은뜨기 1코를 뜬다. 이때, 사슬의 남은 두 가닥에 걸어서 뜬다.

1 마무리한 팔의 빼뜨기 코가 중앙에 위치하도록 놓고 사진처럼 잡는다. 빼뜨기 코가 정확하게 중앙에 오지 않아도 된다. 가장자리로만 가지 않도록 접는다.

※ 정리한 실은 안쪽으로 숨긴다.

2 안쪽에 솜을 차곡차곡 채우고, 바깥으로 갈수록 얇아지도록 만든다. 이때, 솜을 너무 많이 채우면 팔이 뻣뻣해서 몸통 쪽에 가까이 붙지 않게 되니 주의한다.

3 팔과 몸통을 연결하기 위해 몸통의 다리 안쪽부터 차곡차곡 솜을 채운다. 다리와 몸통의 경계 부분까지만 솜을 채운다. 몸통까지 채우면 머리 쪽을 뜰 때 손에 잡기 불편할 수 있다.

4 도안대로 몸통에 6코를 뜬 후, 팔 한쪽을 빼뜨기 코가 몸통 쪽으로 가도록 놓고 사진처럼 잡는다.

5 이어서 팔을 연결하는데, 팔의 코 머리가 아닌 기둥 부분에 사진과 같이 코바늘을 넣는다. 이때 코바늘이 여러 땀이 아닌 한 땀만 통과하도록 주의한다.

6 몸통의 다음 코에 그대로 이어서 바늘을 넣고 1코를 뜬다.

7 도안을 참고해 팔과 몸통을 같이 잡고 함께 4코를 뜨는데, 왼쪽 사진처럼 팔에서 2개, 몸통에서 1개, 총 3개의 코 머리에 한꺼번에 바늘을 넣고 뜬다.

귀여운 동물 인형 만들기

8

9

10

팔과 몸통을 연결하는 마지막 1코는 과정 5~6과 마찬가지로 팔의 기둥에 바늘을 넣어 몸통과 연결해 뜬다.

팔을 접었을 때 5코보다 콧수가 많으므로 팔 뒷부분의 코는 중간중간에 1코씩 비우고 뜬다.

※ 원하는 곳에 되도록 한 번에 1코씩만 비우며 뜬다.

○ 바니 치마 뜨기

계속해서 몸통의 8코를 도안대로 뜬 후, 나머지 한쪽 팔도 같은 방법으로 연결한다.

11

1

2

팔을 연결하고 한쪽으로 치우치지 않는지 확인한다.
만약 중앙을 기준으로 대칭되지 않는다면 38쪽 과정 8을 참고해서 위치를 조절해 다시 뜬다.

인형의 뒷면이 보이도록 아래위를 거꾸로 놓는다. 몸통 2단의 이랑뜨기 한 부분의 마지막 코에 실을 걸어 기둥코를 세워 뜬다.

※ 솜이 들어가지 않는 옷을 뜰 때는 살짝 느슨하게 떠도 괜찮다.

치마를 끝까지 뜨고, 남은 실은 돗바늘로 정리한다.

○ 몸통과 머리 마무리

1

2

3

얼굴 두 단을 남기고 솜을 채운다. 뭉치지 않도록 손으로 만져가면서 적당히 솜을 채운다. 만졌을 때 너무 딱딱하지 않고 솜이 겉에서 보이지 않도록 한다. 뭉친 부분은 겸자나 손으로 편다.

얼굴의 마지막 단까지 모두 뜬 후, 겸자로 빈 곳이 없도록 솜을 조금 더 넣는다.

돗바늘에 실을 꿴 후, 안쪽에서 바깥쪽으로 1코씩 건너뛰면서 코 머리를 걸고 빼낸다.

4 마지막 코까지 작업한 후, 실 끝을 잡아당겨서 구멍을 조인다.

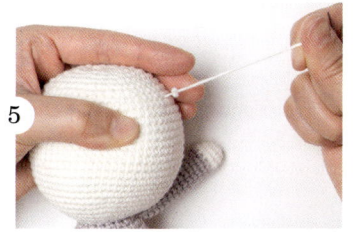

5 모양이 예쁘게 되었으면 안쪽 깊이 바늘을 넣었다가 빼낸 후, 매듭을 굵게 짓는다.

※ 인형을 좀 더 튼튼하게 마무리하려면 바늘을 깊이 넣었다 뺐다 하면서 실이 솜에 엉키도록 반복한다.

6 바늘을 빼낸 구멍으로 다시 넣고 빼내, 매듭을 안쪽으로 넣는다.

ㅇ 바니 코 달기

1 인형 코를 뜬 후, 실을 길게 남기고 자른다. 남긴 실을 돗바늘에 꿴 후, 첫코의 안쪽으로 빼낸다.
모양이 잡힐 정도로만 솜을 채운다.

2 도안을 참고해서 얼굴에 코의 위치를 잡아 시침핀으로 고정한다.

3 빼뜨기 코가 아래쪽을 향하도록 인형 코를 놓는다. 돗바늘을 직각에서 살짝 안쪽으로 넣은 후, 위쪽 머리 부분으로 빼낸다.

4 바늘을 빼낸 곳으로 다시 넣는다. 인형 코의 안쪽으로 바늘을 빼내고, 붙일 코의 위쪽 코의 머리를 걸고 빼낸다.

※ 같은 코에 넣어도 안에 솜이 있어 실이 풀리지 않는다.

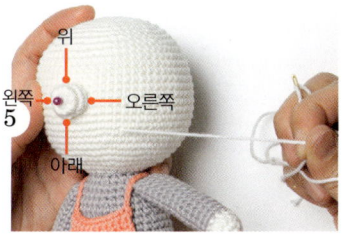

위
왼쪽 ← → 오른쪽
아래

5 먼저 위아래, 오른쪽, 왼쪽을 꿰매 코를 얼굴에 고정한다.

6 네 부분을 고정한 후, 시침핀은 뺀다. 나머지 부분도 동그랗게 모양을 잡으면서 빈 곳이 없도록 모두 꿰맨다.

○베어 귀 달기

7

1코 정도 남기고 겸자로 솜을 마저
채운다.
마지막 코까지 꿰맨 후, 매듭을 굵게
지어 인형의 안쪽으로 넣는다. 남은
실은 잘라낸다.

1

빼뜨기 코가 가장자리 쪽으로 가도
록 반으로 접어 돗바늘로 꿰맨다.

2

바늘이 들어가는 쪽은 1코씩 건너뛰
고, 뒤쪽은 2코씩 건너뛰어 꿰맨다.

3

도안을 참고해 양쪽 귀가 25와 26단
사이, 18과 19단 사이에 오도록 시침
핀을 꽂아 위치를 본다.

4

한쪽 귀부터 꿰매는데, 양쪽 모서리
의 코 머리를 걸고 꿰매 위치를 고정
한다.

5

안쪽 부분도 촘촘하게 꿰매 단단하
게 붙인다.
다른 쪽 귀도 같은 방법으로 꿰매 붙
인다.

○바니 귀 달기

1

빼뜨기 코가 가장자리 쪽으로 가도
록 반으로 접는다.

2

반으로 접은 귀를 사진처럼 잡고 바
늘을 넣는다.

3

다시 사진처럼 반대편에서 넣고 빼
내 고정한다.

4

머리의 중앙이 양쪽 귀의 중간이 되
도록 위치를 잡고(도안 참고) 한쪽
귀부터 꿰매 붙인다.
여기서는 보기 편하도록 수성펜으로
표시했지만 시침핀을 사용해도 된다.

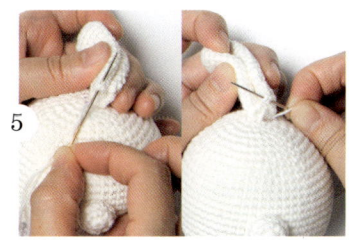

5

먼저 귀 아래 한쪽 모서리의 코 머리
를 걸고 꿰매 붙인다. 나머지 한쪽도
같은 방법으로 꿰맨다.

6

뒤쪽도 코 머리를 걸어 꿰매 붙인다.

7

옆부분도 바늘을 넣고 꿰맨다. 두세
군데 꿰매서 단단하게 고정한다.

8

나머지 한쪽 귀도 같은 방법으로 꿰
매 붙인다.

※ 나머지 한쪽을 붙일 때 귀 사이가 벌어지지
않도록 한다.

ㅇ코 수놓기

1

실 100cm 정도를 잘라 돗바늘에 끼
우고 매듭을 굵게 짓는다.
바늘을 코의 중앙으로 빼내면서 인
형의 안쪽으로 매듭을 넣는다.

2

오른쪽 사선 한 단 위의 높이를 코의
크기로 잡는다.

3

코의 중앙으로 바늘을 빼낸 후, 수놓
는다. 왼쪽 사선 한 단 위의 높이를
코의 크기로 잡고 코의 중앙으로 바
늘을 빼낸다.

4

V자 모양이 되었으면 가운데 부분을
꿰매 채운다.
한 단 아래 직선으로 내려서 인중을
만든 후, 매듭짓고 인형 안쪽으로 넣
어 완성한다.

ㅇ 눈 수놓기

1

실을 100cm 정도 잘라 돗바늘에 꿴 후, 굵게 매듭짓는다.
코와 너무 떨어지지 않는 곳에 눈의 위치를 잡는다(도안 참고). 이때, 실을 인형에 대보고 위치를 잡아도 좋다.

2

되도록 코와 코 사이가 아닌 구멍이 작은 부분에서 시작하는 것이 좋다.

※ 작은 구멍이란 편물 겉면에 보이는 V자 모양의 사이를 말한다.

3

이때 눈의 아래와 위가 직선이 되도록 수놓는 것이 중요하다. 직선이 되는 위치에 바늘을 넣어서 수놓는다. 한 번 수 놓은 후, 최대한 같은 위치에 겹치도록 한 번 더 수놓는다.

※ 너무 굵지 않고 끝이 뾰족한 돗바늘을 사용하는 것이 좋다.

ㅇ 바니 상의&멜빵

4

다른 한쪽 눈도 수놓아 완성한다.

1

14번째와 15번째 코 사이 기둥에 실을 걸어 빼뜨기 12코를 뜬다.

2

인형의 방향을 돌려가며 6단까지 평면뜨기로 모두 뜬다.

3

이어서 사슬뜨기 20코를 떠서 멜빵을 만든다.

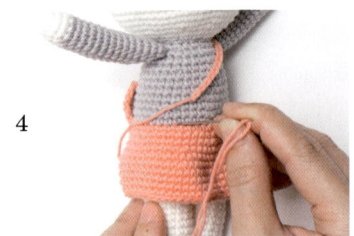

4

멜빵을 사진처럼 몸통 뒤에서 사선으로 내린다. 돗바늘에 실을 꿴 후, 몸통 4번째 코의 치마와 경계 부분에 돗바늘을 넣는다.

5

돗바늘이 나오기 편한 곳으로 빼낸다.

시은맘의 손뜨개 인형

6 처음 넣었던 옆쪽 코에 돗바늘을 넣
고 빼낸다.

7 사진처럼 멜빵의 끝부분 사슬코 사
이에 바늘을 넣고 빼낸다. 두세 번
정도 반복해서 꿰맨다.

8 굵게 매듭지어 실을 안쪽으로 넣고
마무리한다.

9 나머지 한쪽도 실을 걸어 사슬뜨기
20코를 뜬다. 몸통 34번째 코의 치마
와 경계 부분에 꿰매 붙인다.

02 Making of Crochet Doll

오렌지 베어와 낚시꾼 비버

오렌지 농장을 운영하는 오렌지 베어는 올해 농사도 풍년이라 기분이 아주 좋아요.

오렌지 베어의 친구인 낚시꾼 비버는 낚시터에서 살아요. 물고기를 잡아

양동이에 한가득 채워서 친구들에게 나눠주는 걸 좋아합니다.

information.

level	size
★ ★ ☆	베어 17.5cm 비버 17.5cm

준비물

실   **오렌지 베어** 돌리코튼 2번 아이보리, 32번 네이비, 51번 그레이, 45번 월넛브라운, 53번 블랙, 11번 당근 오렌지

돌리코튼 레이스 4번 연베이지, 11번 당근 오렌지, 38번 민트, 43번 진베이지

낚시꾼 비버 돌리코튼 2번 아이보리, 6번 레몬, 34번 연두, 44번 커피 브라운, 53번 블랙, 31번 네이비 블루

돌리코튼 레이스 11번 당근 오렌지, 46번 브라운, 28번 블루, 10번 피넛, 38번 민트, 52번 다크 그레이, 53번 블랙

바늘   모사용 코바늘 2/0호(2.0mm), 레이스 코바늘 1.50mm

기타   돗바늘, 겸자, 마커, 가위, 방울솜, 2.0mm 와이어

사용한 뜨개기법

사슬뜨기(○ 또는 ◖), 짧은뜨기(×), 짧은뜨기 2코 늘려뜨기(ᐯ), 짧은뜨기 2코 모아 변형이랑뜨기(ᐱ), 빼뜨기(●), 짧은뜨기 뒤이랑뜨기(⊠), 긴뜨기(↑), 한길긴뜨기(↟), 겹짧은뜨기(†), 되돌아짧은뜨기(⊽)

인형 만들기 기초

28~46쪽을 참조한다.

• 인형 만들기

1 팔 2개와 다리 2개를 뜬다.
2 다리를 이은 후, 35단까지 몸통을 뜬다.
3 팔과 몸통에 솜을 채운다.
4 팔을 몸통에 이어서 같이 뜬다.
5 16단 머리까지 뜬다.
6 솜을 채운다.
7 나머지 단을 모두 뜬다.
8 솜을 더 채우고 마무리한다.
9 귀와 코를 뜨는데, 낚시꾼 비버는 귀만 뜬다.
10 오렌지 베어의 코를 얼굴에 꿰매 붙인다.
11 귀를 꿰매 붙인다.
12 코와 눈을 수놓는다. 낚시꾼 비버는 이빨도 함께
    수놓는다.

• 멜빵바지 만들기

1 왼쪽 바지통을 뜬다.
2 오른쪽 바지통을 떠서 왼쪽 바지통과 잇는다.
3 멜빵바지의 상의 부분과 멜빵을 떠서 마무리한다.
4 낚시꾼 비버는 앞주머니를 떠서 돗바늘로 상의에
   꿰매 붙인다.

• 모자 만들기

1 모자를 뜬 후, 실을 정리한다.
2 나무꾼 비버는 무늬를 수놓는다.

• 오렌지 베어 소품 만들기

1 가방을 뜬다.
2 오렌지와 잎을 뜬다.
3 오렌지에 솜을 채운 후, 잎을 꿰매 붙인다.
4 바구니를 뜬다.

• 낚시꾼 비버 소품 만들기

1 물고기를 떠서 눈을 수놓는다.
2 낚싯대를 뜨고 와이어를 넣는다.
3 낚싯줄을 만들고 물고기를 꿰매 붙인다.
4 낚시통과 손잡이를 떠서 마무리한다.

• 베어&비버 다리(2개)

시작	실을 두 번 감아 원형코 만들기
① (6)	0, (✕) × 6, ･
② (9)	0, (✕✈) × 3, ･
③ (12)	0, (✕✕✈) × 3, ･
④ (8)	0, (✕) × 8 (평면뜨기, 편물 돌리기)
⑤ (8)	0, (✕) × 8 (편물 돌리기)
⑥ (6)	0, (✕✕▲) × 2 (편물 돌리기)
⑦ (4)	0, (✕▲) × 2 (편물 돌리기)
⑧ (2)	0, (▲) × 2
⑨ (12)	･, 0, (✕) × 3, (✕) × 4, (✕) × 3, (✕) × 2, ･ (원형뜨기)
	A B C D
⑩~⑫ (12)	0, (✕) × 12, ･
⑬ (14)	0, (✕✕✕✕✕✈) × 2, ･
⑭ (14)	0, (✕) × 14, ･
⑮ (16)	0, (✕✕✕✈✕✕✕) × 2, ･
⑯ (16)	0, (✕) × 16, ･

⑨단 참고

시작 / A / B / C / D

Color

베어 다리
2번 아이보리
비버 다리
44번 커피 브라운
베어 팔
①~③ 2번 아이보리
배색 32번 네이비, 51번 그레이
비버 팔
①~③ 44번 커피 브라운
배색 6번 레몬, 34번 연두

· ⑨단은 일러스트를 참고해서 시작 부분에 빼뜨기와 기둥코를 세우고 뜬다.
· 마지막 단까지 뜬 후, 실을 10cm 정도 남기고 자른다.
· 남긴 실을 첫코의 안쪽으로 빼내 매듭짓는다.

• 비버 팔(2개)

시작	실을 두 번 감아 원형코 만들기
① (5)	0, (✕) × 5, ･
② (10)	0, (✈) × 5, ･
③ (10)	0, (✕) × 10, ･
④~⑰ (10)	0, ✕, ✕✕, ✕✕, ✕✕, ✕✕, ✕, ･

· 실을 10cm 정도 남기고 자른다.
· 남긴 실을 첫코의 안쪽으로 빼내 매듭짓는다.
· 솜을 채운다.

• 베어 팔(2개)

시작	실을 두 번 감아 원형코 만들기
① (5)	0, (✕) × 5, ･
② (10)	0, (✈) × 5, ･
③ (10)	0, (✕) × 10, ･
④ (10)	0, (✕) × 10, ･
⑤~⑥ (10)	0, (✕) × 10, ･
⑦~⑧ (10)	0, (✕) × 10, ･
⑨~⑩ (10)	0, (✕) × 10, ･
⑪~⑫ (10)	0, (✕) × 10, ･
⑬~⑭ (10)	0, (✕) × 10, ･
⑮~⑯ (10)	0, (✕) × 10, ･
⑰ (10)	0, (✕) × 10, ･

· 실을 10cm 정도 남기고 자른다.
· 남긴 실을 첫코의 안쪽으로 빼내 매듭짓는다.
· 솜을 채운다.

시은맘의 손뜨개 인형

• 베어&비버 몸통

다리 2개를 ①단에서 연결한다.

시작
① (38) ⌒, ·, 0, (×) × 8, ⋎, (×) × 8, ×, (×) × 8, ⋎, (×) × 8, ×, ·
　　　　　　　다리 A　　　　　　　　다리 B

② ~ ⑦ (38) 0, (×) × 38, ·
⑧ ~ ⑨ (38) 0, (×) × 38, ·
⑩ ~ ⑪ (38) 0, (×) × 38, ·
⑫ ~ ⑬ (38) 0, (×) × 38, ·
⑭ ~ ⑮ (38) 0, (×) × 38, ·
⑯ (36) 0, (×××××××××××⋏^{17}) × 2, ·
⑰ (30) 0, (××××⋏) × 6, ·
⑱ (24) 0, (×××⋏) × 6, ·
⑲ (24) 0, (×) × 24, ·
⑳ (24) 0, (×) × 6, (×) × 4, (×) × 8, (×) × 4, (×) × 2, ·
㉑ (18) 0, (××⋏) × 6, ·

· ⑳단의 ___ 부분은 팔과 함께 뜬다(32쪽과 38쪽 참조).
· 팔을 이을 때 다리에 솜을 넣는다.

Color

베어 몸통

※ 도안 배색 참조
①~⑦ 2번 아이보리
배색 32번 네이비, 51번 그레이

비버 몸통

※ 도안 배색 참조해
네이비 → 레몬, 그레이 → 연두
①~⑦ 44번 커피 브라운
배색 6번 레몬, 34번 연두

베어 머리

2번 아이보리

• 다리 연결하기(1단)

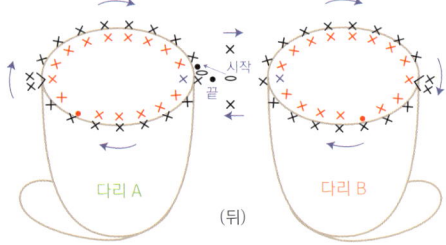

다리 A　　다리 B

(뒤)

1. 다리가 뒤가 보이도록 놓고 B의 5번째 코에 실을 건다.
   (실을 걸기 전 굵게 매듭지어 빠지지 않도록 한다.)
2. 사슬코 1코를 뜨고, A의 11번째 코에 빼뜨기로 연결한다.
3. 다시 기둥코(사슬뜨기 1코)를 세우고 빼뜨기와 기둥코를 세운
   자리에 짧은뜨기 1코를 뜬 후(첫코가 된다) 빼뜨기 코도 포함해서
   짧은뜨기 7코를 뜬다. 이어서 짧은뜨기 2코 늘려뜨기, 짧은뜨기 8코를 뜬다.
4. A와 B의 중간부분 사슬뜨기에 짧은뜨기 1코를 뜬 후, 빼뜨기 코도
   포함해서 짧은뜨기 8코를 뜬다. 이어서 짧은뜨기 2코 늘려뜨기,
   짧은뜨기 8코를 뜬다.
5. A와 B의 중간 부분 사슬뜨기에 짧은뜨기 1코를 뜬다.
6. A의 첫코에 빼뜨기를 한다.

• 베어 머리

시작 | 몸통에 이어서 뜬다.

① (36) 0, (⋎) × 18, ·
② (48) 0, (××⋎) × 12, ·
③ (54) 0, (××××××⋎^{7}) × 6, ·
④ ~ ⑤ (54) 0, (×) × 54, ·
⑥ (57) 0, (×××××××××××××××⋎^{17}) × 3, ·
⑦ ~ ⑯ (57) 0, (×) × 57, ·
⑰ (54) 0, (×××××××××××××⋏^{17}) × 3, ·
⑱ (51) 0, (××××××××⋏^{8}××××××^{8}) × 3, ·
⑲ (48) 0, (××××××××××××⋏^{15}) × 3, ·
⑳ (42) 0, (×××⋏×××) × 6, ·
㉑ (36) 0, (××××⋏^{5}) × 6, ·
㉒ (30) 0, (××⋏××) × 6, ·
㉓ (24) 0, (×××⋏) × 6, ·
㉔ (16) 0, (×⋏) × 8, ·
㉕ (8) 0, (⋏) × 8, ·

· ⑯단까지 뜨고 몸통과 머리에 솜을 넣는다.
· 마무리할 실 50cm 정도를 남기고 자른다.
· 솜을 마저 채운다.
· 남긴 실을 돗바늘에 꿴 후, 바짝 잡아당겨 구멍을 조인다.

• 비버 머리

시작	몸통에 이어서 뜬다.
① (36)	0, (ᐱ) × 18, ·
② (48)	0, (× × ᐱ) × 12, ·
③~⑥ (48)	0, (×) × 48, ·
⑦ (50)	0, (×) × 28, (ᐱ) × 2, (×) × 18, ·
⑧ (52)	0, (×) × 29, (ᐱ) × 2, (×) × 19, ·
⑨ (55)	0, (×) × 29, (ᐱ×) × 3, (×) × 17, ·
⑩ (55)	0, (×) × 55, ·
⑪ (57)	0, (×) × 31, (ᐱ×) × 2, (×) × 20, ·
⑫ (55)	0, (×) × 31, (ᐱ×) × 2, (×) × 20, ·
⑬ (52)	0, (×) × 29, (ᐱ×) × 3, (×) × 17, ·
⑭ (50)	0, (×) × 29, (ᐱ) × 2, (×) × 19, ·
⑮ (50)	0, (×) × 50, ·
⑯ (45)	0, (× × × × ᐱ × × × ×) × 5, ·
⑰ (40)	0, (× × × × × × × ᐱ) × 5, ·
⑱ (35)	0, (× × × ᐱ × × ×) × 5, ·
⑲ (30)	0, (× × × × × ᐱ) × 5, ·
⑳ (24)	0, (× × × ᐱ) × 6, ·
㉑ (16)	0, (× ᐱ) × 8, ·
㉒ (8)	0, (ᐱ) × 8, ·

· ⑮단까지 뜨고 몸통과 머리에 솜을 넣는다.
· 마무리할 실 50cm 정도를 남기고 자른다.
· 솜을 마저 채운다.
· 남긴 실을 돗바늘에 꿴 후, 바짝 잡아당겨 구멍을 조인다.

Color

비버 머리
44번 커피 브라운
베어 코
기본색 2번 아이보리,
배색 45번 월넛 브라운
베어&비버 얼굴 수놓기
53번 블랙(눈코입)
2번 아이보리(비버 이빨)

• 베어 코 달기, 눈코입 수놓기

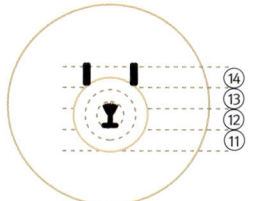

· 수놓는 방법은 42~43쪽을 참조한다.
· 눈은 한 단의 높이보다 살짝 길게 수놓는다.

• 베어 코

시작	실을 두 번 감아 원형코 만들기
① (7)	0, (×) × 7, ·
② (14)	0, (ᐱ) × 2, (ᐱ) × 3, (ᐱ) × 2, ·
③ (14)	0, (×) × 4, (×) × 6, (×) × 4, ·

· 실을 100cm 정도 남기고 자른다.
· 솜을 채운 후, 돗바늘로 인형에 꿰매 붙인다.

• 비버 눈코입, 이빨 수놓기

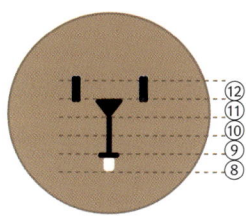

· 수놓는 방법은 42~43쪽을 참조한다.
· 눈은 한 단의 높이보다 살짝 길게 수놓는다.

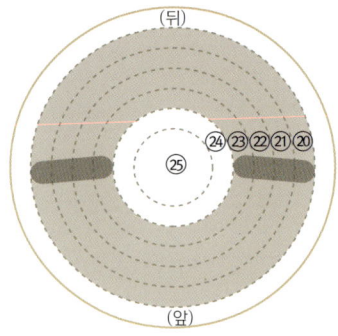

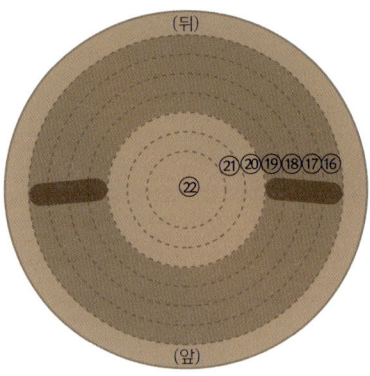

• 베어 귀

시작	실을 두 번 감아 원형코 만들기
① (6)	0, (×) × 6, ·
② (12)	0, (⋎) × 6, ·
③ (18)	0, (×⋎) × 6, ·
④ (12)	0, (×⋀) × 6, ·
⑤ (12)	0, (×) × 12, ·

· 실을 100cm 정도 남기고 자른 후, 돗바늘로 인형에 꿰매 붙인다.

• 비버 귀

시작	실을 두 번 감아 원형코 만들기
① (6)	0, (×) × 6, ·
② (12)	0, (⋎) × 6, ·
③ (18)	0, (×⋎) × 6, ·
④ (12)	0, (×⋀) × 6, ·

· 실을 100cm 정도 남기고 자른 후, 돗바늘로 인형에 꿰매 붙인다.

• 베어&비버 멜빵바지의 바지 부분

시작	사슬뜨기 16코로 원형코 만들기	
	바지통 A	바지통 B
① (16)	0, (×) × 16, ·	0, (×) × 16, ·
② (18)	0, (×××ˣ×××⋎) × 2, ·	0, (××××ˣ××⋎) × 2, ·
③ (18)	0, (×) × 18, ·	0, (×) × 18, ·
④ (38)	·, 0, (×) × 19, (×) × 19, ·	
⑤~⑭ (38)	0, (×) × 38, ·	

· 바지통 A는 실을 10cm 정도 남기고 자른 후, 돗바늘로 숨겨 정리한다.
  바지통 B는 실을 자르지 않고 둔다.
· 마지막 단까지 뜬 후, 실을 10cm 정도 남기고 잘라 돗바늘로 정리한다.

• 바지통 연결하기(4단)

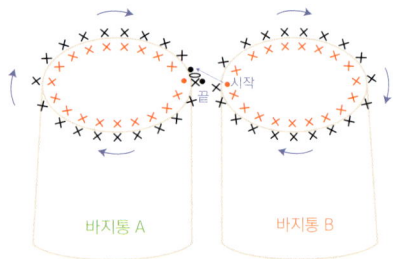

바지통 A   바지통 B

1. ④단은 바지통 B를 잡고 바지통 A에 연결하면서 뜬다.
2. 바지통 A의 마지막 빼뜨기한 코에 빼뜨기로 연결한다.
3. 기둥코(사슬뜨기 1코)를 세우고 같은 자리에 짧은뜨기 1코, 나머지 코에
   짧은뜨기 18코를 뜬다.
4. 바지통 B ③단의 첫코부터 짧은뜨기 18코, 빼뜨기 코에 짧은뜨기 1코를 더 뜬다.
5. 바지통 A의 첫코에 다시 빼뜨기한다.

• 베어 귀 달기

· 귀 다는 방법은 41~42쪽을 참조한다.

• 비버 귀 달기

· 귀 다는 방법은 41~42쪽을 참조한다.

Color

베어 귀	베어 멜빵바지 전체
2번 아이보리	11번 당근 오렌지
비버 귀	**비버 멜빵바지 전체**
44번 커피 브라운	31번 네이비 블루

• 바짓단

시작	바지에 실을 걸어뜨기
① (16)	8, (T) × 16, ·

· 바지의 아래위가 거꾸로 되도록 놓고, 안쪽을
  보면서 바지에 실을 걸어 바짓단을 뜬다.
· 마지막 단까지 뜬 후, 실을 10cm 정도 남기고
  잘라 돗바늘로 정리한다.
· 바짓단을 바깥으로 접어 올린다.

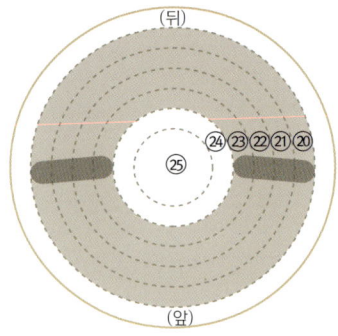 (뒤) ㉔㉓㉒㉑⑳ ㉕ (앞)

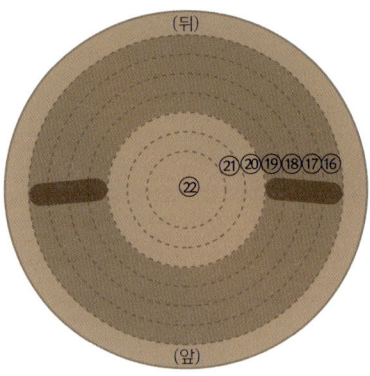 (뒤) ㉑⑳⑲⑱⑰⑯ ㉒ (앞)

• 베어&비버 멜빵바지의 상의와 멜빵

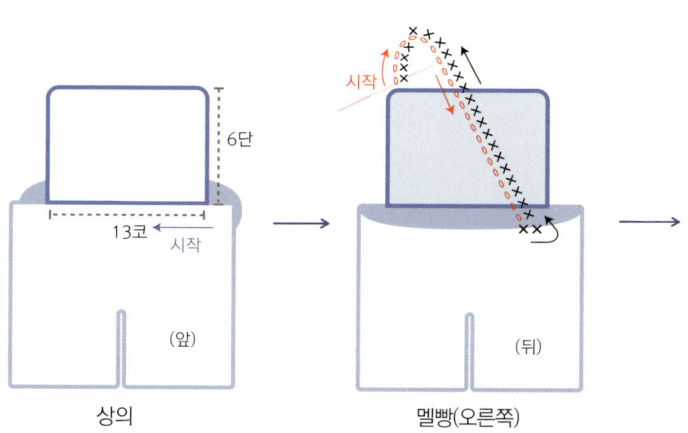

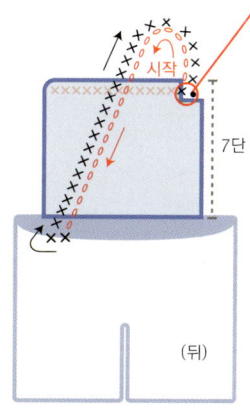

4. 상의 7단 12코 기둥 부분에 짧은뜨기를 하고
   7단의 13번째 코에 빼뜨기한다.
   실을 15cm 정도 남기고 자른 후 돗바늘로 정리한다.

상의

멜빵(오른쪽)

멜빵(왼쪽)

1. 바지의 14번째 코에 실을 걸어 뜬다.
   먼저 기둥코를 세우고 짧은뜨기 13코로
   시작해 상의를 뜬다. ⑥단까지 짧은뜨기
   평면뜨기로 뜬다.

2. 사슬뜨기 22코를 뜨고, 바지의 35번째 코에
   짧은뜨기를 하고 34번째 코에 한 코를 더 뜬다.
   이때, 바지의 안쪽을 보고 뜬다. 바지의 겉면으로
   방향을 돌려 사슬뜨기에 짧은뜨기 22코를 뜬다.

3. 상의 윗면에 짧은뜨기 12코(7단)를 뜬다.
   이어서 사슬뜨기 22코를 뜬 후, 바지의
   7번째 코에 짧은뜨기를 하고 6번째 코에
   한 코를 더 뜬다. 이때, 바지의 안쪽을 보고 뜬다.
   바지의 겉면으로 방향을 돌려 사슬뜨기에
   짧은뜨기 22코를 뜬다.

Color

비버 멜빵바지 앞주머니(레이스 코바늘 1.50mm)
레이스 실 38번 민트

• 비버 멜빵바지 앞주머니

시작	사슬뜨기 10코를 기초코로 평면뜨기
①(10)	0, (✕) × 10
②(8)	0, _(✕) × 7, ⋏
③(8)	0, (✕) × 8
④(6)	0,_(✕) × 5, ⋏
⑤(6)	0, (✕) × 6

비버 멜빵바지 앞주머니

· 점선 부분을 바지에 꿰매 붙인다.

· ②단과 ④단의 __ 부분은 1코씩 비우고 뜬다.
· 실을 100cm 정도 남기고 자른 후, 돗바늘로 바지에 꿰매 붙인다.

• 베어 모자

시작	실을 두 번 감아 원형코 만들기
① (8)	0, (X) × 8, ·
② (16)	0, (ᗐ) × 8, ·
③ (24)	0, (Xᗐ) × 8, ·
④~⑤ (24)	0, (X) × 24, ·
⑥ (60)	(⊖) × 18, (X) × 12, (⊖) × 18, (X) × 12, ·
⑦ (60)	0, (X) × 60, ·
⑧ (60)	0, (X) × 60, ·
⑨ (60)	0, (X) × 60, ·
⑩ (60)	0, (X) × 60, ·
⑪ (90)	0, (Xᗐ) × 30, ·
⑫ (90)	0, (X) × 90, ·
⑬ (120)	0, (XXᗐ) × 30, ·
⑭ (120)	0, (X) × 120, ·

· ⑥단 _____ 부분은 코를 건너 뛰지 않고, 앞단 다음 코에 바로 뜬다.
  이때, 모자에 구멍이 생긴다.
· ⑥단 _ 부분은 ⑥단 사슬뜨기 첫코에 빼뜨기한다.
· 실을 10cm 정도 남기고 잘라 돗바늘로 정리한다.

• 오렌지

시작	실을 두 번 감아 원형코 만들기
① (7)	0, (X) × 7, ·
② (14)	0, (ᗐ) × 7, ·
③ (21)	0, (Xᗐ) × 7, ·
④~⑥ (21)	0, (X) × 21, ·
⑦ (18)	0, (XXXXX🖈) × 3, ·
⑧ (15)	0, (XX🖈XX) × 3, ·
⑨ (12)	0, (XXX🖈) × 3, ·
⑩ (6)	0, (🖈) × 6, ·

· 솜을 넣고 실을 15cm 정도 남기고 자른다.
· 잎을 만들 색의 실로 교체하고 잎을 뜬다.

Color

※ 모두 레이스 코바늘 1.50mm와 레이스 실 사용
베어 모자
기본색 4번 연베이지
배색 11번 당근 오렌지
오렌지
11번 당근 오렌지
베어 가방
4번 연베이지
오렌지 잎사귀
38번 민트

• 베어 가방

시작	실을 두 번 감아 원형코 만들기
① (8)	0, (X) × 8, ·
② (16)	0, (ᗐ) × 8, ·
③ (24)	0, (Xᗐ) × 8, ·
④~⑧ (24)	0, (X) × 24, ·

· 마지막 단까지 뜬 후, 사슬뜨기 50코로 끈을 뜬다.
· 돗바늘로 대칭되는 곳에 꿰매 붙인다.

• 오렌지 잎사귀

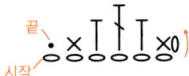

끝
시작

1. 다 뜬 후, 실을 20cm 정도 남기고 자른다.
2. 먼저 오렌지색 실로 구멍을 조인 후 실을 정리한다.
3. 잎사귀의 남은 실을 아래로 정리하면서 가져온 후, 오렌지에 꿰매 붙인다.
4. 프렌치 노트 스티치로 바늘에 3번 감아 꼭지를 만든다.
5. 매듭을 안으로 넣어 마무리한다.

시은맘의 손뜨개 인형

• 바구니

시작	실을 두 번 감아 원형코 만들기
① (8)	0, (✕) × 8, •
② (16)	0, (ᏉᏉ) × 8, •
③ (24)	0, (✕ᏉᏉ) × 8, •
④ (32)	0, (✕ᏉᏉ✕) × 8, •
⑤ (40)	0, (✕✕✕ᏉᏉ) × 8, •
⑥ (48)	0, (✕✕ᏉᏉ✕✕) × 8, •
⑦ (56)	0, (✕✕✕✕ᏉᏉ) × 8, •
⑧ (64)	0, (✕✕✕ᏉᏉ✕✕✕) × 8, •
⑨ (64)	0, (⎐) × 64, •
⑩ (64)	0, (ƒ✕) × 32, •
⑪ (64)	0, (✕ƒ) × 32, •
⑫ (64)	0, (ƒ✕) × 32, •
⑬ (64)	0, (✕ƒ) × 32, •
⑭ (64)	0, (ƒ✕) × 32, •
⑮ (64)	0, (✕ƒ) × 32, •
⑯ (64)	0, (ƒ✕) × 32, •
⑰ (64)	0, (✕ƒ) × 32, •
⑱ (64)	0, (ƒ✕) × 32, •
⑲ (64)	0, (✕ƒ) × 32, •
⑳ (64)	0, (✕) × 64, •
㉑ (72)	0, (✕) × 20, (⊖) × 12, (✕) × 24, (⊖) × 12, (✕) × 4, •
㉒ (78)	0, (✕) × 20, (✕) × 15, (✕) × 24, (✕) × 15, (✕) × 4, •

· ㉑단의 _____ 부분은 8코를 비우고 사슬뜨기 12코를 뜬다.
· ㉒단의 _____ 부분은 사슬뜨기를 뜬 곳에 짧은뜨기 15코를 사슬코가 아닌 전체에 감아서 뜬다.
· 실을 10cm 정도 남기고 잘라 돗바늘로 정리한다.

• 비버 모자

시작	실을 두 번 감아 원형코 만들기
① (5)	0, (✕) × 5, •
② (10)	0, (ᏉᏉ) × 5, •
③ (15)	0, (✕ᏉᏉ) × 5, •
④ (20)	0, (✕ᏉᏉ✕) × 5, •
⑤ (25)	0, (✕✕✕ᏉᏉ) × 5, •
⑥~⑦ (25)	0, (✕) × 25, •
⑧ (39)	0, (✕) × 5, (⊖) × 10, (✕) × 9, (⊖) × 10, (✕) × 5, •
⑨ (39)	0, (✕) × 39, •
⑩ (58)	0, (✕ᏉᏉ) × 19, ✕, •
⑪ (58)	0, (✕) × 58, •

· 돗바늘을 이용해 모자에 수놓는다.

· ⑧단의 _____ 부분은 3코를 비우고 사슬뜨기 10코를 뜬다.
· 마지막 단까지 뜬 후, 실을 10cm 정도 남기고 잘라 돗바늘로 정리한다.

Color

바구니(레이스 코바늘 1.50mm)
레이스 실 43번 진베이지
비버 모자
40번 그린(수놓는 실 2번 아이보리)

귀여운 동물 인형 만들기

• 낚시통

시작	실을 두 번 감아 원형코 만들기
① (8)	0, (✕) × 8, •
② (16)	0, (ⓥ) × 8, •
③ (24)	0, (✕ⓥ) × 8, •
④ (32)	0, (✕ⓥ✕) × 8, •
⑤ (32)	0, (✕) × 32, •
⑥ (32)	0, (✕) × 32, •
⑦ (34)	0, (✕✕✕✕✕✕✕¹⁵✕✕✕✕✕✕✕ⓥ) × 2, •
⑧ (34)	0, (✕) × 34, •
⑨ (36)	0, (✕✕✕⁸✕✕✕✕ⓥ✕✕✕✕⁸✕✕✕) × 2, •
⑩ (36)	0, (✕) × 36, •
⑪ (38)	0 (✕✕✕✕✕✕✕✕¹⁷✕✕✕✕✕✕✕✕✕ⓥ) ×2, •
⑫ (40)	0, (✕✕✕✕⁹✕✕✕✕ⓥ✕✕✕✕⁹✕✕✕✕) × 2, •
⑬ (42)	0, (✕✕✕✕✕✕✕✕✕¹⁹✕✕✕✕✕✕✕✕✕ⓥ) × 2, •
⑭ (44)	0, (✕✕✕✕¹⁰✕✕✕✕✕ⓥ✕✕✕✕✕¹⁰✕✕✕✕) × 2, •
⑮ (46)	0, (✕✕✕✕✕✕✕✕✕✕²¹✕✕✕✕✕✕✕✕✕✕ⓥ) × 2, •
⑯ ~⑰ (46)	0, (✕) × 46, •
⑱ (46)	0, (x̄) × 46, •

· 실을 10cm 정도 남기고 잘라 돗바늘로 정리한다.
· ⑤단의 이랑뜨기 부분에 실을 걸어 짧은뜨기로 한 단을 떠서 낚시통 바닥을 높게 만든다.
　이때, 낚시통을 거꾸로 놓고 뜬다.

Color

※ 모두 레이스 코바늘 1.50mm와
레이스 실 사용
낚시통
11번 당근 오렌지
낚시통 손잡이
46번 브라운

• 낚시통 손잡이

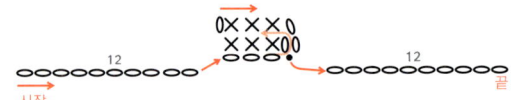

시작　12　　　　　　　　　　12　끝

⑰단

1. ● 부분에 실을 걸어 도안대로 뜬다.
2. 맞은 편에 돗바늘로 꿰맨 후, 실을 정리한다.

• 물고기

시작	실을 두 번 감아 원형코 만들기
① (5)	0, (×) × 5, •
② (10)	0, (ᵛ) × 5, •
③ (15)	0, (×ᵛ) × 5, •
④~⑧ (15)	0, (×) × 15, •
⑨ (10)	0, (×ᐱ) × 5, •
⑩ (8)	0, (×××ᐱ) × 2, •
⑪ (16)	0, (ᵛ) × 8, •
⑫ (16)	0, (×) × 16, •
⑬ (8)	0, (×) × 8, •

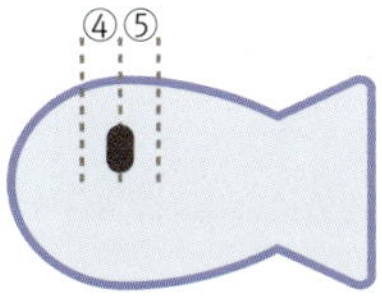

· 일러스트를 참고해 양쪽에 눈을 수놓는다.

· ⑫단까지 뜬 후, 납작하게 접어 ⑬단을 함께 뜨면서 구멍을 막는다(솜을 넣지 않는다).
· 마지막 단까지 뜬 후, 실을 15cm 정도 남기고 잘라 매듭을 안쪽으로 넣고 마무리한다.

• 낚싯대

시작	실을 두 번 감아 원형코 만들기
① (8)	0, (×) × 8, •
② (8)	0, (x̲) × 8, •
③~⑭ (8)	0, (×) × 8, •
⑮ (6)	0, (××ᐱ) × 2, •
⑯~㊺ (6)	0, (×) × 6, •

· 2.0mm 두께의 와이어를 넣는다. 이때, 솜은 넣지 않는다.
· 실을 15cm 정도 남기고 잘라 구멍을 조인다.
· 다크 그레이색 실을 30cm 정도로 잘라 돗바늘에 꿴 후, 실끝에 매듭을 짓는다.
  매듭을 물고기에 넣어 고정하고, 낚싯대 끝에 꿰매 붙인다. 이때, 물고기와 낚싯대
  사이에 4cm 정도 실이 남도록 꿰맨다.

Color

※ 모두 레이스 코바늘 1.50mm와
레이스 실 사용
물고기
28번 블루
물고기 눈
53번 블랙
낚싯대
10번 피넛
52번 다크 그레이

○ 다리 떠서 연결하기

다리 도안을 참고해 4단까지 뜬다.

편물을 돌려 평면뜨기로 뜬다.
다음 단의 기둥코(사슬뜨기 1코)를
세운다.

8단까지 뜨고 다음 단의 기둥코를
세운다.

9단은 도안을 참고해 전체 둘레에서
코를 주워 뜨면서 다시 원형으로 만
든다.

도안을 참고해 16단까지 뜨고 매듭
지어 정리해 놓는다.
같은 방법으로 다리 1개를 더 뜬다.

다리 A   다리 B

다리 A와 다리 B의 뒤가 보이도록
놓는다.
구분하기 쉽도록 다리에 마커를
끼워 표시한다(다리 A: 빨간색 마
커-11번째 코, 다리 B: 초록색 마
커-5번째 코).

실을 새로 가져온 후, 4~5번 정도 매
듭을 지어서 굵게 만든다.
다리 B의 초록색 마커를 끼운 5번째
코에 바늘을 넣는다.

사슬뜨기 1코를 뜬다.

다리 A의 빨간색 마커를 끼운 11번
째 코에 빼뜨기로 연결하고 기둥코
(사슬뜨기 1코)를 세워 19단을 뜬다.
※ 다리 연결해서 뜨는 19단은 36~37쪽을
참조한다.

시은맘의 손뜨개 인형

○ 멜빵바지 바지 부분 뜨기

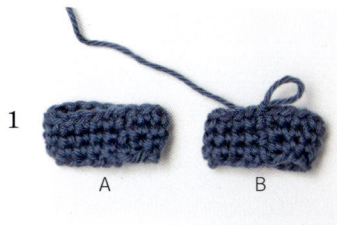

1

바지통 하나(A)는 4단까지 뜬 후, 돗 바늘로 실을 숨겨 남은 실을 정리한다. 나머지 하나(B)는 4단까지 뜬 후 실을 자르지 않고 둔다.

2

바지 B에 이어진 실로 바지 A의 빼 뜨기 코에 빼뜨기로 연결하고 기둥 코(사슬뜨기 1코)를 세운다.

3

도안을 참고해 바지를 15단까지 뜬다.

4

이제 바짓단을 뜨는데, 바지의 아래 위가 거꾸로 되도록 놓고 안쪽을 보 고 실을 걸어 기둥코를 세우고 뜬다.

5

마무리할 실을 남기고 시작한다. 실 을 숨기면서 뜬다.

6

바지 밑단을 사진처럼 바깥쪽으로 접는다.

○ 멜빵바지의 상의와 멜빵 뜨기

1

바지의 14번째 코에 실을 걸어 6단 까지 평면뜨기로 상의를 뜬다. 이어서 사슬뜨기 22코를 뜬다.

2

바지의 안쪽을 보고 바지의 35번째 코에 바늘을 넣어 짧은뜨기한다. 34 번째 코(왼쪽 바로 옆 코)에도 짧은 뜨기 1코를 더 뜬다.

3

사진처럼 바지의 겉면을 보도록 방 향을 돌린 후, 멜빵의 사슬뜨기 반코 에 걸어 짧은뜨기로 한 단을 뜬다.

4

상의의 7단에 짧은뜨기 12코를 뜬다.

5

사슬뜨기 22코를 뜬 후, 바지의 안쪽을 보고 바지의 7번째와 6번째 코에 짧은뜨기를 1코씩 뜬다.

6

바지의 겉면을 보도록 방향을 돌린 후, 멜빵의 사슬뜨기 반코에 짧은뜨기 한 단을 뜬 후, 상의 12번째 코 부분의 기둥에 짧은뜨기 1코를 뜬다.

7

13번째 코에 빼뜨기하고, 마무리할 수 있을 만큼 실을 남기고 자른다.

8

남은 실은 돗바늘로 정리한다.

○ 오렌지 베어 바구니 뜨기

1

도안을 참고해서 8단까지 짧은뜨기로 뜬다. 9단은 이랑뜨기로 뜬다. 빼뜨기를 하고, 기둥코(사슬뜨기 1코)를 세워 10단을 시작한다.

2

겹짧은뜨기(19쪽 참조)는 한 단 아래 코의 머리에 짧은뜨기를 코가 겹치도록 뜬다.

3

짧은뜨기로 다음 코를 뜨고, 반복해서 뜨면서 무늬를 만든다.

ㅇ 낚시꾼 비버 물고기 뜨기

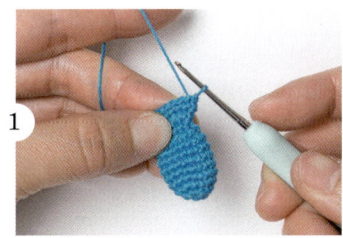

1

도안을 참고해 12단까지 뜬다.

2

사진처럼 잡고 꼬리에 생긴 구멍을 막으면서 13단을 뜬다.

3

물고기 완성.

ㅇ 낚시통 손잡이 뜨기

1

앞면을 정하고, 사진처럼 17단 부분 의 옆면 기둥 부분에 실을 건다.

2

사슬뜨기 15코를 뜨고, 도안을 참고 해 중간 부분에 평면뜨기로 2단을 뜬다.

3

이어서 사슬뜨기 12코를 뜬다. 실을 30cm 정도 남기고 잘라 맞은편에 꿰 매 붙인다.

03 Making of Crochet Doll

우체부 펭귄

뒤뚱뒤뚱 귀여운 걸음걸이로 편지를 배달하는 우체부 펭귄입니다.

information.		level		size	
		★★★		15cm	

준비물

실   돌리코튼 2번 아이보리, 52번 다크 그레이, 10번 피넛
        돌리코튼 레이스 2번 아이보리, 20번 레드, 30번 청록, 45번 월넛 브라운,
        47번 초코 브라운, 53번 블랙

바늘   모사용 코바늘 2/0호(2.0mm), 레이스 코바늘 1.50mm

기타   돗바늘, 겸자, 마커, 가위, 방울솜

사용한 뜨개 기법

사슬뜨기(○ 또는 ◖), 짧은뜨기(×), 짧은뜨기 2코 늘려뜨기(⩔), 짧은뜨기 2코 모아 변형이랑뜨기(⩗), 빼뜨기(●), 짧은뜨기 뒤이랑뜨기(⤬), 짧은뜨기 2코 늘려 뒤이랑뜨기(⩔), 긴뜨기(⊤)

인형 만들기 기초

28~46쪽을 참조한다.

시은맘의 손뜨개 인형

1   날개 2개를 뜬다.

2   37단까지 몸통을 뜬다.

3   날개를 몸통과 이어서 같이 뜬다. 이때, 날개에는 솜을 넣지 않는다.

4   52단까지 뜬 후, 솜을 채운다.

5   나머지 단을 모두 뜬 후, 솜을 더 채워서 마무리한다.

6   부리를 떠서 얼굴에 꿰매 붙인다.

7   발 2개를 떠서 몸통에 꿰매 붙인다.

8   얼굴에 눈을 수놓는다.

9   모자를 뜬다.

10 가방을 뜨고 손잡이를 만든다.

11 책과 편지를 만든다.

• 날개(2개)

시작	실을 두 번 감아 원형코 만들기
① (5)	0, (✕) × 5, ・
② (9)	0, (✕) × 2, ✕, (✕) × 2, ・
③ (12)	0, (✕) × 3, (✕) × 3, (✕) × 3, ・
④ (15)	0, (✕) × 4, ✕, ✕, ✕, ✕, ✕, (✕) × 3, ・
⑤ (15)	0, (✕) × 15, ・
⑥ (18)	0, (✕) × 5, ✕, (✕) × 2, ✕, (✕) × 2, ✕, (✕) × 3, ・
⑦~⑧ (18)	0, (✕) × 18, ・
⑨ (21)	0, (✕✕✕✕) × 3, (✕) × 6, ・
⑩ (24)	0, ✕, (✕✕✕✕✕) × 3, (✕) × 5, ・
⑪~⑭ (24)	0, (✕) × 24, ・
⑮ (21)	0, ✕, (✕✕✕✕✕) × 3, (✕) × 5, ・
⑯ (18)	0, (✕✕✕✕) × 3, (✕) × 6, ・
⑰ (15)	0, (✕) × 5, ✕, (✕) × 2, ✕, (✕) × 2, ✕, (✕) × 3, ・
⑱ (15)	0, (✕) × 15, ・

- 실을 10cm 정도 남기고 자른다.
- 남긴 실을 첫코의 안쪽으로 빼내 매듭짓는다.
- 솜은 넣지 않는다.

• 발(2개)

시작	실을 두 번 감아 원형코 만들기
① (7)	0, (✕) × 7, ・
② (14)	0, (✕) × 7, ・
③~⑨ (14)	0, (✕) × 14, ・

- 실을 100cm 정도 남기고 자른다.
- 돗바늘로 인형에 꿰매 붙인다.
- 솜은 넣지 않는다.

• 부리

시작	실을 두 번 감아 원형코 만들기
① (6)	0, (✕) × 6, ・
② (9)	0, (✕ ✕) × 3, ・
③ (12)	0, (✕ ✕ ✕) × 3, ・
④ (15)	0, (✕✕✕✕) × 3, ・
⑤ (18)	0, (✕✕✕✕✕) × 3, ・
⑥ (18)	0, (✕) × 18, ・

- 실을 100cm 정도 남기고 자른다.
- 솜을 넣고, 돗바늘로 인형에 꿰매 붙인다.

• 부리 달기, 눈 수놓기

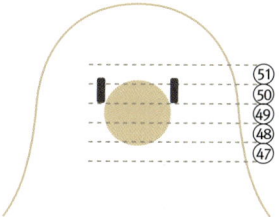

㊿ ⑪ ⑩ ㊾ ㊽ ㊼

- 수놓는 방법은 42~43쪽을 참조한다.
- 눈은 한 단의 높이보다 살짝 길게 수놓는다.

• 발 달기

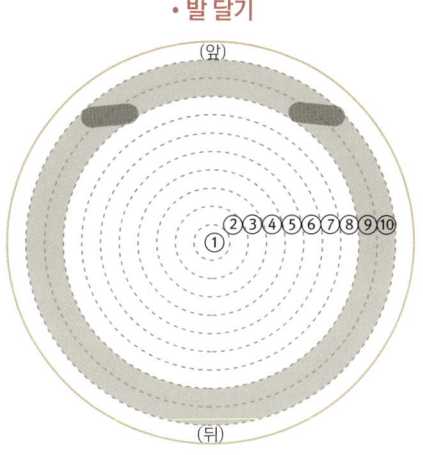

(앞)

①②③④⑤⑥⑦⑧⑨⑩

(뒤)

- 발 다는 방법은 90쪽을 참조한다.

Color

날개
52번 다크 그레이
발&부리
10번 피넛
눈 수놓기
52번 다크 그레이

• 몸통

시작	실을 두 번 감아 원형코 만들기
① (8)	0, (╳) × 8, ·
② (16)	0, (♈) × 8, ·
③ (24)	0, (╳♈) × 8, ·
④ (32)	0, (╳♈╳) × 8, ·
⑤ (40)	0, (╳╳╳♈) × 8, ·
⑥ (48)	0, (╳╳♈╳╳) × 8, ·
⑦ (56)	0, (╳╳╳⁵╳╳♈) × 8, ·
⑧ (56)	0, (╳) × 56, ·
⑨ (64)	0, (╳╳╳♈╳╳╳) × 8, ·
⑩ (72)	0, (╳╳╳⁷╳╳╳♈) × 8, ·
⑪ (72)	0, (╳) × 72, ·
⑫ (80)	0, (╳╳╳╳♈╳╳╳╳) × 8, ·
⑬ (80)	0, (╳) × 80, ·
⑭ (80)	0, (╳) × 20, (╳) × 40, (╳) × 20, ·
⑮ ~ ⑰ (80)	0, (╳) × 19, (╳) × 42, (╳) × 19, ·
⑱ (76)	0, (╳) × 9, ⋀, (╳) × 8, (╳) × 10, ⋀, (╳) × 18, ⋀, (╳) × 10, (╳) × 8, ⋀, (╳) × 9, ·
⑲ ~ ⑳ (76)	0, (╳) × 19, (╳) × 38, (╳) × 19, ·
㉑ (76)	0, (╳) × 20, (╳) × 36, (╳) × 20, ·
㉒ (72)	0, (╳) × 10, ⋀, (╳) × 8, (╳) × 9, ⋀, (╳) × 17, ⋀, (╳) × 6, (╳) × 11, ⋀, (╳) × 7, ·
㉓ (72)	0, (╳) × 19, (╳) × 34, (╳) × 19, ·
㉔ ~ ㉖ (72)	0, (╳) × 20, (╳) × 32, (╳) × 20, ·
㉗ ~ ㉘ (72)	0, (╳) × 21, (╳) × 30, (╳) × 21, ·
㉙ (72)	0, (╳) × 22, (╳) × 28, (╳) × 22, ·
㉚ (72)	0, (╳) × 23, (╳) × 26, (╳) × 23, ·

Color

몸통
기본색 5번 다크 그레이
배색 2번 아이보리

시은맘의 손뜨개 인형

• 이어서 뜬다.

㉛~㉝ (72) 0, (×)×23, (×)×26, (×)×23, •

㉞ (68) 0, (×)×8, ⋀, (×)×13, ×××⋀××××××××××××××××⋀×××, (×)×13, ⋀, (×)×8, •

㉟ (68) 0, (×)×23, (×)×22, (×)×23, •

㊱ (68) 0, (×)×24, (×)×20, (×)×24, •

㊲ (64) 0, (×)×10, ⋀, (×)×12, ×××⋀××××××××××××××× ⋀, (×)×15, ⋀, (×)×5, •

㊳ (64) 0, (×)×12, (×)×6, (×)×5, (×)×19, (×)×5, (×)×6, (×)×11, •

㊴ (56) 0, (×××⋀×××)×2, ×, ×, ×, ⋀, ×, ×, ××××⋀××××××⋀×××××, ×, ⋀, ×, ×, ×, (×××⋀×××)×2, •

㊵ (48) 0, ×, ×, ⋀, (×××××⋀)×2, ×, ×, ×××⋀×××××⋀×××××, ⋀, (×××××⋀)×2, (×)×3, •

㊶ (50) 0, (×)×17, ⋁×××××××××××××⋁, (×)×16, •

㊷ (50) 0, (×)×17, (×)×17, (×)×16, •

㊸ (55) 0, (×)×4, ⋁, (×)×9, ⋁, ×, ×××××××××⋁××××××××⋁, (×)×9, ⋁, (×)×5, •

㊹ (60) 0, (×)×5, ⋁, (×)×10, ⋁, ××××××××××⋁××××××××××⋁, (×)×10, ⋁, (×)×5, •

㊺~(51) (60) 0, (×)×18, (×)×25, (×)×17, •

(52) (55) 0, (×)×3, ⋀, (×)×10, ⋀, (×)×2, ××××××××⋀××××××××××⋀×, (×)×9, ⋀, (×)×7, •

(53) (50) 0, (×)×9, ⋀, (×)×7, ××⋀×××××××××⋀××××, (×)×5, ⋀, (×)×9, ⋀, •

(54) (45) 0, (×)×4, ⋀, (×)×8, ⋀, (×)×2, ××××××⋀×××××××, ×, ⋀, (×)×8, ⋀, (×)×4, •

(55) (40) 0, (×)×2, ⋀, (×)×7, ⋀, (×)×4, ×××⋀×××××××, ⋀, (×)×7, ⋀, (×)×5, •

(56) (35) 0, (×)×3, ⋀, (×)×6, ⋀, (×)×3, ×××⋀××××, (×)×2, ⋀, (×)×6, ⋀, (×)×3, •

(57) (30) 0, (×××××⋀)×5, •

(58) (25) 0, (××××⋀)×5, •

(59) (20) 0, (×××⋀)×5, •

(60) (15) 0, (××⋀)×5, •

(61) (10) 0, (×⋀)×5, •

- ㊳단의 ___ 부분을 날개와 함께 뜬다(38쪽 참조).
- (51)단까지 뜨고 솜을 채운다.
- 다 뜬 후, 마무리할 실 50cm 정도를 남기고 자른다.
- 솜을 마저 채우고 돗바늘로 구멍을 막는다.

• 모자

시작	실을 두 번 감아 원형코 만들기
① (8)	0, (×) × 8, ·
② (16)	0, (ᕦ) × 8, ·
③ (24)	0, (×ᕦ) × 8, ·
④ (32)	0, (×ᕦ×) × 8, ·
⑤ (40)	0, (×××ᕦ) × 8, ·
⑥ (48)	0, (××ᕦ××) × 8, ·
⑦ (56)	0, (×××ᕦ××) × 8, ·
⑧ (56)	0, (×) × 56, ·
⑨ (56)	0, (×) × 56, ·
⑩~⑪ (56)	0, (×) × 56, ·
⑫~⑭ (56)	0, (×) × 56, ·
⑮ (84)	0, (×ᕦ) × 28, ·
⑯ (91)	0, (×××××⁵×××××ᕦ) × 7, ·
⑰~⑱ (91)	0, (×) × 91 ·

· 실을 10cm 정도 남기고 잘라 돗바늘로 정리한다.

• 편지

시작	사슬뜨기 17코를 만들어 평면뜨기
①~⑩ (17)	8, (T) × 17

· 실을 10cm 정도 남기고 잘라 돗바늘로 정리한다.

• 편지 끈 만들기

1. 빨간색 실을 30cm 정도 잘라 준비한다.
2. 편지를 돌돌 말아 실로 감은 후, 리본을 만든다.
3. 끝부분을 매듭짓고(35쪽 '끈 마무리' 참조), 남은 실은 자른다.

• 책

시작	사슬뜨기 14코를 만들어 타원형뜨기
① (30)	
② (34)	
③~⑱ (34)	0, (×) × 34, ·
⑲ (30)	0, ᕧ, (×) × 12, ᕧ, ×, ᕧ, (×) × 13, ᕧ, ·
⑳ (27)	0, ᕧ, (×) × 12, ᕧ, ×, ᕧ, (×) × 12, ᕧ, ·

· 다 뜬 후, 실을 길게 남기고 자른다.
· 솜을 채우고, 돗바늘로 꿰맨다.
· 아이보리색 실로 모서리 3곳을 수놓고, 글씨를 수놓는다(91쪽 참조).

Color

모자(레이스 코바늘 1.50mm)
기본색 레이스 실 47번 초코 브라운
배색 53번 블랙
책(레이스 코바늘 1.50mm)
레이스 실 30번 청록색
책 수놓기
레이스 실 2번 아이보리
편지
2번 아이보리
편지 끈
레이스 실 20번 레드
가방&가방끈(레이스 코바늘 1.50mm)
레이스 실 45번 월넛 브라운
가방 손잡이(레이스 코바늘 1.50mm)
레이스 실 37번 초코 브라운

• 가방

시작	사슬뜨기 24코를 만들어 타원형뜨기
①~⑯ (50)	

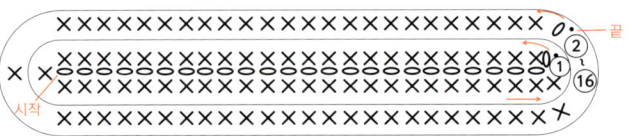

· ⑯단까지 뜬 후, 이어서 가방끈을 뜬다.

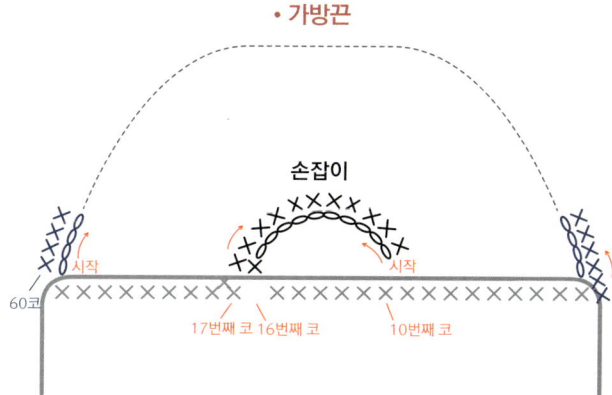

• 가방끈

손잡이

60코

시작 | 시작

17번째 코 16번째 코 | 10번째 코

• 가방끈 뜨기

1. 가방끈은 사슬뜨기 60코를 뜨고, 가방의 맞은편에 짧은뜨기 2코를 떠서 연결한다.
2. 방향을 돌려 사슬뜨기한 곳에 짧은뜨기 60코를 떠서 완성한다.
3. 실을 20cm 정도 남기고 자른다.
4. 돗바늘로 끈의 시작코 옆코에 여러 번 꿰매 고정한다.
5. 실을 숨기며 정리한다.

• 손잡이 뜨기

1. 가방에 실을 걸어 사슬뜨기 10코를 뜬다.
2. 가방에 짧은뜨기 2코를 뜬다.
3. 짧은뜨기 10코를 사슬코에 감아서 뜬다.
4. 돗바늘로 가방에 꿰매면서 실을 정리한다.

포인트 레슨

○ 몸통 배색 뜨기

1 13단까지 뜨고 14단의 20번째 코에서 짧은뜨기를 완성하지 않고 바늘에 실이 2가닥 걸린 상태에서 아이보리색 실을 왼손으로 잡는다.

2 아이보리색 실을 바늘에 걸어 짧은뜨기를 완성한 후, 다음 코를 이어서 뜬다. 그레이색 실은 자르지 않고 둔다.

3 코의 머리가 넓어지지 않도록 남은 실을 당기면서 뜬다.

4 뒤에 남은 실을 정리하면서 뜨는데, 인형의 앞부분에 실이 보이면 예쁘지 않기 때문에 첫 코만 함께 뜬다.

5 첫코만 함께 뜬 모습.

6 아이보리색 실로 40코를 뜨고, 40번째 코에서 바늘에 실 두 가닥이 걸리도록 한다. 이때, 그레이색 실을 왼손에 잡고 짧은뜨기를 완성한다.

7

그레이색 실을 40코 뜬 부분보다 짧게 가져오면 인형이 당겨져서 제대로 모양이 나오지 않는다. 40코를 뜬 부분보다 길고 넉넉하게 실을 남기면서 뜬다.

8

몸통 배색 완성.

ㅇ 몸통 배색 후 솜 넣기

배색으로 실이 길게 남았을 때 실을 몸통과 붙여서 솜을 넣으면 겉에서 다른 색의 실이 비춰 보일 수 있으므로 실과 몸통 사이에 솜을 넣는 것이 좋다.

ㅇ 날개 꿰매 붙이기

1

빼뜨기 코가 가장자리에 가도록 날개를 접어, 볼록한 부분이 앞쪽이 되도록 한다.

2

사진처럼 몸통과 같이 뜨면서 연결한다. 날개 연결하는 방법은 38쪽 '팔 잇기'를 참조한다.

ㅇ 발 달기

1

펭귄의 중심을 기준으로 13코 정도 사이가 벌어지도록 대칭되게 위치를 잡는다. 도안을 참고해서 앞쪽은 9번째 단, 뒤쪽은 10번째 단에 오도록 한다.

ㅇ 모자 뜨기

2

발에 솜을 넣지 않고 빼뜨기 부분이 가장자리에 오도록 접은 후, 시침핀으로 위치를 고정한다.

3

몸통의 안쪽으로 바늘을 넣은 후, 발의 양끝을 꿰매 위치를 잡고, 중간 부분도 3~4코 정도 꿰매 발을 붙인다.

1

모자는 모양을 생각하면서 뜨면 더 예쁘게 완성할 수 있다. 9단의 이랑뜨기 부분에서 최대한 직각이 되도록 뜬다.

시은맘의 손뜨개 인형

10단부터 14단까지 코의 머리를 신경 쓰면서 일자로 잘 내려오도록 뜬다.

완성.

도안대로 뜬 후, 돗바늘로 꿰맨다. 중간에 겸자로 솜을 채운다.

아이보리색 실로 가장자리의 3곳을 5번씩 수놓는다.

아이보리색 실로 상단에 'BOOK'이라는 글자를 수놓는다.

04 Making of Crochet Doll

행복한 곰돌이

행복한 생일파티를 즐기는 곰돌이에요. 케이크에 촛불도 꽂고,

곰돌이 사탕까지 만들어 함께 축하해요.

information.

	level		size
	★ ★ ★		16cm

준비물

실　돌리코튼 2번 아이보리, 4번 연베이지, 7번 치즈, 18번 다홍,
19번 핑크 다홍, 24번 스카이, 25번 빈티지 블루, 21번 빈티지 핑크,
37번 밝은 그린, 41번 진레드 베이지, 53번 블랙
돌리코튼 레이스 14번 러블리 핑크, 20번 레드, 36번 민트 스카이, 30번 청록색

바늘　모사용 코바늘 2/0호(2.0mm), 레이스 코바늘 1.0mm, 1.50mm

기타　돗바늘, 겹자, 마커, 가위, 방울솜, 미싱고무줄, 면봉

**사용한
뜨개 기법**

사슬뜨기(○ 또는 ⑴), 짧은뜨기(×), 짧은뜨기 2코 늘려뜨기(ⱱ), 짧은뜨기 2코 모아 변
형이랑뜨기(⚞), 빼뜨기(●), 짧은뜨기 뒤이랑뜨기(×̲), 짧은뜨기 2코 늘려 뒤이랑뜨기
(ⱱ̲), 긴뜨기(↑), 뒤걸어짧은뜨기(⌇), 한길긴뜨기 3코 늘려뜨기, 피코뜨기(ⓥ̑)

**인형 만들기
기초**

28~46쪽을 참조한다.

1	팔 2개, 다리 2개 뜬다.
2	팔과 다리에 솜을 채워 준비한다.
3	몸통을 9단까지 뜨고, 10단에서 다리와 함께 몸통을 뜬다.
4	28단까지 뜨고, 몸통에 솜을 채운다.
5	29단에서 팔과 함께 몸통을 뜬다.
6	머리까지 이어서 뜨고, 솜을 넣고 마무리한다.
7	코와 귀, 눈을 뜬다.
8	코, 귀, 눈 순서로 얼굴과 머리에 꿰매 붙인다.
9	옷을 뜨고, 이어서 소매를 뜬다.
10	리본을 만들고, 옷에 꿰매 붙인다.
11	모자를 만들고, 고무줄을 꿰맨다.
12	곰사탕을 뜬다.
13	코와 귀를 떠서 곰사탕의 머리에 꿰매 붙인다.
14	곰사탕의 얼굴에 눈코입을 수놓는다.
15	막대를 붙인다.
16	케이크를 뜨고, 솜을 채운다.
17	촛불을 떠서 케이크에 꿰매 붙인다.
18	프렌치노트 스티치로 장식을 수놓는다.

• 다리(2개)

시작	사슬뜨기 8코를 기초코로 만들어 타원형뜨기
① (17)	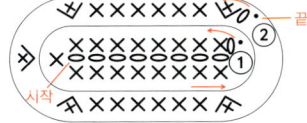
② (22)	
③ (24)	0, (×)×10, ⩊, ×, ⩊, (×)×9, ·
④ (24)	0, (×)×24, ·
⑤ (22)	0, (×)×10, ⩕, ×, ⩕, (×)×9, ·
⑥ (19)	0, (×)×8, (⩕)×3, (×)×8, ·
⑦ (15)	0, (×)×5, (⩕)×2, ×, (⩕)×2, (×)×5, ·
⑧ ~ ⑭ (15)	0, (×)×15, ·

· 실을 10cm 정도 남기고 자른다.
· 남긴 실을 첫코의 안쪽으로 빼내 매듭짓는다.
· 솜을 채운다.

Color

다리&팔&몸통
41번 진레드 베이지

• 팔(2개)

시작	실을 두 번 감아 원형코 만들기
① (8)	0, (×)×8, ·
② (16)	0, (⩊)×8, ·
③ ~ ㉑ (16)	0, (×)×16, ·

· 실을 10cm 정도 남기고 자른다.
· 남긴 실을 첫코의 안쪽으로 빼내 매듭짓는다.
· 솜을 채운다.

• 몸통

시작	실을 두 번 감아 원형코 만들기
① (8)	0, (×)×8, ·
② (16)	0, (⩊)×8, ·
③ (24)	0, (×⩊)×8, ·
④ (32)	0, (×⩊×)×8, ·
⑤ (40)	0, (××⩊)×8, ·
⑥ (48)	0, (××⩊××)×8, ·
⑦ (56)	0, (×××⩊)×8, ·
⑧ (64)	0, (×××⩊×××)×8, ·
⑨ (64)	0, (×)×64, ·
⑩ (64)	0, (×)×21, (×)×7, (×)×8, (×)×7, (×)×21, ·
⑪ ~ ⑰ (64)	0, (×)×64, ·
⑱ (56)	0, (×××⩕×××)×8, ·
⑲ ~ ㉑ (56)	0, (×)×56, ·
㉒ (48)	0, (×××××⩕)×8, ·
㉓ ~ ㉔ (48)	0, (×)×48, ·
㉕ (40)	0, (××⩕××)×8, ·
㉖ (40)	0, (×)×40, ·
㉗ (32)	0, (×××⩕)×8, ·
㉘ (32)	0, (×)×32, ·
㉙ (32)	0, (×)×10, (×)×6, (×)×6, (×)×6, (×)×4, ·
㉚ (24)	0, (×⩕×)×8, ·
㉛ (20)	0, (××⩕××)×4, ·

· ⑩단의 ____ 부분은 다리와 함께 뜬다(37쪽 참조).
  다리를 접어 5번째 코를 시작코로 하고 몸통과 함께 뜬다.
· ㉙단의 ____ 부분은 팔과 함께 뜬다(32쪽과 38쪽 참조).
· 팔을 이을 때 몸통에 솜을 넣는다.

• 머리

시작 | 몸통에 이어서 뜬다.

단		내용
①	(40)	0, (ꪝ) × 20, ·
②	(60)	0, (× ꪝ) × 20, ·
③	(60)	0, (×) × 60, ·
④	(66)	0, (× × × ×⁹ × × × × ꪝ) × 6, ·
⑤	(66)	0, (×) × 66, ·
⑥	(72)	0, (× × ×⁵ × × ꪝ × × ×⁵ × ×) × 6, ·
⑦	(72)	0, (×) × 72, ·
⑧	(78)	0, (× × × × ×¹¹ × × × × × ꪝ) × 6, ·
⑨~⑱	(78)	0, (×) × 78, ·
⑲	(75)	0, (× × × × × ×¹² × × × × × ⩑ × × × × × ×¹² × × × × × ×) × 3, ·
⑳	(72)	0, (× × × × × × × × × × ×²³ × × × × × × × × × × × ⩑) × 3, ·
㉑	(69)	0, (× × × × × ×¹¹ × × × ⩑ × × × × × ×¹¹ × × ×) × 3, ·
㉒	(66)	0, (× × × × × × × × × × ×²¹ × × × × × × × × × ⩑) × 3, ·
㉓	(60)	0, (× × × ×⁹ × × × × ⩑) × 6, ·
㉔	(54)	0, (× × × ⩑ × × × ×) × 6, ·
㉕	(48)	0, (× × × ×⁷ × × × ⩑) × 6, ·
㉖	(42)	0, (× × × ⩑ × × ×) × 6, ·
㉗	(36)	0, (× × ×⁵ × × ⩑) × 6, ·
㉘	(30)	0, (× × ⩑ × ×) × 6, ·
㉙	(24)	0, (× × × ⩑) × 6, ·
㉚	(18)	0, (× × ⩑) × 6, ·
㉛	(12)	0, (× ⩑) × 6, ·
㉜	(9)	0, (× × ⩑) × 3, ·

· ⑱단까지 뜬 후, 솜을 채운다.

· 마지막 단까지 뜬 후, 50cm 정도 마무리할 실을 남기고 자른다.

· 솜을 마저 채운다.

· 남긴 실을 돗바늘에 꿴 후, 바짝 잡아당겨 구멍을 조인다.

머리
41번 진레드 베이지

• 코 1

시작	실을 두 번 감아 원형코 만들기
① (8)	0, (×) × 8, ·
② (16)	0, (✖) × 8, ·
③ (20)	0, (× × × ✖) × 4, ·
④~⑤ (20)	0, (×) × 20, ·

· 실을 100cm 정도 남기고 자른다.
· 솜을 채우고 인형에 꿰매 붙인다.

• 코 2

시작	실을 두 번 감아 원형코 만들기
① (5)	0, (×) × 5, ·
② (10)	0, (✖) × 5, ·
③ (8)	0, (× × × ✖) × 2, ·

· 실을 50cm 정도 남기고 자른다.
· 솜을 채우고 인형에 꿰매 붙인다.

• 코 1 달기

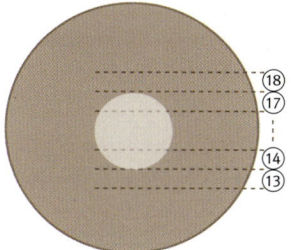

· 코 다는 방법은 40쪽을 참조한다.

• 코 2 달기

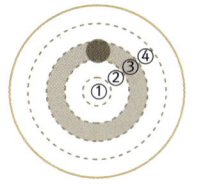

· 코 다는 방법은 40쪽을 참조한다.

• 귀(2개)

시작	실을 두 번 감아 원형코 만들기
① (8)	0, (×) × 8, ·
② (16)	0, (✖) × 3, (✖) × 2, (✖) × 3, ·
③ (18)	0, (×) × 6, × ✖ × × ×, × × × × ✖, ·
④~⑥ (18)	0, (×) × 6, (×) × 6, (×) × 6, ·

· 실을 100cm 정도 남기고 자른다.
· 돗바늘로 인형에 꿰매 붙인다.

Color

코 1
2번 아이보리
코 2
53번 블랙
귀
기본색 41번 진레드 베이지
배색 4번 연베이지

• 귀 달기

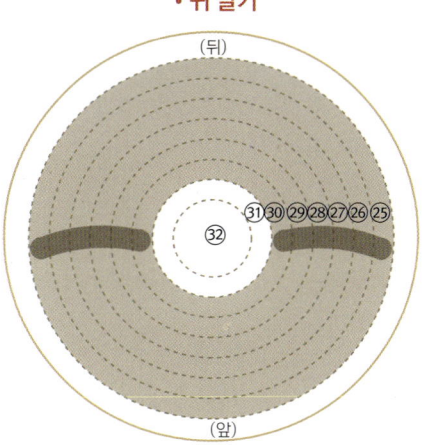

(뒤)

(앞)

· 귀 다는 방법은 41쪽 '곰 귀 달기'를 참조한다.

• 눈 흰자위(2개)

시작	실을 두 번 감아 원형코 만들기
① (5)	0, (✕) × 5, ·
② (10)	0, (✖) × 5, ·

· 실을 50cm 정도 남기고 자른다.
· 돗바늘로 인형에 꿰매 붙이다.

• 눈 달기, 인중과 입과 볼터치 수놓기

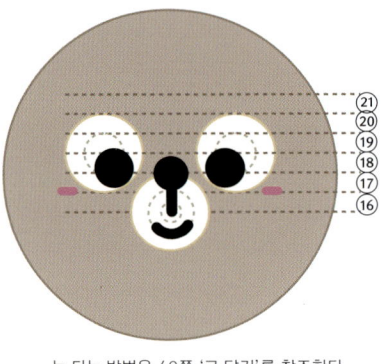

• 눈동자(2개)

시작	실을 두 번 감아 원형코 만들기
① (6)	0, (✕) × 6, ·

· 실을 50cm 정도 남기고 자른다.
· 돗바늘로 인형에 꿰매 붙인다.

· 눈 다는 방법은 40쪽 '코 달기'를 참조한다.
· 수놓는 방법은 42~43쪽을 참조한다.

• 윗옷

시작	사슬뜨기 50코로 원형코 만들기
① (50)	0, (✕) × 50, ·
② (50)	0, (✕) × 10, (◯) × 9, (✕) × 12, (◯) × 9, (✕) × 10, ·
③ (55)	0, (✕✕✕✕✕⁹✕✕✕✕✖) × 5, ·
④ (55)	0, (✕) × 55, ·
⑤ (60)	0, (✕✕✕✕✕✖✕✕✕✕✕) × 5, ·
⑥ (60)	0, (✕) × 60, ·
⑦~⑨ (60)	0, (✕) × 60, ·

· 실을 10cm 정도 남기고 돗바늘로 정리한다.

• 소매(2곳)

① ~ ⑤ (20) 0, (✕) × 20, ·

· 윗옷 ②단 사슬뜨기고 구멍을 만든 곳에 실을 걸어 뜬다.
· 아래 위는 사슬뜨기 반코에 걸어 뜨고, 양옆은 기둥 부분의 코를 잡아 뜬다.
· 실을 10cm 정도 남기고 잘라 돗바늘로 정리한다.

Color

눈 흰자위
2번 아이보리

눈동자
53번 블랙

윗옷
기본색 25번 빈티지 블루
배색 21번 빈티지 핑크

소매
25번 빈티지 블루

얼굴 수놓기
53번 블랙(인중과 입)
21번 빈티지 핑크(볼터치)

• 리본(2개)

시작	사슬뜨기 6코를 기초코로 만들어 타원형뜨기
① (14)	×××××0 ← 끝 시작 → ××××× ①
②~⑥ (14)	0, (×) × 14, ·

Color

리본(레이스 코바늘 1.50mm)
레이스 실 20번 레드
모자
기본색 37번 밝은 그린
배색 19번 핑크 다홍

• 리본 만들기

1. 리본 한쪽을 뜬 후, 10cm 정도 실을 남기고 잘라 안쪽에서 매듭짓는다.
2. 한쪽을 더 뜬 후, 먼저 떠 놓은 것과 함께 떠서 잇는다.
3. 실을 100cm 정도로 길게 남기고 자른다.
4. 직사각형의 길쭉한 모양 가운뎃부분을 실로 감아 리본 모양으로 만든다.
5. 아이보리색 실(레이스 실)로 무늬를 수놓는다.
6. 3번에서 길게 남긴 실을 돗바늘에 꿴 후, 리본을 옷에 꿰매 붙인다.

• 모자

시작	사슬뜨기 20코로 원형코 만들기
① (20)	0, (×) × 20, ·
② (20)	0, (×) × 20, ·
③ (18)	0, (×××× ⩘ ××××) × 2, ·
④ (16)	0, (×××××× ⩘) × 2, ·
⑤ (16)	0, (×) × 16, ·
⑥ (14)	0, (××× ⩘ ×××) × 2, ·
⑦ (12)	0, (××××× ⩘) × 2, ·
⑧ (10)	0, (×× ⩘ ××) × 2, ·
⑨ (8)	0, (××× ⩘) × 2, ·
⑩ (4)	0, (⩘) × 4, ·
⑪ (4)	⸖, (⸖/×) × 3
⑫ (4)	(⸖) × 4

· ⑪단을 뜬 후, 실을 50cm 정도 남기고 잘라 돗바늘로 정리한다.
· ⑫단을 뜬 후, 실을 100cm 정도 남기고 잘라 돗바늘로 모양을 잡아 정리한다.
· 한 단을 접고, 고무줄을 양쪽에 달아준다.

Color

곰사탕 얼굴(레이스 코바늘 1.50mm)
레이스 실 36번 민트 스카이
곰사탕 코&귀&끈(레이스 코바늘 1.50mm)
레이스 실 14번 러블리 핑크

얼굴 수놓기
레이스 실 30번 청록색(코와 눈)
레이스 실 20번 레드(볼터치와 입)

• 곰사탕 얼굴

시작	실을 두 번 감아 원형코 만들기
① (6)	0, (✕) × 6, ·
② (12)	0, (✶) × 6, ·
③ (18)	0, (✕✶) × 6, ·
④ (24)	0, (✕✕✶) × 6, ·
⑤ (30)	0, (✕✶✕✕) × 6, ·
⑥~⑨ (30)	0, (✕) × 30, ·
⑩ (27)	0, (✕✕✕✕仐✕✕✕✕) × 3, ·
⑪ (24)	0, (✕✕✕∕✕✕✕仐) × 3, ·
⑫ (18)	0, (✕✕仐) × 6, ·
⑬ (12)	0, (✕仐) × 6, ·
⑭ (6)	0, (仐) × 6, ·
⑮ (12)	0, (✶) × 6, ·

· 10cm 정도 실을 남기고 자른다.
· 남긴 실을 첫코의 안쪽으로 빼내 매듭짓는다.
· 솜을 넣는다.

• 곰사탕 귀(2개)

시작	실을 두 번 감아 원형코 만들기
① (5)	0, (✕) × 5, ·
② (10)	0, (✶) × 5

· 빼뜨기 하지 않고 실을 잡아당겨 원을 조인다.
· 50cm 정도 실을 남기고 잘라 인형에 달아준다.

• 곰사탕 귀 달기

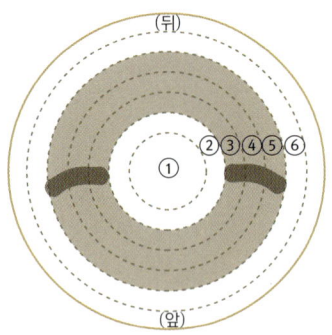

· 귀 다는 방법은 41쪽 '곰 귀 달기'를 참조한다.

• 곰사탕 코

시작	실을 두 번 감아 원형코 만들기
① (8)	0, (✕) × 8, ·

· 50cm 정도 실을 남기고 잘라 인형에 달아준다.

• 곰사탕 코 달기, 눈코입과 볼터치 수놓기

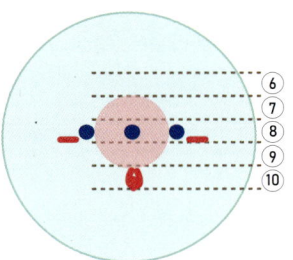

1. 코와 귀를 인형에 단 후, 얼굴에 수놓는다.
   코 : 프렌치 노트 스티치 3번
   눈 : 프렌치 노트 스티치 1번
2. 볼터치와 입을 수놓는다.
· 수놓는 방법은 43쪽을 참조한다.

• 끈 만들고 마무리하기

1. 사슬뜨기 50코로 끈을 만든다.
2. 양쪽 끝은 매듭지어 마무리한다.
3. 막대 끝에 목공 본드를 바른다.
4. 곰사탕에 끼운 후, 끈으로 묶는다.
· 끈 마무리는 35쪽을 참조한다.

• 케이크

시작	실을 두 번 감아 원형코 만들기
① (8)	0, (×) × 8, ·
② (16)	0, (×𝖁) × 8, ·
③ (24)	0, (××𝖁) × 8, ·
④ (32)	0, (×𝖁×) × 8, ·
⑤ (40)	0, (×××𝖁) × 8, ·
⑥ (40)	0, (×) × 40, ·
⑦ (40)	0, (×) × 40, ·
⑧ (40)	0, (×) × 40, ·
⑨ (40)	0, (×) × 40, ·
⑩ (40)	0, (×) × 40, ·
⑪~⑫ (40)	0, (×) × 40, ·
⑬ (40)	0, (×) × 40, ·
⑭ (40)	0, (×) × 40, ·
⑮~⑯ (40)	0, (×) × 40, ·
⑰ (40)	0, (×) × 40, ·
⑱ (32)	0, (×××ᛘ) × 8, ·
⑲ (24)	0, (××ᛘ) × 8, ·
⑳ (16)	0, (×ᛘ) × 8, ·
㉑ (8)	0, (ᛘ) × 8, ·

· 초를 뜨기 전에 솜을 채운다.

Color

케이크
①~⑧ 18번 다홍
⑨, ⑬ 2번 아이보리
⑩~⑫ 7번 치즈
⑭~㉑ 24번 스카이

초
기본색 2번 아이보리
배색 18번 다홍
촛불(레이스 코바늘 1.0mm)
레이스 실 20번 레드
케이크 장식
레이스 실 20번 레드

• 초

시작	케이크에 이어서 뜬다.
① (8)	0, (×) × 8, ·
② (8)	0, (×) × 8, ·
③ (8)	0, (×) × 8, ·
④ (8)	0, (×) × 8, ·
⑤ (8)	0, (×) × 8, ·
⑥ (8)	0, (×) × 8, ·
⑦ (8)	0, (×) × 8, ·

· 실을 100cm 정도 남기고 자른다.
· 솜을 넣고 모양을 잡는다.

• 촛불

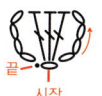

끝 시작

· 실을 50cm 정도 남기고 잘라 초 위에 달아준다.

• 케이크 장식 수놓기

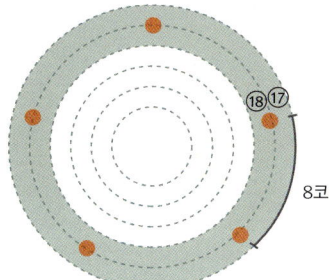

⑱⑰

8코

· 프렌치 노트 스티치(46쪽 참조)로 수놓는데, 실을 5번 감아서 장식을 만든다.
· ⑰단 기준으로 8코씩 건너뛰면서 수놓는다.

○ 다리와 몸통 함께 뜨기

1
도안을 참고해 다리 2개를 뜬 후 실을 자른다. 첫코 안쪽으로 빼내 매듭 짓는다. 발 부분부터 솜을 채우고 끝으로 갈수록 서서히 얇아지도록 한다.

2
몸통을 도안을 참고해서 9단까지 뜬 후, 10단은 21코를 뜬다.
다리는 사진처럼 5번째 코 옆면을 뜰 수 있도록 접어 몸통 아래쪽에 놓고 같이 잡는다.

3
5번째 코의 머리가 아닌 기둥 부분에 바늘을 넣는다. 이때 바늘이 여러 땀이 아닌 한 땀만 통과하도록 주의한다.

4
몸통의 다음 코인 22번째 코에 그대로 이어서 바늘을 넣는다.

5
몸통과 함께 짧은뜨기 6코를 뜬다. 이때, 빼뜨기 코는 건너뛰고 뜬다. 7번째 코는 과정 3에서처럼 코의 머리가 아닌 옆면의 기둥 부분에 바늘을 넣고 몸통과 함께 뜬다.

6
다른 한쪽 다리도 도안을 참고해서 과정 1~5와 같은 방법으로 몸통과 함께 뜬다.

○ 소매 만들기

1
윗옷을 모두 뜬 후, 2단의 구멍에 실을 걸어 소매를 뜬다.

2
아랫부분의 중간지점인 5번째 코에 실을 걸어 기둥코(사슬뜨기 1코)를 세우고 시작한다.

3
짧은뜨기 5코를 뜬다.

시은맘의 손뜨개 인형

이어서 사진처럼 옆면에서 코를 잡아 1코 걸어 뜬다.

편물을 돌려서 9코를 뜬다. 이어서 옆면에서 코를 잡아 1코를 걸어 뜬다.

남은 4코를 뜬다. 이어서 첫코에 빼뜨기를 한다.

○ 리본 만들기

4단을 더 떠서 완성한다.

리본 도안을 참고해 양쪽 2개를 떠서 한쪽은 실을 잘라 정리하고, 다른 한쪽은 실을 자르지 않고 그대로 둔다. 두 개를 사진처럼 마주접는다.

기둥코(사슬뜨기 1코)를 세우고 한 코에 하나씩 짧은뜨기 6코를 떠서 연결한다.

실을 100cm 정도 남기고 자른다. 아이보리색 실을 돗바늘에 꿴 후, 한 땀씩 꿰매 무늬를 만든다.

남겨둔 실로 가운데 부분을 단단하게 감는다.

돗바늘로 리본을 한 번 꿰매 모양을 고정한다.

○ 모자 만들기

6

리본을 옷에 꿰매 붙인다.

1

12단은 11단의 안쪽 부분에 바늘을 걸고 실을 빼내 시작한다.

2

피코뜨기 4코를 뜬 후, 실을 길게 남기고 자른다.
돗바늘에 실을 꿴 후, 사진처럼 모자 중앙에 바늘을 넣고 빼낸다.

3

바늘을 다시 장식 옆으로 빼낸 후, 사진처럼 가운데로 넣고 꿰매 모양을 잡는다.

4

나머지 장식 사이사이도 꿰맨다.

5

모자에 고무줄을 꿰매는데, 모자의 아랫단 한 단을 바깥으로 접는다.

6

모자의 빼뜨기 선이 뒤쪽이 되도록 한다. 옆면에 돗바늘로 한쪽 먼저 고무줄을 꿰맨다. 이때, 여러 번 꿰매서 단단하게 고정한다.

7

모자의 안쪽에 매듭을 지어 마무리한다.

8

인형에 모자를 씌우고 고무줄이 살짝 당겨지도록 길이를 정하고 맞은편에 꿰맨다.

○ 곰사탕 막대 만들기

9

완성.

1

곰사탕을 만들고 솜을 넣는다.
두께가 얇은 면봉을 이용해서 막대
를 만든다. 이때, 면봉에 붙은 솜은
제거한다.

2

목공풀을 끝에 바른 후, 곰사탕에 넣
어서 단단하게 고정한다.

○ 케이크 모양 잡기

1

케이크를 뜬 후 실을 길게 남기고 자
른다.
케이크의 모양을 잡기 위해 사진처
럼 돗바늘을 초 안쪽으로 넣는다.

2

케이크 바닥 중앙으로 실을 빼내 잡
아당긴다. 이때 초 부분이 당겨지지
않을 정도로만 힘을 준다.

3

사진처럼 살짝 옆쪽으로 다시 바늘
을 넣는다.

4

사진처럼 케이크 윗면과 초가 만나
는 지점에서 실을 빼낸다.

5

다시 살짝 옆쪽으로 바늘을 넣는다.

6

사진처럼 십자 모양이 되도록 반복
한다.

05 Making of Crochet Doll

여행 친구 라마

추운 겨울날 낯선 여행지에서 우연히 라마를 만났어요.

따뜻한 모자를 씌우고, 등에 러그를 덮어주었더니 훨씬 따뜻해 보여요.

information.

level		size	
★ ★ ★		16.5cm	14cm

준비물

실	라마 2번 아이보리, 5번 베이지, 53번 블랙
	돌리코튼 레이스 6번 레몬, 11번 당근 오렌지, 15번 진러블리 핑크,
	23번 다크 레드, 25번 빈티지 블루, 37번 밝은 그린, 47번 초코 브라운
	나무 돌리코튼 40번 그림, 46번 브라운
바늘	모사용 코바늘 2/0호(2.0mm), 레이스 코바늘 1.50mm
기타	돗바늘, 겸자, 마커, 가위, 방울솜, 미싱고무줄

사용한 뜨개 기법

사슬뜨기(◯ 또는 ◖), 짧은뜨기(✕), 짧은뜨기 2코 늘려뜨기(ᐁ), 짧은뜨기 2코 모아 변형이랑뜨기(ᐃ), 짧은뜨기 2코 모아뜨기(ᐃ), 빼뜨기(●), 긴뜨기(│), 긴뜨기 2코 모아뜨기(ᐃ), 피코뜨기(◖), 짧은뜨기 2코 늘려 뒤이랑뜨기(ᐁ)

인형 만들기 기초

28~46쪽을 참조한다.

• 라마

1 다리 1개를 뜬다.

2 다리 1개를 더 뜬 후, 과정 1의 다리와 연결해서 뜬다(앞쪽 다리).

3 18단까지 한쌍을 더 만들어서 준비한다(뒤쪽 다리).

4 앞쪽과 뒤쪽 다리를 연결하면서 배를 뜬다.

5 몸통을 뜨고, 등과 목을 나눈다.

6 등을 먼저 뜬 후, 이어서 목 부분에 실을 걸어 뜬다.

7 솜을 채워 완성한 후, 목과 등을 꿰매 모양을 잡는다.

8 코와 귀를 얼굴과 머리에 꿰매 붙인다.

9 얼굴에 눈과 코를 수놓는다.

10 등 러그를 만들고 고무줄을 끼운다.

11 모자와 목 장식을 만들어 마무리한다.

• 나무

1 바닥을 뜬 후, 남은 실을 매듭지어 정리한다.

2 기둥을 뜨고 와이어를 넣은 후, 바닥과 함께 뜬다.

3 나뭇잎 4개를 뜬 후, 나무에 꿰매 붙인다.

• 다리(2개)

시작　실을 두 번 감아 원형코 만들기

		다리 A	다리 B
①	(8)	0, (×) × 8, ·	0, (×) × 8, ·
②	(16)	0, (⩒) × 8, ·	0, (⩒) × 8, ·
③	(20)	0, (× × × ⩒) × 4, ·	0, (× × × ⩒) × 4, ·
④ ~ ⑰	(20)	0, (×) × 20, ·	0, (×) × 20, ·
⑱	(44)	ᴼ, ·, 0, (×) × 21, ×, (×) × 21, ×, ·	

· ⑰단까지 다리 A와 다리 B를 뜬다. 이때, 다리 A는 실을 10cm 정도 남기고 잘라 첫코의 안쪽으로 매듭지어 마무리한다. 다리 B는 실을 자르지 않고 둔다.
· ⑱단에서 다리를 연결한 후, 10cm 정도 실을 남기고 자른다.
· 한 쌍을 더 뜬다.

• 다리 연결하기(18단)

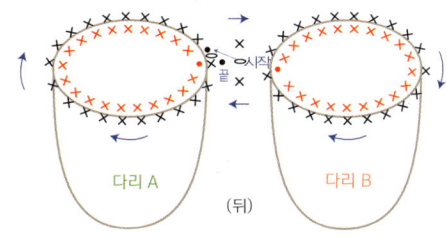

다리 A　(뒤)　다리 B

1. ⑱단은 다리 B를 잡고 다리 A에 연결하면서 뜬다.
2. 사슬뜨기 1코를 뜨고, 다리 A의 마지막 빼뜨기한 코에 빼뜨기로 연결한다.
3. 기둥코(사슬뜨기 1코)를 세우고 같은 자리에 짧은뜨기 1코, 나머지 코에 짧은뜨기 20코를 뜬다.
4. 다시 다리 B와 다리 A를 연결할 때 뜬 사슬코에 짧은뜨기 1코, 다리 B ⑰단의 첫코부터 짧은뜨기 20코, ⑰단 빼뜨기한 자리에 짧은뜨기 1코를 더 뜬다.
5. 다리 B와 A를 연결할 때 뜬 사슬코에 짧은뜨기 1코를 뜬 후, A의 첫코에 다시 빼뜨기한다.

Color

다리&배
2번 아이보리

• 배

⑮	(16)	××××××××××××××× ·
⑭	(16)	· ×××××××××××××××
⑬	(16)	××××××××××××××× ·
⑫	(16)	· ×××××××××××××××
⑪	(16)	××××××××××××××× ·
⑩	(16)	· ×××××××××××××××
⑨	(16)	××××××××××××××× ·
⑧	(16)	· ×××××××××××××××
⑦	(16)	××××××××××××××× ·
⑥	(16)	· ×××××××××××××××
⑤	(16)	××××××××××××××× ·
④	(16)	· ×××××××××××××××
③	(16)	××××××××××××××× ·
②	(16)	· ×××××××××××××××
①	(16)	×××××××××××××××
		· ⵔⵔⵔⵔⵔⵔⵔⵔⵔⵔⵔⵔⵔⵔ 시작

뒤쪽 다리 ⑱단
7번째 코에 걸어 뜬다.

앞쪽 다리 ⑱단
37번째 코에 걸어 뜬다.

• 다리 연결해서 배 뜨기

1. ⑱단 마지막 빼뜨기 코가 안쪽으로 오도록 앞쪽과 뒤쪽 다리를 일러스트처럼 놓는다.
2. 앞쪽 다리 37번째 코에 실을 걸어서 사슬뜨기 15코를 뜬다.
3. 뒤쪽 다리의 7번째 코에 빼뜨기로 연결한다.
4. 도안을 참고해 ⑮단까지 연결 부분을 확인하면서 평면뜨기한다.
5. 이때, 첫코와 마지막 코(빼뜨기와 짧은뜨기)는 앞쪽과 뒤쪽 다리에 걸어 뜬다.
6. 마지막 단까지 뜬 후, 실을 끊지 않고 이어서 몸통을 뜬다.

tip. ⑱단의 마지막 빼뜨기 코도 콧수에 포함해서 뜬다.

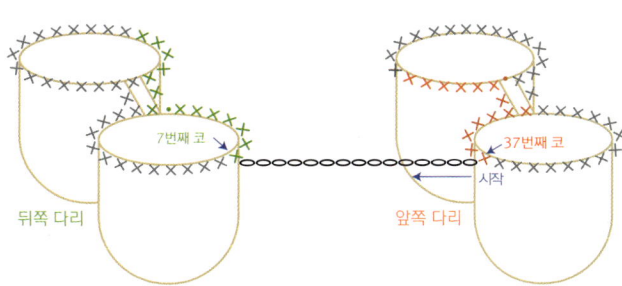

뒤쪽 다리　　7번째 코　　앞쪽 다리　　37번째 코　　시작

• 몸통

시작	배에 이어서 원형뜨기
① (88)	・, 0, (×)× 29, (×)× 15, (×)× 29, (×)× 15, ・
②~⑧ (88)	0, (×)× 88, ・

①단 밑줄: 앞쪽 다리 / 배 / 뒤쪽 다리 / 배

・①단의 ___ 부분은 해당하는 곳에 뜬다.
・마지막 단까지 뜬 후, 실을 끊지 않고 이어서 등을 뜬다.

Color

몸통&등&목
2번 아이보리

• 등

시작	몸통에 이어서 사슬뜨기 12코를 뜬다. 몸통의 29번째 코에 빼뜨기로 연결 후, 30번째 코가 첫코가 되도록 원형뜨기
① (68)	(×)× 20, ☆, (×)× 14, ☆, (×)× 20, ☆, (×)× 10, ☆
② (67)	(×)× 67
③ (61)	(×)× 18, (☆)× 2, (×)× 13, (☆)× 2, (×)× 18, ☆, ×, ×, ×, ×, ☆, ×, ×
④ (61)	(×)× 61
⑤ (54)	(×)× 17, ☆, ×, ☆, (×)× 4, ☆, (×)× 4, ☆, ×, ×, ☆, (×)× 17, ☆, ×, ×, ×, ☆
⑥ (48)	(× × × ×̂⁷ × × × ☆)× 6
⑦ (44)	☆, (×)× 12, ☆, (×)× 8, ☆, (×)× 12, ☆, (×)× 8
⑧ (40)	(× × × × ×̂⁹ × × × × ☆)× 4
⑨ (32)	(× × × ☆)× 8
⑩ (24)	(× × ☆)× 8
⑪ (16)	(× ☆)× 8
⑫ (8)	(☆)× 8

・①단의 ___ 부분은 시작할 때 뜬 사슬뜨기 12코에 연결해서 뜬다.
  이때, 줄이는 ◌ 부분은 일러스트의 동그란 점선 부분으로 짧은뜨기와
  사슬뜨기를 1코로 줄인다.
・마지막까지 뜬 후, 30cm 정도 실을 남기고 자른다.
・남긴 실을 돗바늘에 꿴 후, 바짝 잡아당겨 구멍을 조인다.

• 목

시작	몸통의 첫코에 실을 걸어 뜬다. 뜨기 전에 다리와 배에 솜을 넣는다.
① (33)	0, ×, ×, ☆, (× × × × ☆)× 3, (×)× 3, (☆ × × ×)× 2, ☆, ・
② (32)	0, ☆, (×)× 31, ・
③~⑱ (32)	0, (×)× 32, ・
⑲ (30)	0, (× × ×̂⁷ × × × ☆ × × ×̂⁷ × × ×)× 2, ・
⑳ (28)	0, (× × × × × ×̂¹³ × × × × × × ☆)× 2, ・
㉑ (26)	0, (× × ×̂⁶ × × ☆ × × × ×̂⁶ × ×)× 2, ・
㉒ (24)	0, (× × × × ×̂¹¹ × × × × × ☆)× 2, ・
㉓ (16)	0, (× ☆)× 8, ・
㉔ (8)	0, (☆)× 8, ・

・①단의 ___ 부분은 등을 시작할 때 뜬 사슬뜨기 12코에 걸어 뜬다.
・⑱단까지 뜨고 솜을 채운다.
・마지막 단까지 뜬 후, 실을 100cm 정도 남기고 자른다.
・솜을 마저 채운다.
・남긴 실을 돗바늘에 꿴 후, 바짝 잡아당겨 구멍을 조인다.

• 등 뜨기

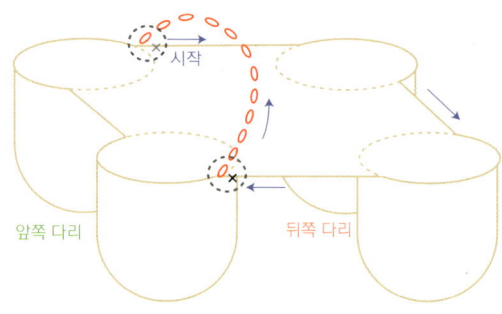

시작
앞쪽 다리   뒤쪽 다리

・116쪽 '등 뜨기'를 참조한다.

시은맘의 손뜨개 인형

• 코

시작	실을 두 번 감아 원형코 만들기
① (6)	0, (✕) × 6, ·
② (9)	0, (✕ ❣) × 3, ·
③ (12)	0, (✕ ✕ ❣) × 3, ·
④ (12)	0, (✕) × 12, ·

· 실을 50cm 정도 남기고 자른다.
· 솜을 넣고 돗바늘로 인형에 꿰매 붙인다.

• 귀(2개)

시작	실을 두 번 감아 원형코 만들기
① (5)	0, (✕) × 5, ·
② (10)	0, (❣) × 5, ·
③ (13)	0, (✕) × 2, ❣, (✕) × 2, ❣, (✕) × 2, ❣, ✕, ·
④~⑧ (13)	0, (✕) × 2, (✕) × 4, (✕) × 7, ·

· 실을 50cm 정도 남기고 자른다.
· 반을 접어 꿰맨 후, 돗바늘로 인형에 달아준다.

• 꼬리(2개)

시작	실을 두 번 감아 원형코 만들기
① (5)	0, (✕) × 5, ·
② (10)	0, (❣) × 5, ·
③ (15)	0, (✕ ❣) × 5, ·
④~⑤ (15)	0, (✕) × 15, ·
⑥ (10)	0, (✕ ⋀) × 5, ·
⑦ (10)	0, (✕) × 10, ·
⑧ (5)	0, (⋀) × 5, ·

· 50cm 정도 실을 남기고 자른다.
· 등 마감 부분에서 ⑨, ⑩단 부분에 돗바늘로 꿰매 붙인다.
· 솜은 넣지 않는다.

Color

코&꼬리
2번 아이보리
귀
기본색 2번 아이보리
배색 5번 베이지

얼굴 수놓기
레이스 실 53번 블랙(눈),
레이스 실 15번 진러블리 핑크(코&볼터치),
레이스 실 47번 초코 브라운(코 가장자리&입)

• 코 달기

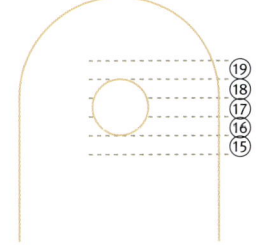

· 코 다는 방법은 40쪽을 참조한다.

• 귀 달기

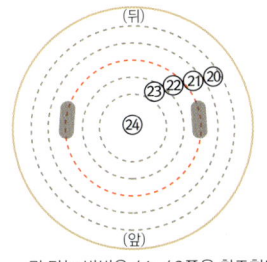

· 귀 다는 방법은 41~42쪽을 참조한다.

• 꼬리 달기

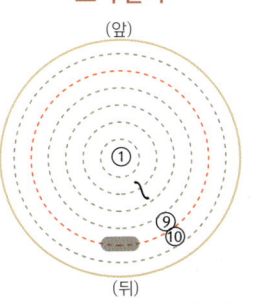

· 41~42쪽의 '귀 달기'를 참조한다.

• 눈코입, 볼터치 수놓기

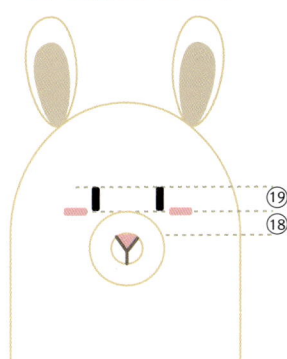

· 수놓는 방법은 42~43쪽을 참조한다.

Color

등 러그(레이스 코바늘 1.50mm)
기본색 레이스 실 25번 빈티지 블루
배색 레이스 실 47번 초코 브라운
배색 레이스 실 11번 당근 오렌지
배색 레이스 실 37번 밝은 그린
배색 레이스 실 15번 진러블리 핑크
배색 레이스 실 23번 다크 레드
배색 레이스 실 6번 레몬

• 등 러그

시작	사슬뜨기 40코로 원형코 만들기
① (40)	0, (×) × 40, ·
② (40)	0, (×) × 40, ·
③ (40)	0, (×) × 40, ·
④ ~ ⑤ (40)	0, (×) × 40, ·
⑥ (40)	0, (×) × 40, ·
⑦ (40)	0, (× × × ×) × 10, ·
⑧ (40)	0, (×) × 40, ·
⑨ (40)	0, (×) × 40, ·
⑩ (40)	0, (×) × 40, ·
⑪ (40)	0, (×) × 40, ·
⑫ (40)	0, ×, (× × ×) × 13, ·
⑬ (40)	0, (×) × 40, ·
⑭ (40)	0, ×, (× × ×) × 13, ·
⑮ (40)	0, (×) × 40, ·
⑯ (40)	0, (×) × 40, ·
⑰ (40)	0, (×) × 40, ·
⑱ (40)	0, (×) × 40, ·
⑲ ~ ⑳ (40)	0, (×) × 40, ·
㉑ ~ ㉒ (40)	0, (× × × ×) × 10, ·
㉓ ~ ㉔ (40)	0, (×) × 40, ·
㉕ (40)	0, (×) × 40, ·
㉖ (40)	0, (×) × 40, ·
㉗ (40)	0, (×) × 40, ·
㉘ (40)	0, (×) × 40, ·
㉙ (40)	0, ×, (× × ×) × 13, ·
㉚ (40)	0, (×) × 40, ·
㉛ (40)	0, ×, (× × ×) × 13, ·
㉜ (40)	0, (×) × 40, ·
㉝ (40)	0, (×) × 40, ·
㉞ (40)	0, (×) × 40, ·
㉟ (40)	0, (×) × 40, ·
㊱ (40)	0, (× × × ×) × 10, ·
㊲ (40)	0, (×) × 40, ·
㊳ ~ ㊴ (40)	0, (×) × 40, ·
㊵ (40)	0, (×) × 40, ·
㊶ (40)	0, (×) × 40, ·
㊷ (40)	0, (×) × 40, ·

· 실을 10cm 정도 남기고 자른다.
· 남긴 실을 첫코의 안쪽으로 빼내 매듭짓는다.

• 테두리 뜨기

1. 밝은 그린색 실로 테두리를 한 단 뜬다.
       부분은 테두리를 네 면으로 구분해서 뜬다.

0, ꝏ, (×) × 18, ꝏ, ꝏ, (×) × 39, ꝏ, ꝏ, (×) × 18, ꝏ, ꝏ, (×) × 39, ꝏ, ·

짧은 쪽   긴 쪽   짧은 쪽   긴 쪽

2. 빈티지 블루색 실로 테두리를 한 단 뜬다.

0, (×) × 130, ·

3. 러그의 짧은 쪽 두 곳에 뜬다. 빈티지 블루색 실로 피코뜨기(사슬뜨기 4코)한 후,
   다음 코에 빼뜨기, 그 다음 코에 짧은뜨기를한다.

끝   시작

러그의 짧은 쪽에 걸어 뜬다.

• 모자

시작	사슬뜨기 24코로 원형코 만들기
① (38)	0, (×) × 38, ·
② (36)	8, (TTTTTTTTTTTTTTTTT Λ) × 2, · (17)
③ (34)	8, (TTTTTTTT Λ TTTTTTTT) × 2, ·
④ (34)	8, (T) × 6, (⊖) × 7, (T) × 8, (⊖) × 7, (T) × 6, ·
⑤ (26)	8, T, T, T, Λ, (TT Λ) × 6, T, T, T, Λ, ·
⑥ (13)	8, (Λ) × 13, ·
⑦ (7)	0, (⩓) × 6, ×, ·
⑧ (7)	0, (×) × 7, ·
⑨ (7)	(0.0), (0.0 ×) × 5, ×
⑩ (4)	(0.0) × 4

· ⑥단을 뜨고 다크 레드색과 진러블리 핑크색 실을 10cm 정도 남기고 자른다. 당근 오렌지색 실은 자르지 않고 둔다.
· ⑨단을 뜨고 실을 50cm 정도 남기고 잘라 돗바늘로 정리한다.
· ⑩단을 뜬 후, 실을 50cm 정도 남기고 잘라 돗바늘로 모양을 잡고 정리한다(104쪽 '모자 만들기'를 참조한다).

• 귀덮개

시작	모자에 실을 걸어 평면뜨기한다. 오른쪽은 11번째, 왼쪽은 27번째 코에 걸어뜬다.
① (6)	8, (T) × 6, ·
② (4)	8, Λ, T, T, Λ
③ (2)	0, _, ×, ⩓

· ③단의 _ 부분은 1코를 비우고 뜬다.
· 양쪽 귀덮개를 뜬 후, 빈티지 블루색 실로 모자의 테두리를 짧은뜨기로 뜬다.

• 모자 테두리 뜨기

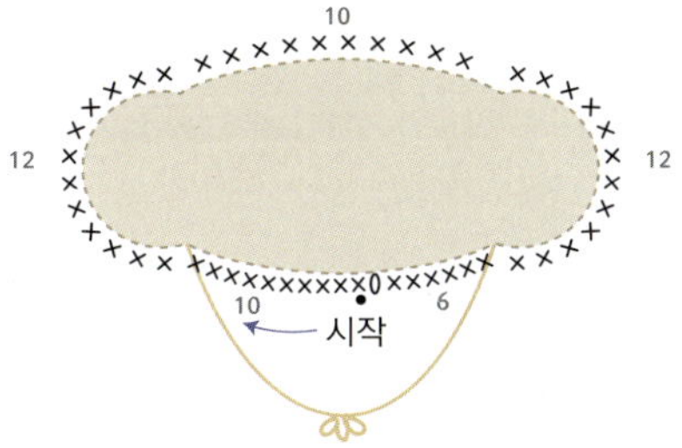

• 목 장식

시작	2가지 색의 실을 합사해서 사슬뜨기 100코를 뜨고, 양쪽 끝은 매듭지어 마무리한다. 반을 접어 가운데 부분에서 3코 앞쪽 사슬의 코산에 실을 걸어 평면뜨기한다.
① (7)	0, (×) × 7 (블루+핑크 합사)
②~③ (7)	8, (T) × 7 (블루)
④ (7)	8, (T) × 7 (핑크)

· 실을 10cm 정도 남기고 잘라 정리한다.

Color

모자(레이스 코바늘 1.50mm)
기본색 레이스 실 25번 빈티지 블루
배색 레이스 실 11번 당근 오렌지
배색 레이스 실 15번 진러블리 핑크
배색 레이스 실 23번 다크 레드
귀덮개(레이스 코바늘 1.50mm)
레이스 실 15번 진러블리 핑크
목 장식(레이스 코바늘 1.50mm)
기본색 레이스 실 25번 빈티지 블루
배색 레이스 실 15번 진러블리 핑크
모자 테두리(레이스 코바늘 1.50mm)
레이스 실 25번 빈티지 블루
나무 기둥
46번 브라운

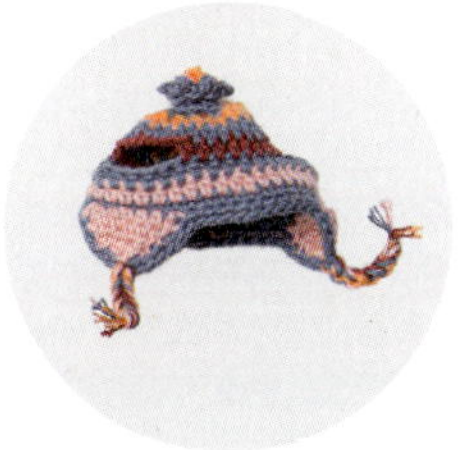

• 모자끈 만들기

1. 모자를 뜬 4가지 색의 실을 합사해서 귀덮개 끝쪽 중앙에 사슬뜨기 6코를 뜬다.
2. 실을 10cm 정도 남기고 실을 잘라 매듭짓는다.
3. 실을 0.5cm 정도 남기고 자른다.

· 끈 마무리는 35쪽을 참조한다.

• 나무 기둥

시작	실을 두 번 감아 원형코 만들기
①~② (4)	0, (×) × 4, ·
③ (6)	0, (×⋎) × 2, ·
④~⑩ (6)	0, (×) × 6, ·
⑪ (8)	0, (××⋎) × 2, ·
⑫~㉒ (8)	0, (×) × 8, ·
㉓ (10)	0, (×××⋎) × 2, ·
㉔~㊲ (10)	0, (×) × 10, ·
㊳ (20)	0, (⋎) × 10, ·
㊴ (30)	0, (×⋎) × 10, ·
㊵ (40)	0, (×⋎×) × 10, ·
㊶ (40)	0, (×) × 40, ·
㊷ (44)	0, (×××××××××⋎) × 4, · (9)
㊸ (44)	0, (×) × 44, ·

· 와이어를 넣고 나무 바닥과 함께 뜬다.
· 매듭을 안쪽으로 넣어 마무리한다.

• 나무 바닥

시작	실을 두 번 감아 원형코 만들기
① (8)	0, (×) × 8, ·
② (16)	0, (ᗐ) × 8, ·
③ (24)	0, (×ᗐ) × 8, ·
④ (32)	0, (×ᗐ×) × 8, ·
⑤ (40)	0, (×××ᗐ) × 8, ·
⑥ (42)	0, (×××××××××$\overset{19}{×}$××××××××ᗐ) × 2, ·
⑦ (44)	0, (××××$\overset{10}{×}$×××××ᗐ×××××$\overset{10}{×}$×××××) × 2, ·

· 실을 10cm 정도 남기고 자른다.
· 남긴 실을 안쪽에서 빼내 매듭짓는다.

• 나뭇잎 1

시작	사슬뜨기 10코로 원형코 만들기
① (20)	0, (ᗐ) × 10, ·
② (30)	0, (×ᗐ) × 10, ·
③ (40)	0, (××ᗐ) × 10, ·
④ (50)	0, (×××ᗐ) × 10, ·
⑤ (60)	0, (××××ᗐ) × 10, ·
⑥ (70)	0, (××$\overset{5}{×}$××ᗐ) × 10, ·
⑦ (80)	0, (×××$\overset{6}{×}$×××ᗐ) × 10, ·
⑧ (90)	0, (×××$\overset{7}{×}$××××ᗐ) × 10, ·
⑨ (100)	0, (××××$\overset{8}{×}$××××ᗐ) × 10, ·
⑩ (110)	0, (××××$\overset{9}{×}$×××××ᗐ) × 10, ·
⑪ (120)	0, (××××$\overset{10}{×}$××××××ᗐ) × 10, ·

· 실을 10cm 정도 남기고 잘라 돗바늘로 정리한다.

• 나뭇잎 2

시작	사슬뜨기 10코로 원형코 만들기
① (20)	0, (ᗐ) × 10, ·
② (30)	0, (×ᗐ) × 10, ·
③ (40)	0, (××ᗐ) × 10, ·
④ (50)	0, (×××ᗐ) × 10, ·
⑤ (60)	0, (××××ᗐ) × 10, ·
⑥ (70)	0, (××$\overset{5}{×}$××ᗐ) × 10, ·
⑦ (80)	0, (×××$\overset{6}{×}$×××ᗐ) × 10, ·
⑧ (90)	0, (×××$\overset{7}{×}$××××ᗐ) × 10, ·
⑨ (100)	0, (××××$\overset{8}{×}$××××ᗐ) × 10, ·

· 실을 10cm 정도 남기고 잘라 돗바늘로 정리한다.

시은맘의 손뜨개 인형

Color

나무 바닥
46번 브라운
나뭇잎
40번 그린

• 나뭇잎 3

시작	사슬뜨기 8코로 원형코 만들기
① (16)	0, (ᗐ) × 8, ·
② (32)	0, (ᗐ) × 16, ·
③ (48)	0, (×ᗐ) × 16, ·
④ (64)	0, (××ᗐ) × 16, ·
⑤ (80)	0, (×××ᗐ) × 16, ·
⑥ (96)	0, (××××ᗐ) × 16, ·
⑦ (112)	0, (××$\overset{5}{×}$××ᗐ) × 16, ·

· 실을 10cm 정도 남기고 잘라 돗바늘로 정리한다.

• 나뭇잎 4

시작	실을 두 번 감아 원형코 만들기
① (4)	0, (×) × 4, ·
② (8)	0, (ᗐ) × 4, ·
③~⑥ (8)	0, (×) × 8, ·
⑦ (16)	0, (ᗐ) × 8, ·
⑧ (32)	0, (ᗐ) × 16, ·
⑨ (48)	0, (×ᗐ) × 16, ·
⑩ (64)	0, (××ᗐ) × 16, ·
⑪ (80)	0, (×××ᗐ) × 16, ·

· 실을 10cm 정도 남기고 잘라 돗바늘로 정리한다.

나뭇잎 4

㉗ ㉖ 나뭇잎 3

㉒ ㉑ 나뭇잎 2

⑮ ⑭ 나뭇잎 1

· 나뭇잎 4개를 모두 뜬 후, 나무에 끼우고 꿰매 붙인다.
· 나무 기둥의 ㊳단의 이랑뜨기한 곳을 첫단으로 하고 위치를 잡는다.

○ 배 뜨기

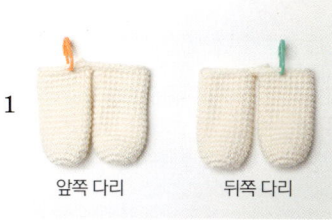

1

앞쪽 다리　　　뒤쪽 다리

앞쪽 다리와 뒤쪽 다리를 준비한다. 구분하기 쉽도록 다리에 마커를 끼워 표시한다.

2

뒤쪽 다리의 37번째 코에 매듭을 굵게 지은 실을 건다.

3

사슬뜨기 15코를 뜬다. 앞쪽 다리의 7번째 코에 빼뜨기로 연결한다.

4

뜨는 방향을 배 부분으로 돌린 후, 빼뜨기한 곳의 앞코에 짧은뜨기를 뜬다.

5

사슬뜨기한 부분에 15코를 짧은뜨기로 뜬다.

※ 사슬뜨기의 첫 번째 코가 빡빡해 코바늘이 들어가기 힘들 수 있다. 코를 건너뛰지 않도록 한다.

○ 몸통 뜨기

6

뒤쪽 다리에 빼뜨기와 짧은뜨기를 한 코에 하나씩 뜬다.

7

다시 배 부분에 짧은뜨기 15코를 뜨고, 앞쪽 다리에 빼뜨기와 짧은뜨기를 한다.
반복해서 15단까지 뜬다.

※ 빼뜨기 자리도 포함해서 뜨기 때문에 뜨는 순서로 잘 오고 있는지 체크하면서 뜬다.

1

배 부분 15단을 뜬 후 다음 코에 빼뜨기한다. 이어서 기둥코를 세운 후 몸통을 뜨기 시작한다.

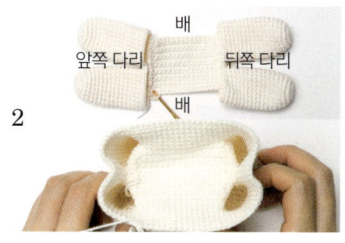

2

배
앞쪽 다리　　　뒤쪽 다리
배

몸통의 1단은 앞쪽 다리, 배, 뒤쪽 다리, 배 부분을 콧수에 맞게 뜬다.

○ 등뜨기

1 8단까지 몸통을 뜬다. 이어서 사슬뜨기 12코를 하고 29번째 코에 빼뜨기한다.

2 30번째 코에 짧은뜨기를 첫코로 시작해서 등 부분을 뜨기 시작한다. 빼뜨기와 기둥코를 뜨지 않기 때문에 첫코에 마커를 끼우고 시작한다.

3 도안의 ___ 부분 줄이기는 몸통과 사슬뜨기 부분의 줄이기다. 사진을 참고한다.

4 도안대로 등을 뜬다.

5 다리에 솜을 채운다.

○ 목뜨기

1 몸통의 첫코에 실을 건다.

2 도안대로 뜨기 시작한다.

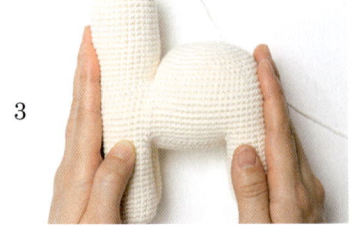

3 솜을 넣고 구멍을 막는다.

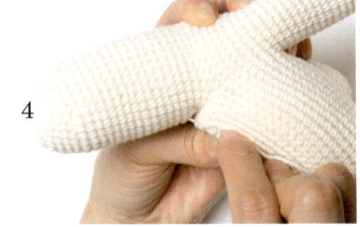

4 목 뒤쪽과 몸통이 3~4단 정도 겹치도록 꿰매 목이 앞으로 기울지 않도록 모양을 잡는다.

시은맘의 손뜨개 인형

○ 등 러그의 테두리 뜨기

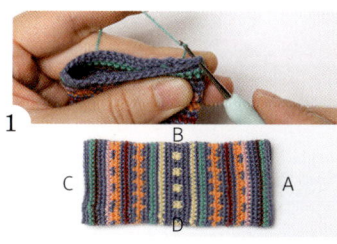

1

러그를 뜬 후 양끝의 구멍을 막으면서 테두리를 뜬다.
A, B, C, D 부분을 콧수만큼 뜬다.

2

도안을 참고해 밝은 그린색과 빈티지 블루색 실로 테두리를 뜬다.

3

라마 등에 러그를 덮고 고무줄을 한쪽에만 꿰매서 당긴 후 길이를 정한다. 이어서 반대쪽도 꿰맨다. 앞과 뒤두 군데에 단다.

※ 러그가 등에 붙도록 타이트하게 고무줄의 길이를 정한다.

○ 모자끈 뜨기

4가지 색의 실을 합사해서 뜬다. 귀덮개 중간에 실을 걸어 사슬뜨기 6코를 뜬 후, 10cm 정도 남기고 자른다. 매듭지어 묶은 후 0.5cm 정도 남기고 자른다. 걸어 뜨고 남은 실은 정리한다.

○ 나무 만들기

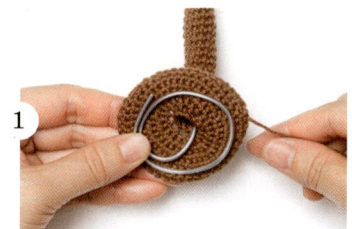

1

나무 기둥을 뜬 후, 나무 기둥과 바닥에 와이어를 사진처럼 댄다.

2

나무 밑바닥을 뜬 후, 와이어를 끼운 상태에서 나무 기둥 바닥과 같이 떠서 연결한다.

3

나무와 나뭇잎을 사진처럼 준비한다.

4

그린색 실을 길게 잘라 돗바늘에 꿴후, 기둥에 나뭇잎을 도안을 참고해 아래쪽부터 꿰매 붙인다.

5

완성.

06 Making of Crochet Doll

천재 요리사 산체스

당근 요리를 제일 좋아하는 기니피그 산체스의 별명은 천재 요리사예요.

요리비법을 가득 담은 요리책도 있어요.

information.

level | size

★ ★ ★   15cm

준비물

실 돌리코튼 2번 아이보리, 10번 피넛, 17번 진핑크, 45번 월넛브라운, 53번 블랙

돌리코튼 레이스 2번 아이보리, 5번 베이지, 8번 옐로우, 11번 당근 오렌지, 20번 레드, 40번 그린, 45번 월넛브라운, 47번 초코 브라운, 51번 그레이

바늘 모사용 코바늘 2/0호(2.0mm), 레이스 코바늘 1.25mm

기타 돗바늘, 겸자, 마커, 가위, 방울솜, 미싱고무줄, 2.0mm 와이어, 마분지

사용한 뜨개 기법

사슬뜨기(○ 또는 ◎), 짧은뜨기(×), 짧은뜨기 2코 늘려뜨기(♥), 짧은뜨기 2코 모아 변형이랑뜨기(△), 빼뜨기(●), 긴뜨기(†), 짧은뜨기 뒤이랑뜨기(⊠), 앞걸어 짧은뜨기(♀)

인형 만들기 기초

28~46쪽을 참조한다.

1   팔 2개를 뜬다.

2   36단까지 몸통을 뜬다.

3   팔에 솜을 넣고 몸통 37단에 연결해서 뜬다.

4   뒤통수를 실을 걸어 뜬다.

5   몸통에 솜을 넣고 팔에 와이어를 넣는다.

6   얼굴 쪽을 실을 걸어 뜨고 솜을 넣어 마무리한다.

7   귀를 떠서 머리에 꿰매 붙인다.

8   얼굴에 눈코입을 수놓는다.

9   발을 떠서 몸통에 꿰매 붙인다.

10 앞치마를 뜬다.

11 숟가락을 뜨고 와이어를 넣는다.

12 모자를 뜨고 고무줄을 꿰매 붙인다.

13 당근을 뜨고 솜을 넣는다.

14 냄비와 뚜껑, 양념통, 스프를 뜬다.

15 레시피를 뜨고 마분지를 넣어 마무리한다.

• 몸통

시작	실을 누 번 삼아서 윈형코 만들기
① (8)	0, (×) × 8, ·
② (16)	0, (ᐯ) × 8, ·
③ (24)	0, (×ᐯ) × 8, ·
④ (32)	0, (×ᐯ×) × 8, ·
⑤ (40)	0, (××ᐯ) × 8, ·
⑥ (48)	0, (××ᐯ××) × 8, ·
⑦ (56)	0, (×××ᐯ)⁵ × 8, ·
⑧ (56)	0, (×) × 56, ·
⑨ (64)	0, (×××ᐯ×××) × 8, ·
⑩~⑪ (64)	0, (×) × 64, ·
⑫ (68)	0, (×××××××¹⁵×××××ᐯ) × 4, ·
⑬~㉗ (68)	0, (×) × 68, ·
㉘ (64)	0, (××××××¹⁵××××××ᐱ) × 4, ·
㉙ (60)	0, (×××××⁷×××ᐱ××××××⁷) × 4, ·
㉚ (56)	0, (×××××××××××¹³ᐱ) × 4, ·
㉛ (56)	0, (×) × 56, ·
㉜ (52)	0, (××××⁶×ᐱ××××⁶×) × 4, ·
㉝ (52)	0, (×) × 52, ·
㉞ (48)	0, (×××××¹¹××××ᐱ) × 4, ·
㉟ (44)	0, (×××⁵×ᐱ×××⁵×) × 4, ·
㊱ (44)	0, (×) × 44, ·
㊲ (44)	0, (×) × 14, (×) × 5, (×) × 10, (×) × 5, (×) × 10, ·
㊳ (44)	0, (×) × 44, ·

· ㊲단의 ___ 부분은 팔과 함께 뜬다(32쪽과 38쪽 참조).

• 팔(2개)

시작	실을 두 번 감아 원형코 만들기
① (6)	0, (×) × 6, ·
② (9)	0, (×ᐯ) × 3, ·
③ (12)	0, (××ᐯ) × 3, ·
④~⑮ (12)	0, (×) × 12, ·

· 실을 10cm 정도 남기고 자른다.
· 남긴 실을 첫코의 안쪽으로 빼내 매듭짓는다.
· 손끝에 프렌치 노트 스티치로 실을 5번 감아 손톱 모양으로
  수놓는다(월넛 브라운색 레이스 실 사용). 손톱을 5개 수놓는다.
· 솜을 채운다.

• 뒤통수

시작	몸통 한쪽(A)에 실을 걸어 사슬뜨기 26코를 뜨고, 맞은 편(B)에 빼뜨기로 연결해 원형뜨기한다.
① (48)	·, ◦, (×) × 22, (×) × 26, ·
② (45)	0, (×××⁷×××ᐱ×××⁷×××) × 3, ·
③ (36)	0, (×××ᐱ) × 9, ·
④ (27)	0, (××ᐱ) × 9, ·
⑤ (18)	0, (×ᐱ) × 9 ·
⑥ (12)	0, (×ᐱ) × 6, ·
⑦ (6)	0, (ᐱ) × 6, ·

· ①단의 ___ 부분은 그림의 몸통(파란색 선)을 따라 뜨고,
  ___ 부분은 사슬뜨기 26코에 걸어 원형으로 뜬다.
· 마지막 단까지 뜬 후, 실을 30cm 정도 남기고 자른다.
· 돗바늘로 구멍을 막는다.
· 팔에 와이어를 넣은 후, 몸통에 솜을 넣는다.

• 뒤통수 뜨기

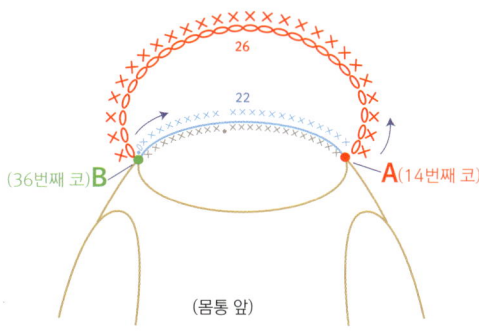

26

22

(36번째 코)B

A(14번째 코)

(몸통 앞)

Color

몸통&팔&뒤통수
10번 피넛

시은맘의 손뜨개 인형

• 발(2개)

시작	실을 두 번 감아 원형코 만들기
①(6)	0,(×)×6,·
②(12)	0,(ᘖ)×6,·
③~⑨(12)	0,(×)×12,·

· 실을 50cm 정도 남기고 자른다.
· 돗바늘로 인형 몸통에 꿰매 붙인다.
· 솜은 넣지 않는다.

• 귀(2개)

시작	실을 두 번 감아 원형코 만들기
①(6)	0,(×)×6,·
②(12)	0,(ᘖ)×2,ᘖ(ᘖ)×3,·
③(18)	0,(×ᘖ)×2,×ᘖ×ᘖ,(×ᘖ)×2,·
④~⑨(18)	0,(×)×6,(×)×6,(×)×6,·

· 실을 100cm 정도 남기고 자른다.
· 돗바늘로 인형 머리에 꿰매 붙인다. 이때, 귀가 아래로 누울 수 있도록 머리에 꿰맨다(175쪽 포인트 레슨 참조).

• 발 달기

(앞)

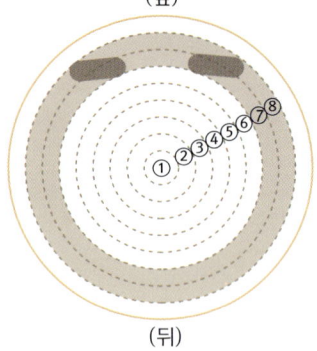

(뒤)

· 발 다는 방법은 90쪽을 참조한다.

• 귀 달기

(뒤)

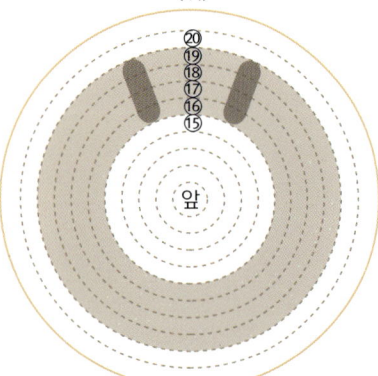

(앞)

· 귀 다는 방법은 41~42쪽을 참조한다.

Color	
발 레이스 실 45번 월넛 브라운 **얼굴** 기본색 10번 피넛 배색 2번 아이보리	**귀** 기본색 10번 피넛 배색 17번 진핑크 **얼굴 수놓기** 53번 블랙(눈), 13번 진핑크(코), 45번 월넛 브라운(입)

• 얼굴

시작	오른쪽 몸통 부분 첫코에 실을 걸어 뜬다.
①(47)	0,(×)×21,(×)×26 몸통 쪽 / 뒤통수 쪽
②~③(47)	(×)×47
④(44)	(×)×7,ᘏ,(×)×14,ᘏ,(×)×14,ᘏ,(×)×6
⑤(44)	(×)×44
⑥(44)	(×)×30,×,×,×,(×)×11
⑦(40)	(×××××××ᘏ)×2,(×)×8,×,ᘏ,×,(×)×8,ᘏ
⑧(40)	(×)×28,×,×,×,(×)×9
⑨(36)	(××××ᘏ××××)×4
⑩(36)	(×)×36
⑪(32)	(××××××ᘏ)×4
⑫(32)	(×)×32
⑬(28)	(×××ᘏ×××)×4
⑭(24)	(×××××ᘏ)×4
⑮(20)	(××××ᘏ)×4
⑯(16)	(×××ᘏ)×4
⑰(16)	(×)×16
⑱(8)	(ᘏ)×8

· 실을 30cm 정도 남기고 자른다.
· 솜을 마저 채우고 구멍을 막는다.
· 피넛색 실로 얼굴과 몸통을 꿰매 모양을 잡는다.

• 눈코입 수놓기

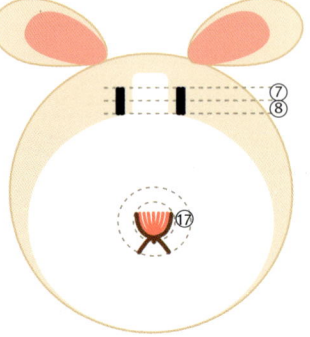

· 수놓는 방법은 42~43쪽을 참조한다.

※ 얼굴을 뜰 때 첫코를 연결해서 뜨는 지점.

Color

앞치마(레이스 코바늘 1.25mm)
레이스 실 2번 아이보리
모자(레이스 코바늘 1.25mm)
레이스 실 2번 아이보리

양념통
①~⑧ 레이스 실 2번 아이보리
⑨~⑩ 레이스 실 20번 레드

• 앞치마 하단

시작	사슬뜨기 24코를 기초코로 평면뜨기
①~⑨ (24)	8, (T) × 24

· ⑨단까지 뜨고, 사슬뜨기 50코로 왼쪽 허리끈을 뜬다.
· 끈은 끝을 매듭지어 마무리한다.

• 앞치마 상단

시작	앞치마 하단 ⑨단의 7번째 코에 실을 걸어 평면뜨기한다.
①~③ (12)	8 T ×

· ③단까지 뜨고, 사슬뜨기 50코로 오른쪽 목끈을 뜬다.
· 끈은 끝을 매듭지어 마무리한다.

• 앞치마 끈과 테두리

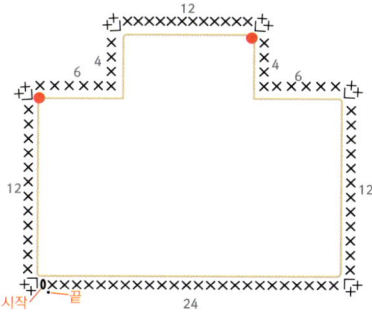

1. ● 부분에 실을 걸어 사슬뜨기 50코로 오른쪽 허리끈과 왼쪽 목끈을 각각 뜬다.
2. 끈은 끝을 매듭지어 마무리한다.
3. 끈을 모두 뜨고, 도안을 참고해 테두리에 총 90코를 뜬다.

• 앞치마 주머니

시작	사슬뜨기 10코를 기초코로 평면뜨기
①~⑦ (10)	8, (T) × 10

· 실을 100cm 정도 남기고 자른 후, 돗바늘로 앞치마에 꿰매 붙인다.

• 모자

시작	사슬뜨기 20코로 원형코 만들기
① (20)	0, (×) × 20, · (코산에 걸어서 뜬다)
②~④ (20)	0, (×) × 20, ·
⑤ (40)	0, (ᐐ) × 20, ·
⑥ (60)	0, (×ᐐ) × 20, ·
⑦~⑪ (60)	0, (×) × 60, ·
⑫ (54)	0, (×××ᐞ×××) × 6, ·
⑬ (48)	0, (×××⁷×××ᐞ) × 6, ·
⑭ (42)	0, (××ᐞ×××) × 6, ·
⑮ (36)	0, (××⁵×××ᐞ) × 6, ·
⑯ (30)	0, (××ᐞ××) × 6, ·
⑰ (24)	0, (×××ᐞ) × 6, ·
⑱ (18)	0, (×ᐞ×) × 6, ·
⑲ (12)	0, (×ᐞ) × 6, ·

· 실을 30cm 정도 남기고 자른다.
· 돗바늘로 구멍을 막는다.
· 귀에 걸리도록 고무줄을 고리 모양으로 양쪽에 꿰맨다.

• 양념통

시작	실을 두 번 감아 원형코 만들기
① (6)	0, (×) × 6, ·
② (12)	0, (ᐐ) × 6, ·
③ (12)	0, (ᐐ) × 12, ·
④~⑩ (12)	0, (×) × 12, ·
⑪ (6)	0, (ᐞ) × 6, ·

· ⑩단까지 뜨고 솜을 넣는다.
· 실을 30cm 정도 남기고 자른다.
· 마지막 단까지 뜬 후, 솜을 마저 채우고 돗바늘로 구멍을 막는다.
· 뚜껑에 프렌치 노트 스티치로 실을 1번 감아 수놓는다
(아이보리색 실 사용).

양념통
모자
앞치마

Color

냄비&냄비 뚜껑&손잡이 (레이스 코바늘 1.25mm)
레이스 실 51번 그레이
숟가락(레이스 코바늘 1.25mm)
레이스 실 47번 초코 브라운

• 숟가락

시작	실을 두 번 감아 원형코 만들기
① (6)	0, (✕) × 6 ·
② (12)	0, (✖) × 6, ·
③ (18)	0, (✕✖) × 6, ·
④ (21)	0, (✕✕✕✕✕ ✖) × 3, ·
⑤ (21)	0, (✕) × 21, ·
⑥ (24)	0, (✕✕✕✖✕✕✕) × 3, ·
⑦ (24)	0, (✕) × 24, ·
⑧ (27)	0, (✕✕✕✕✕✕✕ ✖) × 3, ·
⑨ ~ ⑪ (27)	0, (✕) × 27, ·
⑫ (24)	0, (✕✕✕✕✕✕✕ ▲) × 3, ·
⑬ (21)	0, (✕✕✕▲✕✕✕) × 3, ·
⑭ (18)	0, (✕✕✕✕✕✕ ▲) × 3, ·
⑮ (12)	0, (✕ ▲) × 6, ·
⑯ (8)	0, (✕ ▲) × 4, ·
⑰ ~ ㊱ (8)	0, (✕) × 8, ·
㊲ (4)	0, (▲) × 4, ·

· 실을 30cm 남기고 자른다.
· 와이어를 넣고 돗바늘로 구멍을 막는다.

• 손잡이(2개)

1. 냄비 ㉓단에 실을 걸어 사슬뜨기 8코를 뜬다.
2. 6코를 지나 7번째 코에 짧은뜨기 1코로 냄비와 연결한다.
3. 방향을 돌려 기둥코(사슬뜨기 1코)를 세우고, 사슬코 전체를
   감아 짧은뜨기 12코를 뜬다.
3. 실을 30cm 정도 남기고 자른 후, 돗바늘로 꿰매면서 정리한다.

• 냄비 뚜껑

시작	실을 두 번 감아 원형코 만들기
① ~ ② (3)	0, (✕) × 3, ·
③ (6)	0, (✖) × 3, ·
④ (12)	0, (✖) × 6, ·
⑤ (18)	0, (✕✖) × 6, ·
⑥ (24)	0, (✕✖✕) × 6, ·
⑦ (30)	0, (✕✕✕✖) × 6, ·
⑧ (40)	0, (✕✕✖) × 10, ·
⑨ (50)	0, (✕✕✕✖) × 10, ·
⑩ (60)	0, (✕✕✖✕✕) × 10, ·
⑪ (70)	0, (✕✕✕✕✕ ✖) × 10, ·
⑫ (70)	0, (✕) × 70, ·

· 실을 10cm 정도 남기고 자른다.
· 돗바늘로 남은 실을 정리한다.

• 냄비

시작	실을 두 번 감아 원형코 만들기
① (8)	0, (✕) × 8, ·
② (16)	0, (✖) × 8, ·
③ (24)	0, (✕✖) × 8, ·
④ (32)	0, (✕✖✕) × 8, ·
⑤ (40)	0, (✕✕✕✖) × 8, ·
⑥ (48)	0, (✕✕✖✕✕) × 8, ·
⑦ (56)	0, (✕✕✕✕✕✖) × 8, ·
⑧ (56)	0, (✕) × 56, ·
⑨ (64)	0, (✕✕✕✖✕✕✕) × 8, ·
⑩ (64)	0, (✕) × 64, ·
⑪ (64)	0, (✕) × 64, ·
⑫ ~ ㉘ (64)	0, (✕) × 64, ·
㉙ (64)	0, (✕) × 64, ·

· 실을 10cm 정도 남기고 자른다.
· 돗바늘로 남은 실을 정리한다.

시은맘의 손뜨개 인형

당근

냄비 뚜껑

숟가락

스프

냄비

Color

※ 모두 레이스 코바늘 1.25mm와
레이스 실 사용
당근
11번 당근 오렌지
당근 꼭지
40번 그린
스프
5번 베이지

• 당근

시작	실을 두 번 감아 원형코 만들기
① (8)	0, (×) × 8, •
② (12)	0, (×⩔) × 4, •
③ (12)	0, (×) × 12, •
④ (14)	0, (×××ᵝ××⩔) × 2, •
⑤ (16)	0, (×××⩔×××) × 2, •
⑥ (18)	0, (×××ᵞ×××) × 2, •
⑦ (20)	0, (××××⩔××××) × 2, •
⑧ (22)	0, (××××ᵠ××××⩔) × 2, •
⑨ (24)	0, (×××ᵝ××⩔××ᵝ××) × 2, •
⑩ (26)	0, (××××ⁱⁱ×××××⩔) × 2, •
⑪ (28)	0, (×××ᵠ××⩔××××ᵠ×××) × 2, •
⑫~⑯ (28)	0, (×) × 28, •
⑰ (26)	0, (×××ᵠ××ᐱ×××ᵠ×××) × 2, •
⑱ (24)	0, (×××××ⁱⁱ×××××ᐱ) × 2, •
⑲ (16)	0, (× ᐱ) × 8, •
⑳ (8)	0, (ᐱ) × 8, •

· ⑯단까지 뜨고 솜을 채운다.
· 실을 30cm 정도 남기고 자른다.
· 솜을 마저 채우고 돗바늘로 구멍을 막는다.

• 당근 꼭지(3개)

시작	실을 두 번 감아 원형코 만들기
① (6)	0, (×) × 6, •
② (9)	0, (×⩔) × 3, •
③~④ (9)	0, (×) × 9, •

· 실을 30cm 정도 남기고 자른다.
· 돗바늘로 당근에 꿰매 붙인다.

• 스프

시작	사슬뜨기 24코로 원형코 만들기
① (30)	0, (×××⩔) × 6, •
② (36)	0, (××⩔××) × 6, •
③ (42)	0, (××××⩔) × 6, (×) × 6, •
④ (49)	0, (×××ᵝ××⩔) × 7, •
⑤ (56)	0, (×××⩔×××) × 7, •
⑥ (63)	0, (××××ᵞ××××⩔) × 7, •

· 실을 30cm 정도 남기고 자른다.
· 돗바늘로 실을 정리한다.

시작	사슬뜨기 25코를 만들어 타원형뜨기

① (50) 시작 / 끝

② (50) 0, ××××××××××××××××××××, (×) × 25, ·

③ (50) 0, ××××××××××××××××××××, (×) × 25, ·

④ (50) 0, ××××××××××××××××××××, (×) × 25, ·

⑤ (50) 0, ××××××××××××××××××××, (×) × 25, ·

⑥ (50) 0, ××××××××××××××××××××, (×) × 25, ·

⑦ (50) 0, ××××××××××××××××××××, (×) × 25, ·

⑧ (50) 0, ××××××××××××××××××××, (×) × 25, ·

⑨ (50) 0, ××××××××××××××××××××, (×) × 25, ·

⑩ (50) 0, ××××××××××××××××××××, (×) × 25, ·

⑪ (50) 0, ××××××××××××××××××××, (×) × 25, ·

⑫ (50) 0, ××××××××××××××××××××, (×) × 25, ·

⑬ (50) 0, ××××××××××××××××××××, (×) × 25, ·

⑭ (50) 0, ××××××××××××××××××××, (×) × 25, ·

⑮ (50) 0, ××××××××××××××××××××, (×) × 25, ·

⑯ (50) 0, ××××××××××××××××××××, (×) × 25, ·

⑰ (50) 0, ××××××××××××××××××××, (×) × 25, ·

⑱ (50) 0, ××××××××××××××××××××, (×) × 25, ·

⑲ (50) 0, ××××××××××××××××××××, (×) × 25, ·

⑳ (50) 0, ××××××××××××××××××××, (×) × 25, ·

㉑ (50) 0, ××××××××××××××××××××, (×) × 25, ·

㉒ (50) 0, ××××××××××××××××××××, (×) × 25, ·

㉓ (50) 0, ××××××××××××××××××××, (×) × 25, ·

㉔ (50) 0, ××××××××××××××××××××, (×) × 25, ·

㉕ (50) 0, ××××××××××××××××××××, (×) × 25, ·

㉖ (50) 0, ××××××××××××××××××××, (×) × 25, ·

㉗ (50) 0, ××××××××××××××××××××, (×) × 25, ·

㉘ (50) 0, ××××××××××××××××××××, (×) × 25, ·

㉙ (50) 0, ××××××××××××××××××××, (×) × 25, ·

㉚ (50) 0, ××××××××××××××××××××, (×) × 25, ·

㉛ (50) 0, ××××××××××××××××××××, (×) × 25, ·

㉜ (50) 0, ××××××××××××××××××××, (×) × 25, ·

㉝ (50) 0, ××××××××××××××××××××, (×) × 25, ·

Color

레시피 북(레이스 코바늘 1.25mm)
기본색 레이스 실 25번 빈티지 블루
배색 레이스 실 2번 아이보리
배색 레이스 실 8번 옐로우
배색 레이스 실 40번 그린
배색 레이스 실 11번 당근 오렌지
배색 레이스 실 51번 그레이

· 마분지를 사이즈에 맞춰 잘라서 넣고, 아이보리색 실로 구멍을 막으면서 짧은뜨기 25코를 뜬다.

시은맘의 손뜨개 인형

○ 뒤통수 뜨기

26코

1 몸통 38단의 14번째 코에 실을 걸어 사슬뜨기 26코를 뜬다.

2 이번에는 36번째 코에 빼뜨기를 한다.

3 몸통과 사슬뜨기 부분을 콧수에 맞게 원형으로 7단까지 뜬다.

○ 팔에 와이어 넣기

1 몸통 안쪽에서 U자 모양으로 팔 끝까지 길이를 재서 와이어를 자른다.

2 팔 안쪽에 돗바늘로 구멍을 내고 와이어를 넣는다. 이때, 와이어가 팔의 끝까지 잘 들어가도록 만져보며 넣는다.

○ 귀 모양 잡기

귀의 끝부분만 꿰매면 귀가 달랑거릴 수 있다. 귀의 2~3단 아래를 얼굴에 붙이는 느낌으로 꿰맨다. 이때, 얼굴과 붙는 쪽만 꿰맨다.

○ 얼굴 모양 잡기

피넛색 실을 50cm 정도 자른 후, 굵게 매듭지어 인형 안쪽으로 넣는다. 얼굴 아래와 몸통을 3~4단 정도 겹치도록 꿰매 얼굴이 살짝 숙여지도록 모양을 잡는다.

07 Making of Crochet Doll

천재 요리사 산체스 미니

천재 요리사 산체스의 미니 버전이에요.

크기가 다른 인형을 뜨면서 색다른 재미를 느껴보세요.

information.

level	size
★ ★ ★	6.5cm

준비물

실	돌리코튼 레이스 2번 아이보리, 5번 베이지, 8번 옐로우, 10번 피넛, 11번 당근 오렌지, 20번 레드, 40번 그린, 45번 월넛브라운, 47번 초코 브라운, 51번 그레이, 53번 블랙
바늘	레이스 코바늘 1.0mm
기타	돗바늘, 겸자, 마커, 가위, 방울 솜, 미싱고무줄, 1.50mm 와이어

사용한 뜨개 기법

사슬뜨기(○ 또는 ◖), 짧은뜨기(×), 짧은뜨기 2코 늘려뜨기(∨), 짧은뜨기 2코 모아 변형이랑뜨기(⌂), 빼뜨기(●)

인형 만들기 기초

28~46쪽을 참조한다.

1 팔 2개를 뜬다.

2 24단까지 몸통을 뜬다.

3 팔을 몸통 25단에 연결해서 뜬다.

4 뒤통수를 실을 걸어 뜬다.

5 몸통에 솜을 넣고 팔에 와이어를 넣는다.

6 얼굴 쪽을 실을 걸어 뜨고 솜을 넣어 마무리한다.

7 귀를 떠서 머리에 꿰매 붙인다.

8 얼굴에 눈코입을 수놓는다.

9 발을 떠서 몸통에 꿰매 붙인다.

10 앞치마를 뜬다.

11 모자를 뜨고 고무줄을 꿰매 붙인다.

• 몸통

시작	실을 두 번 감이 원형코 만들기
① (8)	0, (✕) × 8, •
② (16)	0, (✕⍦) × 8, •
③ (24)	0, (✕✕⍦) × 8, •
④ (32)	0, (✕✕⍦✕) × 8, •
⑤ (40)	0, (✕✕✕⍦) × 8, •
⑥ (40)	0, (✕) × 40, •
⑦ (48)	0, (✕✕⍦✕✕) × 8, •
⑧ (48)	0, (✕) × 48, •
⑨ (52)	0, (✕✕✕✕✕¹¹✕✕✕✕✕⍦) × 4, •
⑩ ~ ⑯ (52)	0, (✕) × 52, •
⑰ (48)	0, (✕✕✕✕✕¹¹✕✕✕✕⍀) × 4, •
⑱ (48)	0, (✕) × 48, •
⑲ (44)	0, (✕✕✕✕⍀✕✕✕✕) × 4, •
⑳ (44)	0, (✕) × 44, •
㉑ (40)	0, (✕✕✕✕⁹✕✕✕⍀) × 4, •
㉒ (40)	0, (✕) × 40, •
㉓ (36)	0, (✕✕✕⍀✕✕✕✕) × 4, •
㉔ (36)	0, (✕) × 36, •
㉕ (36)	0, (✕) × 10, (✕) × 4, (✕) × 8, (✕) × 4, (✕) × 10, •

· ㉕단의 ___ 부분은 팔과 함께 뜬다(32쪽과 38쪽 참조).

• 팔(2개)

시작	실을 두 번 감아 원형코 만들기
① (6)	0, (✕) × 6, •
② (9)	0, (✕⍦) × 3, •
③ ~ ⑩ (9)	0, (✕) × 9, •

· 실을 10cm 정도 남기고 자른다.
· 남긴 실을 첫코의 안쪽으로 빼내 매듭짓는다.
· 손끝에 프렌치 노트 스티치로 실을 2번 감아 손톱 모양으로 수놓는다(월넛 브라운색 레이스 실 사용). 손톱을 3개 수놓는다.
· 솜을 채운다.

Color

※ 모두 레이스 코바늘 1.0mm와
레이스 실을 사용
몸통&팔&뒤통수
10번 피넛

• 뒤통수

시작	몸통 한쪽(A)에 실을 걸어 사슬뜨기 21코를 뜨고, 맞은편(B)에 빼뜨기로 연결해 원형뜨기한다.
① (40)	•, 0, (✕) × 19, (✕) × 21, •
② (36)	0, (✕✕✕✕⍀✕✕✕✕) × 4, •
③ (30)	0, (✕✕✕✕⍀) × 6, •
④ (24)	0, (✕✕✕⍀) × 6, •
⑤ (18)	0, (✕✕⍀) × 6 •
⑥ (9)	0, (⍀) × 9, •

· ①단의 ___ 부분은 그림의 몸통(파란색 선)을 따라 뜨고, ___ 부분은 사슬뜨기 21코에 걸어 원형으로 뜬다.
· 마지막 단까지 뜬 후, 실을 30cm 정도 남기고 자른다.
· 돗바늘로 구멍을 막는다.
· 몸통에 솜을 넣고, 팔에 와이어를 넣는다(127쪽 참조).

• 뒤통수 뜨기

21
19
(27번째 코) **B**
A(10번째 코)
(몸통 앞)

귀여운 동물 인형 만들기

시은맘의 손뜨개 인형

Color

※ 모두 레이스 코바늘 1.0mm와 레이스 실을 사용

발
45번 월넛 브라운

얼굴
기본색 10번 피넛
배색 2번 아이보리

얼굴 수놓기
53번 블랙(눈), 13번 진핑크(코),
45번 월넛 브라운(입)

• 발(2개)

시작	실을 두 번 감아 원형코 만들기
① (5)	0, (×) × 5, ·
② (9)	0, ×, (ᐳ) × 4, ·
③ (9)	0, (×) × 9, ·

· 실을 50cm 정도 남기고 자른다.
· 돗바늘로 인형에 꿰매 붙인다.

• 발 달기

(앞)

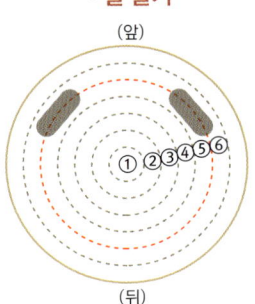

(뒤)

· 발 다는 방법은 90쪽을 참조한다.

• 얼굴

시작	오른쪽 몸통부분 첫코에 실을 걸어 뜬다.
① (37)	(×) × 16, (×) × 21
	몸통 쪽　　　뒤통수 쪽
② (37)	(×) × 37
③ (33)	(×) × 6, ᐳ, (×) × 5, ᐳ, (×) × 5, ᐳ, (×) × 6, ᐳ, (×) × 7
④ (33)	(×) × 33
⑤~⑥ (33)	(×) × 22, (×) × 2, (×) × 9
⑦ (30)	(×) × 5, (× × × × × × ᐳ) × 3, (×) × 4
	6
⑧~⑨ (30)	(×) × 30
⑩ (25)	(× × × × ᐳ) × 5
	4
⑪ (20)	(× × × ᐳ) × 5
⑫ (15)	(× × ᐳ) × 5
⑬ (15)	(×) × 15
⑭ (5)	(ᐳ) × 7

· 실을 30cm 정도 남기고 자른다.
· 솜을 마저 채우고 구멍을 막는다.
· 피넛색 실로 얼굴과 몸통을 꿰매 모양을 잡는다
　(116쪽 목 부분 뜨기 참조).

• 눈코입 수놓기

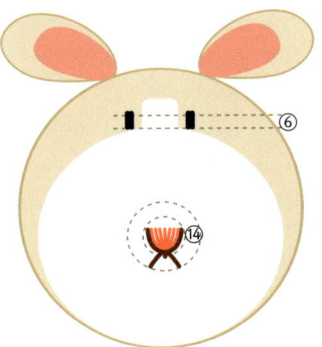

· 수놓는 방법은 42~43쪽을 참조한다.
· 눈은 한 단의 높이보다 살짝 길게 수놓는다.

• 귀(2개)

시작	실을 두 번 감아 원형코 만들기
① (6)	0, (X) × 6, :
② (12)	0, (⩔) × 2, ⩔, (⩔) × 3, ·
③ (16)	0, X, X, ⩔, X, X, ⩔, X, X, ⩔, X, X, ⩔, ·
④~⑥ (16)	0, (X) × 4, (X) × 5, (X) × 7, ·

- 실을 100cm 정도 남기고 자른다.
- 돗바늘로 인형 머리에 꿰매 붙인다. 이때, 귀가 아래로 누울 수 있도록 머리에 꿰맨다(175쪽 포인트 레슨 참조)

• 앞치마 하단

시작	사슬뜨기 12코로 시작해 평면뜨기
①~④ (12)	0, (X) × 12, ·

- ④단까지 뜬 후, 이어서 사슬뜨기 25코로 왼쪽 허리끈을 뜬다.
- 끈은 끝을 매듭지어 마무리한다.

• 앞치마 상단

시작	앞치마 하단 ④단의 4번째 코에 실을 걸어 뜬다.
①~② (6)	0, (X) × 6, ·

- ②단까지 뜬 후, 사슬뜨기 25코로 오른쪽 목끈을 뜬다.
- 끈은 끝을 매듭지어 마무리한다.

• 앞치마 끈과 테두리 뜨기

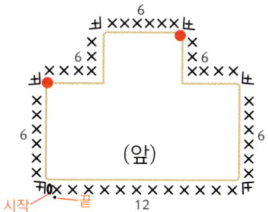

1. ● 부분에 실을 걸어 사슬뜨기 25코로 오른쪽 허리끈과 왼쪽 목끈을 각각 뜬다.
2. 끈은 끝을 매듭지어 마무리한다.
3. 끈을 모두 뜨고, 도안을 참고해 테두리에 총 54코를 뜬다.

• 귀 달기

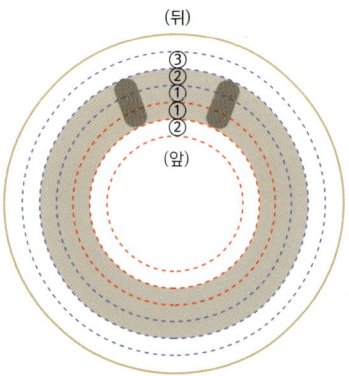

- 귀 다는 방법은 41~42쪽을 참조한다.

Color

※ 모두 레이스 코바늘 1.0mm와 레이스 실을 사용

귀
기본색 10번 피넛
배색 17번 진핑크

앞치마&모자
2번 아이보리

• 모자

시작	사슬뜨기 14코로 원형코 만들기
①~③ (14)	0, (X) × 14, · (코산에 걸어 뜬다)
④ (28)	0, (⩔) × 14, ·
⑤ (42)	0, (X⩔) × 14, ·
⑥ (42)	0, (X) × 42, ·
⑦ (36)	0, (X X X X X ⩙) × 6, ·
⑧ (30)	0, (X X X X ⩙) × 6, ·
⑨ (24)	0, (X X X ⩙) × 6, ·
⑩ (16)	0, (X ⩙) × 8, ·
⑪ (8)	0, (⩙) × 8, ·

- 실을 30cm 정도 남기고 자른다.
- 돗바늘로 구멍을 막는다.
- 귀에 걸리도록 고무줄을 고리 모양으로 양쪽에 꿰맨다.

사랑스러운 사람 인형 만들기

이번 장에서는

나들이 커플처럼 생활 속 캐릭터뿐만 아니라

빨간 망토 같은 동화 속 캐릭터까지

다양하게 디자인한

사랑스러운 손뜨개 인형을 소개합니다.

08 Making of Crochet Doll

귀여운 소녀발레단

사랑스러운 토슈즈를 신고, 귀여운 발레복을 입은 소녀발레단입니다.

올림머리를 하고 왕관을 씌우니 더욱 사랑스러워요.

information.	level	size
	★ ★ ☆	21cm

준비물	실	돌리코튼 3번 피치, 44번 커피 브라운, 6번 레몬, 47번 초코 브라운, 53번 블랙, 14번 러블리 핑크, 17번 진핑크, 16번 핑크, 13번 연핑크, 30번 청록색, 32번 네이비, 18번 다홍 돌리코튼 레이스 13번 연핑크, 8번 옐로우
	바늘	모사용 코바늘 2/0호(2.0mm), 레이스 코바늘 1.0mm
	기타	돗바늘, 겸자, 마커, 가위, 방울 솜, 바늘, 비즈, 왕관 장식, 긴바늘 9cm
사용한 뜨개 기법		사슬뜨기(○ 또는 ◖), 짧은뜨기(✕), 짧은뜨기 2코 늘려뜨기(♈), 짧은뜨기 2코 모아 변형이랑뜨기(⚰), 빼뜨기(●), 긴뜨기(┬), 짧은뜨기 2코 모아뜨기(⚲)
인형 만들기 기초		28~46쪽을 참조한다.

시은맘의 손뜨개 인형

1번 소녀   2번 소녀   3번 소녀

1   팔 2개를 뜬다.

2   다리 2개를 떠서 연결한다.

3   다리를 잇고, 35단까지 몸통을 뜬다.

4   팔과 몸통에 솜을 채운다.

5   팔을 몸통에 이어서 같이 뜬다.

6   15단 머리까지 뜬다.

7   솜을 채운다.

8   나머지 단을 모두 뜨고, 솜을 더 채워 마무리한다.

9   머리카락을 뜬 후, 머리에 꿰매 붙인다.

10   신발 2개를 뜬 후, 다리에 꿰매 붙인다.

11   발레복을 떠서 비즈를 단다.

12   치마와 끈을 뜬다. 끈을 치마에 넣고 완성한다.

13   왕관 장식을 머리에 꿰매 붙인다.

14   얼굴에 눈코입을 수놓는다.

• 다리

시작	다리 A	다리 B
	실을 두 번 감아 원형코 만들기	
① (5)	0, (×) × 5, ·	0, (×) × 5, ·
② (8)	0, (⅄×) × 2, ⅄, ·	0, (⅄×) × 2, ⅄, ·
③ (10)	0, (⅄×××) ×2, ·	0, (⅄×××) ×2, ·
④ (12)	0, (××⅄××) × 2, ·	0, (××⅄××) × 2, ·
⑤ (13)	0, (×) × 11, ⅄, ·	0, (×) × 11, ⅄, ·
⑥~⑱ (13)	0, (×) × 13, ·	0, (×) × 13, ·
⑲ (30)	○, ·, 0, (×) × 14 ×, (×) × 14, ×, ·	
⑳~㉛ (30)	0, (×) × 30, ·	
㉜ (28)	0, (××××××^{13}××××××⅀) × 2, ·	
㉝ (26)	0, (×××××^{6}××⅀×××××^{6}××) × 2, ·	
㉞ (24)	0, (×××××^{11}××××·⅀) × 2, ·	
㉟ (21)	0, (×××⅀×××) × 3, ·	
㊱ (21)	0, (×) × 5, (×) × 4, (×) × 6, (×) × 4, (×) × 2, ·	
㊲ (18)	0, (××××⅀) × 3, ·	
㊳ (16)	0, (××××^{7}×××⅀) × 2, ·	

Color

다리부터 머리까지
1번 소녀 3번 피치
2번 소녀 3번 피치
3번 소녀 44번 커피 브라운

· ⑱단까지 다리 A(왼쪽 다리)와 다리 B(오른쪽 다리)를 뜬다.
이때, 다리 A는 실을 10cm 정도 남기고 잘라 첫코의 안쪽으로 매듭지어
마무리한다. 다리 B는 실을 자르지 않고 둔다.
· ㊱단의 ___부분을 팔과 함께 뜬다.
· 팔을 이을 때 다리 쪽에 솜을 넣는다.

• 다리 연결하기(19단)

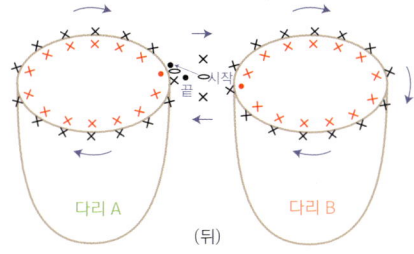

다리 A   다리 B
(뒤)

• 팔(2개)

시작	실을 두 번 감아 원형코 만들기
① (5)	0, (×) × 5 , ·
② (9)	0, ×,(⅄) × 4 , ·
③~⑯ (9)	0, (×) ×9, ·

· 실을 10cm 정도 남기고 자른다.
· 남긴 실을 첫코 안쪽으로 빼내 매듭짓는다.
· 솜을 채운다.

1. ⑲단은 다리 B를 잡고 다리 A에 연결하면서 뜬다.
2. 사슬뜨기 1코를 뜨고, 다리 A의 마지막 빼뜨기한 코에 빼뜨기로 연결한다.
3. 기둥코(사슬뜨기 1코)를 세우고 같은 자리에 짧은뜨기 1코, 나머지 코에 짧은뜨기 13코를 뜬다.
4. 다시 다리 B와 다리 A를 연결할 때 뜬 사슬코에 짧은뜨기 1코, 다리 B ⑱단의 첫코부터
짧은뜨기 13코, ⑱단 빼뜨기한 자리에 짧은뜨기 1코를 더 뜬다.
5. 다리 B와 A를 연결할 때 뜬 사슬코에 짧은뜨기 1코를 뜬 후, A의 첫코에 다시 빼뜨기한다.

사랑스러운 사람 인형 만들기

• 머리

시작	몸통에 이어서 뜬다.
① (32)	0, (ᐯ) × 16, ·
② (40)	0, (×××ᐯ) × 8, ·
③ (44)	0, (××××××××⁹ᐯ) × 4, ·
④ (48)	0, (×××⁵×ᐯ×××⁵×) × 4, ·
⑤~⑮ (48)	0, (×) × 48, ·
⑯ (44)	0, (××⁵×× ⋏ ××⁵×) × 4, ·
⑰ (40)	0, (××××⁹× ×× ⋏) × 4, ·
⑱ (36)	0, (××× ⋏ ×××) × 4, ·
⑲ (30)	0, (××× ⋏) × 6, ·
⑳ (24)	0, (××× ⋏) × 6, ·
㉑ (18)	0, (×× ⋏) × 6, ·
㉒ (12)	0, (× ⋏) × 6, ·
㉓ (6)	0, (⋏) × 6, ·

· ⑮단까지 뜨고 몸통과 머리에 솜을 넣는다.
· 마지막 단까지 뜬 후, 마무리할 실 50cm 정도를 남기고 자른다.
· 솜을 마저 채운다.
· 남긴 실을 돗바늘에 꿴 후, 바짝 잡아당겨 구멍을 조인다.

• 머리카락

시작	실을 두 번 감아 원형코 만들기
① (8)	0, (×) × 8, ·
② (16)	0, (ᐯ) × 8, ·
③ (24)	0, (×ᐯ) × 8, ·
④ (32)	0, (×ᐯ×) × 8, ·
⑤ (40)	0, (×××ᐯ) × 8, ·
⑥ (42)	0, (××××××××××¹⁹×××××××××ᐯ) × 2, ·
⑦ (44)	0, (×××××¹⁰××××ᐯ×××¹⁰××××) × 2, ·
⑧ (46)	0, (××××××××××²¹×××××××××ᐯ) × 2, ·
⑨ (48)	0, (×××××¹¹××××ᐯ××××¹¹×××××) × 2, ·
⑩ (50)	0, (×××××××××××²³××××××××××ᐯ) × 2, ·
⑪ (52)	0, (×××××¹²×××××ᐯ×××××¹²×××××) × 2, ·
⑫ (54)	0, (××××××××××××²⁵×××××××××××ᐯ) × 2, ·
⑬~⑰ (54)	0, (×) × 54, ·
⑱ (53)	0, (×) × 52, ⋏ (편물 돌리기)
⑲ (51)	＿0, (×) × 50, ⋏ (편물 돌리기)
⑳ (49)	＿0, (×) × 48, ⋏ (앞 머리카락 쪽으로 그대로 이어서 ㉑단을 뜬다.)
㉑ (55)	(×) × 55

· ⑲, ⑳단 ＿＿부분은 1코씩 비운다.
· 마지막 단까지 뜬 후, 실을 100cm 정도 남기고 자른다.
· 인형에 머리카락을 씌우고 모양을 잡으면서 돗바늘로 꿰맨다.

Color

머리카락&묶은 머리카락
1번 소녀 6번 레몬
2번 소녀 47번 초코 브라운
3번 소녀 53번 블랙

• 묶은 머리카락

시작	실을 두 번 감아 원형코 만들기
① (6)	0, (×) × 6, ·
② (12)	0, (ᐯ) × 6, ·
③ (18)	0, (×ᐯ) × 6, ·
④ (24)	0, (××ᐯ) × 6, ·
⑤~⑦ (24)	0, (×) × 24, ·
⑧ (18)	0, (×× ⋏) × 6, ·
⑨ (18)	0, (×) × 18, ·

· 실을 100cm 정도 남기고 자른다.
· 솜을 채운다.
· 남긴 실을 돗바늘에 꿴 후, 인형의 머리에 꿰매 붙인다.

• 머리카락 꿰매 붙이기

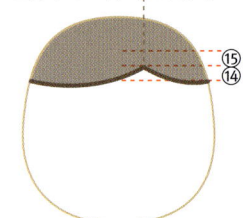

빼뜨기 코는 중앙에서
오른쪽으로 치우치도록 한다.

⑮
⑭

· 머리카락 꿰매 붙이는 방법은 45쪽을 참조한다.

• 묶은 머리카락 달기

(앞)

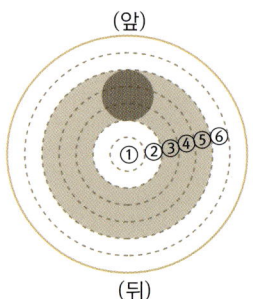

①②③④⑤⑥

(뒤)

· 40쪽의 코 다는 방법을 참조한다.

시은맘의 손뜨개 인형

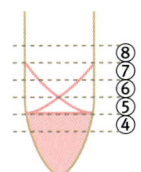

• 발레복

시작	사슬뜨기 26코로 원형코 만들기
① (26)	0, (×)× 26, ·
② (26)	0, (×)×3, (○)×5, (×)×10, (○)×5, (×)×3, ·
③ (28)	0, (×××××××××××⅂)×2, ·
④~⑫ (28)	0, (×)×28, ·
⑬ (28)	⅄, (⊤)×2, (×)×10, (⊤)×4, (×)×10, (⊤)×2, ·
⑭ (28)	⅄, (⊤)×2, (×)×10, (⊤)×4, (×)×10, (⊤)×2, ·
⑮ (6)	⅄, ⊤,×, (11코 비우기), ×,⊤,×, (11코 비우기), ×, ·

- 실을 50cm 정도 남기고 자른다.
- 구멍난 부분을 막고 실을 정리한다.
- 발레복 앞쪽에 비즈를 달아 장식한다.

• 신발(2개)

시작	실을 두 번 감아 원형코 만들기
① (5)	0, (×)×5, ·
② (10)	0, (⊻)×5, ·
③ (15)	0, (×⊻)×5, ·
④ (18)	0, (××××⊻)×3, ·
⑤~⑧ (18)	0, (×)×18, ·

- 실을 끊지 않고 사슬뜨기 30코를 뜬다.
- 100cm 정도 실을 남기고 자른다.
- 그림을 참고해 신발에 꿰매 붙인다.

• 신발 달기

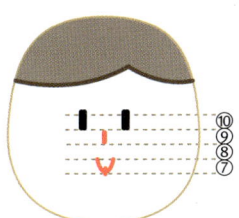

- 143쪽을 참조해서 단다.

• 눈코입 수놓기

- 수놓는 방법은 44쪽을 참조한다.
- 눈은 한 단의 높이보다 살짝 길게 수놓는다.

Color

발레복	신발(레이스 코바늘 1.0mm)
1번 소녀 14번 러블리 핑크	레이스 실 13번 연핑크
2번 소녀 17번 진핑크	**왕관 꿰매는 실**
3번 소녀 16번 핑크	레이스 실 8번 옐로우

치마
13번 연핑크

치마끈(레이스 코바늘 1.0mm)
레이스 실 13번 연핑크

얼굴 수놓기
1번 소녀 30번 청록색(눈),
17번 진핑크(코와 입)
2번 소녀 32번 네이비(눈),
18번 다홍(코와 입)
3번 소녀 53번 블랙(눈),
17번 진핑크(코와 입)

• 치마

시작	사슬뜨기 36코로 원형코 만들기
① (36)	0, (×)×36, ·
② (60)	0, (×⊻⊻)×12, ·
③ (90)	0, (×⊻)×30, ·
④ (120)	0, ×,⊻, (××⊻)×29, ×, ·
⑤ (150)	0, (×××⊻)×30, ·
⑥ (150)	0, (×)×150, ·

- 실을 10cm 정도 남기고 자른다.
- 돗바늘로 남은 실을 정리한다.

• 치마끈 만들기

1. 사슬뜨기 100코를 떠서 만든다.
2. 돗바늘을 이용해서 치마에 끼운다.
- 끈 마무리는 35쪽을 참조한다.

• 왕관 달기

1. 긴바늘을 이용해서 인형의 앞 머리카락과 묶은 머리카락 중간에 꿰매 붙인다.
2. 왕관의 뾰족한 부분에 실을 모두 걸어서 꿰맨다.

○ 머리카락 떠서 꿰매 붙이기

1

원형뜨기로 18단까지 뜬 후, 편물을 돌려 평면뜨기로 20단까지 뜬다. 이때, 19~20단의 첫코는 비우고 뜬다.

2

21단은 전체를 한 바퀴 돌려서 원형으로 뜬다.

3

다 뜬 머리카락은 인형의 뒤쪽부터 씌운다.

4

사진처럼 목덜미까지 덮이도록 씌운다. 뒤쪽부터 앞으로 쓸어내려 인형 머리와 머리카락 사이가 뜨지 않도록 씌운다.

5

정면에서 보았을 때 빼뜨기 선이 오른쪽으로 기울도록 얼굴의 14~15단 사이에 놓는다. 이때, 너무 짧으면 한 단 더 뜨고, 너무 길면 한 단을 풀어도 된다.

6

인형의 안쪽으로 돗바늘을 넣고, 사진처럼 머리카락의 코 머리 사이로 빼낸다.

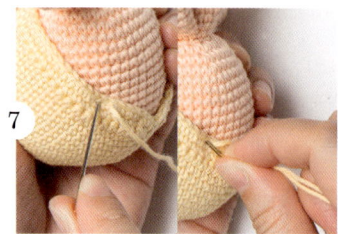

7

한 코를 지나 다시 바늘을 안쪽으로 넣은 후, 바늘이 나오기 편한 만큼 건너뛰고 밖으로 빼낸다.

8

중심이 돌아가지 않도록 손으로 잘 고정하면서 꿰맨다.

9

듬성듬성하게 머리둘레 전체를 꿰맨 후, 꿰매지 않은 부분들도 모두 꼼꼼하게 꿰맨다.

시은맘의 손뜨개 인형

10

모든 코를 다 꿰맬 필요는 없고 한 코 건너 한 코씩은 꿰매도록 한다.

11

묶은 머리카락의 뭉치는 모양이 잡힐 정도로 솜을 채운 후, 머리카락 2~3단 사이에 꿰매 붙인다(40쪽 동물 인형 코 달기를 참조한다).

ㅇ신발 꿰매 붙이기

1

다리 네 단을 덮도록 신발을 신긴다. 이때, 신발끈이 오른쪽으로 오도록 놓는다.

2

끈을 왼쪽 사선 방향으로 7~8단 사이로 올려 뒤쪽을 두른다. 중간중간 시침핀을 꽂아 고정한다.

3

끈을 사진처럼 왼쪽 아래로 내려서 시침핀으로 고정한다.

4

긴바늘을 인형 안으로 넣고, 다시 왼쪽에서 오른쪽으로 한 번 더 넣어서 빼낸다.

5

위쪽 끈도 사진처럼 사선으로 돗바늘을 넣어 다리에 고정한다.
움직이지 않도록 중간중간 꿰맨다.

ㅇ발레복 뜨기

1

도안을 참고해 14단까지 뜬다.
15단은 긴뜨기 1코, 짧은뜨기 1코, 11코를 건너뛴다.

2

이어서 14번째 코에 짧은뜨기 1코, 긴뜨기 1코, 짧은뜨기 1코를 뜬다. 11코를 건너뛰고, 28번째 코에 짧은뜨기 1코, 첫코를 찾아 빼뜨기한다.

구멍 난 부분은 옷의 안쪽 면에서 돗
바늘로 코의 머리를 걸고 나와 조인
후, 실을 숨겨 마무리한다.

끈을 떠서 돗바늘에 꿴 후, 바늘을 치
마의 겉면에서 안쪽 면으로 넣는다.

아래쪽에서 3코를 건너뛴 후, 위쪽으
로 올라와 1코를 건너뛰고 다시 아
래로 내려간다. 반복해서 시작 부분
과 만날 때까지 꿰맨다.

○ 눈코입 수놓기

치마 안쪽 면

2코를 남기고 바깥쪽에서 끝나도록
한 후, 양끝을 매듭지어 마무리한다.

인형에 치마를 입히고 크기에 맞게
끈을 조절해 리본을 묶는다.

사람 인형의 경우 눈을 먼저 수놓는
다. 그 전에 코의 위치를 얼굴의 중
앙에서 살짝 위쪽으로 잡고 시침핀
을 꽂는다.

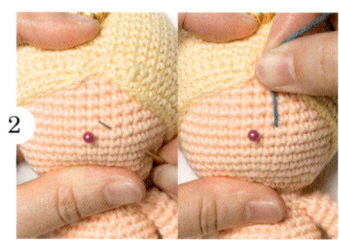

눈을 수놓을 실을 돗바늘에 꿰어 굵
게 매듭짓는다.
시침핀을 꽂은 위치에서 한 코 반 정
도 옆으로 눈을 수놓는다. 되도록 코
와 코 사이가 아닌 구멍이 작은 부분
에서 시작하는 것이 좋다.

※ 작은 구멍이란 편물 겉면에 보이는 V자 모
양의 사이를 말한다.

한 단보다 조금 위쪽으로 올라간 지
점에서 실을 아래로 넣는다.
실이 기울지 않고 직선으로 올라가
도록 한다.

왼쪽 눈도 같은 방법으로 수놓는다.

한 번 수놓은 후, 최대한 같은 위치에 겹치도록 한 번 더 수놓는다.

※ 너무 굵지 않고 끝이 뾰족한 돗바늘을 사용한다.

눈을 꿰맨 실의 매듭을 굵게 여러 번 지어 안으로 넣고 마무리한다.

코와 입을 꿰맨 실을 돗바늘에 꿰어 굵게 매듭짓는다.
눈 사이의 가운데 한 단 아래쪽에서 실을 빼서 직선으로 한 단 올려서 수놓는다.

코에서 한 단 내려간 부분에서 입의 크기를 정한 후(한 코 반 정도의 크기) 왼쪽 끝에서 실을 빼낸다. 다시 일직선으로 오른쪽 끝에서 입 가운데 아래쪽으로 바늘을 넣는다.

실을 느슨하게 남긴 후, 입의 한 단 아래 중앙 부분으로 바늘을 넣고, 입을 수놓은 실 위로 빼낸다.

다시 입을 수놓은 실 아래쪽에 바늘을 넣고 빼내서 웃는 모양의 입을 만든다.

09 Making of Crochet Doll

나들이 소년 소녀

소년은 카메라를, 소녀는 물병을 메고 공원으로 나들이 가요.

오늘의 커플룩은 빵모자와 멜빵 바지랍니다.

information.

level	size
★ ★ ☆	17cm

준비물

실 돌리코튼 2번 아이보리, 3번 피치, 12번 오렌지, 18번 다홍,
21번 빈티지 핑크, 22번 진빈티지 핑크, 38번 민트, 47번 초코 브라운
돌리코튼 레이스 7번 치즈, 8번 옐로우, 11번 당근 오렌지, 38번 민트,
50번 보라, 53번 블랙

바늘 모사용 코바늘 2/0호(2.0mm), 레이스 코바늘 1.50mm

기타 돗바늘, 겸자, 마커, 시침핀, 가위, 방울 솜, 미싱 고무줄

사용한 뜨개 기법

사슬뜨기(○ 또는 ◖), 짧은뜨기(✕), 짧은뜨기 2코 늘려뜨기(Ⅴ), 짧은뜨기 2코 모아 변형이랑뜨기(⚶), 빼뜨기(●), 앞걸어 짧은뜨기(⌵), 짧은뜨기 뒤이랑뜨기(⊼), 짧은뜨기 앞이랑뜨기(⊼)

인형 만들기 기초

28~46쪽을 참조한다.

• 인형

1 팔 2개를 뜬다.
2 다리 2개를 떠서 연결한다.
3 30단까지 몸통을 뜬다.
4 팔과 몸통에 솜을 채운다.
5 팔을 몸통에 이어서 같이 뜬다.
6 15단까지 머리를 뜬다.
7 솜을 채운다.
8 나머지 단을 모두 뜬 후, 솜을 더 채워 마무리한다.
9 머리카락과 앞 머리카락을 떠서 머리에 꿰매
   붙인다.
10 귀를 떠서 얼굴에 꿰매 붙인다.
11 소녀-묶은 머리카락을 떠서 꿰매 붙인다.
12 얼굴에 눈코입을 수놓는다.

• 바지

1 오른쪽 바지통을 떠서 마무리한다.
2 왼쪽 바지통을 떠서 잇는다.
3 멜빵을 뜨고 마무리한다.

• 모자

1 모자를 뜬다.
2 모자 꼭지를 떠서 모자에 꿰매 붙인다.
3 고무줄을 꿰맨다.

• 카메라

1 카메라를 떠서 솜을 넣고 실을 정리한다.
2 카메라에 렌즈를 꿰매 붙인다.
3 렌즈에 버튼 모양을 수놓는다.
4 끈을 떠서 카메라에 꿰맨 후, 실을 정리한다.

• 물병

1 물병을 도안대로 뜨는데, 14단에서 끈을 뜬다.
2 앞걸어 짧은뜨기한 곳에 이어서 뜬다.
3 솜을 넣어 마무리한다.
4 떠 놓은 끈을 맞은편에 꿰맨다.
5 귀를 떠서 꿰매 붙인다.
6 얼굴의 눈코입을 수놓는다.

• 소년&소녀 다리

시작	실을 두 번 감아 원형코 만들기	
	다리 A	다리 B
① (8)	0, (×) × 8, ·	0, (×) × 8, ·
② (15)	0, ×, (ⵣ) × 7, ·	0, ×, (ⵣ) × 7, ·
③~⑮ (15)	0, (×) × 15, ·	0, (×) × 15, ·
⑯ (34)	ꝋ, ·, 0, (×) ×16, ×, (×) ×16, ×, ·	
⑰~㉕ (34)	0, (×) × 34, ·	
㉖ (30)	0, (×××⁶×××✦×××××✦) × 2, ·	
㉗ (30)	0, (×) × 30, ·	
㉘ (24)	0, (×××✦) × 6, ·	
㉙~㉚ (24)	0, (×) × 24, ·	
㉛ (24)	0, (×) × 5, (×) × 4, (×) × 8, (×) × 4, (×) × 3, ·	
㉜ (18)	0, (××✦) × 6, ·	
㉝ (12)	0, (×✦) × 6, ·	

· ⑮단까지 다리 A(왼쪽 다리)와 다리 B(오른쪽 다리)를 뜬다.
  이때, 다리 A는 실을 10cm 정도 남기고 잘라 첫코의 안쪽으로
  매듭지어 마무리한다. 다리 B는 실을 자르지 않고 둔다.
· ㉛단의 ___ 부분을 팔과 함께 뜬다(32쪽과 38쪽 참조).

• 다리 연결하기(16단)

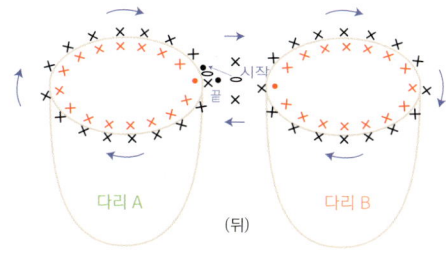

다리 A   다리 B
(뒤)

1. ⑯단은 다리 B를 잡고 다리 A에 연결하면서 뜬다.
2. 사슬뜨기 1코를 뜨고, 다리 A의 마지막 빼뜨기한 코에 빼뜨기로 연결한다.
3. 기둥코(사슬뜨기 1코)를 세우고 같은 자리에 짧은뜨기 1코, 나머지 코에 짧은뜨기 15코를 뜬다.
4. 다시 다리 B와 다리 A를 연결할 때 뜬 사슬코에 짧은뜨기 1코, 다리 B ⑮단의 첫코부터
   짧은뜨기 15코, ⑮단 빼뜨기한 자리에 짧은뜨기 1코를 더 뜬다.
5. 다리 B와 A를 연결할 때 뜬 사슬코에 짧은뜨기 1코를 뜬 후, A의 첫코에 다시 빼뜨기한다.

Color

소년 다리
①~⑤ 21번 빈티지 핑크
⑥~⑬ 3번 피치
⑭~⑮ 2번 아이보리

소녀 다리
①~⑤ 38번 민트
⑥~⑬ 3번 피치
⑭~⑮ 2번 아이보리

소년&소녀 팔

①~⑪ 3번 피치
⑫~⑮ 2번 아이보리

소년&소녀 머리
3번 피치

• 소년&소녀 팔(2개)

시작	실을 두 번 감아 원형코 만들기
① (5)	0, (×) × 5, ·
② (10)	0, (ⵣ) × 5, ·
③~⑮ (10)	0, (×) ×10, ·

· 실을 10cm 정도 남기고 자른다.
· 남긴 실을 첫코의 안쪽으로 빼내 매듭짓는다.
· 솜을 채운다.

• 소년&소녀 머리

시작	몸통에 이어서 원형뜨기
① (24)	0, (ⵣ) × 12, ·
② (40)	0, (×ⵣⵣ) × 8, ·
③ (45)	0, (×××⁷××××ⵣ) × 5, ·
④~⑯ (45)	0, (×) × 45, ·
⑰ (40)	0, (××××⁷×××✦) × 5, ·
⑱ (36)	0, (××××✦××××) × 4, ·
⑲ (30)	0, (××✦××) × 6, ·
⑳ (24)	0, (×××✦) × 6, ·
㉑ (18)	0, (××✦) × 6, ·
㉒ (18)	0, (×) × 18, ·
㉓ (9)	0, (✦) × 9, ·

· ⑯단까지 뜨고 얼굴에 솜을 채운다.
· 마지막 단까지 뜬 후, 마무리할 실 50cm 정도를 남기고 자른다.
· 솜을 마저 채운다.
· 남긴 실을 돗바늘에 꿴 후, 바짝 잡아당겨 구멍을 조인다.

사랑스러운 사람 인형 만들기

• 소년&소녀 머리카락

시작	실을 두 번 감아 원형코 만들기
① (8)	0, (✕) × 8, ·
② (16)	0, (✖) × 8, ·
③ (24)	0, (✕✖) × 8, ·
④ (32)	0, (✕ ✕ ✖) × 8, ·
⑤ (40)	0, (✕ ✕ ✕ ✖) × 8, ·
⑥ (44)	0, (✕ ✕ ✕ ✕ ✕⁹ ✕ ✕ ✕ ✖) × 4, ·
⑦ (48)	0, (✕ ✕ ✕ ✕ ✖ ✕ ✕ ✕ ✕) × 4, ·
⑧~⑱ (48)	0, (✕) × 48, ·

· 실을 100cm 정도 남기고 자른다.

• 소년&소녀 앞 머리카락

· 머리카락의 빼뜨기 코가 뒤로 가도록 하고 머리카락 앞쪽에
실을 걸어 평면뜨기로 뜬다.
· 남은 실은 얼굴에 머리카락을 꿰맬 때 사용한다.

• 소년&소녀 귀(2개)

시작	실을 두 번 감아 원형코 만들기
① (5)	0, (✕) × 5

· 빼뜨기 하지 않고 원을 조인다.
· 실을 50cm 정도로 길게 남기고 자른다.
· 남긴 실을 돗바늘에 꿴 후, 인형에 달아준다.

• 소년&소녀 귀 달기

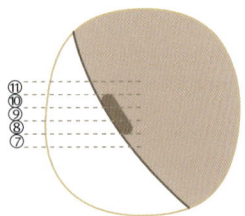 

· 귀 다는 방법은 41쪽을 참조한다.

※ 귀는 사진처럼 머리카락
라인을 따라 꿰맨다.

Color

소년&소녀 머리카락과 앞 머리카락
소년 12번 오렌지
소녀 47번 초코 브라운
소년&소녀 귀
3번 피치
얼굴 수놓기
47번 초코 브라운(눈)
18번 다홍(눈과 입)

• 소년&소녀 머리카락 꿰매 붙이기, 눈코입 수놓기

· 머리카락 꿰매 붙이는 방법은 45쪽을 참조한다.
· 수놓는 방법은 44쪽을 참조한다.
· 코는 프렌치 노트 스티치로 실을 1번
감아서 수놓는다.

시은맘의 손뜨개 인형

• 소녀 묶은 머리카락(2개)

시작	실을 두 번 감아 원형코 만들기
① (7)	0, (×) × 7, ·
② (14)	0, (∀) × 7, ·
③ (21)	0, (×∀) × 7, ·
④~⑤ (21)	0, (×) × 21, ·
⑥ (18)	0, (×××× 仐) × 3, ·
⑦ (15)	0, (×× 仐 ××) × 3, ·

· 실을 100cm 정도 남기고 자른다.
· 솜을 채우고 인형에 달아준다.

• 소년&소녀 멜빵바지

시작	사슬뜨기 22코로 원형코 만들기	
	바지통 A	바지통 B
①~⑥ (22)	0, (×) × 22 , ·	0, (×) × 22 , ·
⑦ (46)	·, 0, (×) × 23, (×) × 23 , ·	
⑧ (46)	0, (×) × 46, ·	
⑨ (44)	0, (×××××××××××××××××××× 仐) × 2, ·	
⑩ (42)	0, (××××××× 仐 ×××××××××××) × 2, ·	
⑪~⑭ (42)	0, (×) × 42, ·	

· 바지통 A는 실을 10cm 정도 남기고 자른 후, 돗바늘로 숨겨 정리한다.
  바지통 B는 실을 자르지 않고 둔다.
· 마지막 단까지 뜬 후, 실을 10cm 정도 남기고 잘라 돗바늘로 정리한다.

• 묶은 머리카락 달기

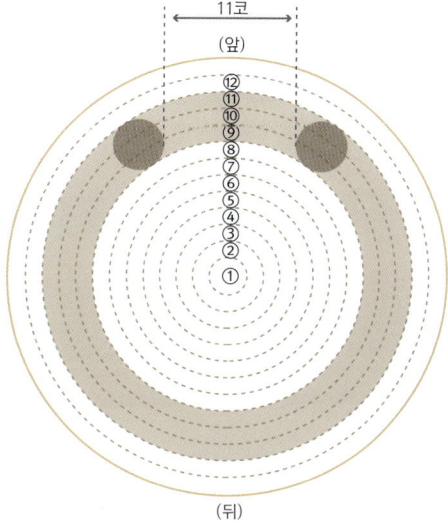

· 머리카락을 꿰맨 경계 부분에 꿰매 붙인다.
· 40쪽의 코 다는 방법을 참조한다.

Color

소녀 묶은 머리카락
47번 초코 브라운
멜빵바지
소년 38번 민트
소녀 22번 진빈티지 핑크

• 바지 연결하기(7단)

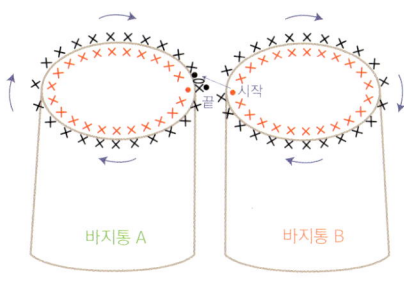

바지통 A   바지통 B

1. ⑦단은 바지통 B를 잡고 바지통 A에 연결하면서 뜬다.
2. 바지통 A의 마지막 빼뜨기한 코에 빼뜨기로 연결한다.
3. 기둥코(사슬뜨기 1코)를 세우고 같은 자리에 짧은뜨기 1코, 나머지 코에
   짧은뜨기 22코를 뜬다.
4. 바지통 B ⑥단의 첫코부터 짧은뜨기 22코, 빼뜨기 코에 짧은뜨기 1코를 더 뜬다.
5. 바지통 A의 첫코에 다시 빼뜨기한다.

• 멜빵 만들기

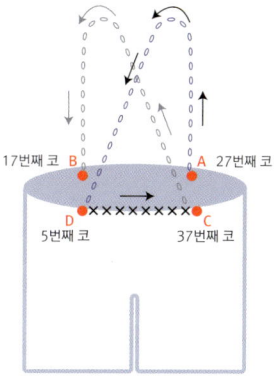

17번째 코 B   A 27번째 코
D 5번째 코   C 37번째 코

1. A에 실을 걸어 사슬뜨기 26코를 뜬다.
2. 짧은뜨기를 D부터 시작해서 8코를 바지에 뜬다.
3. C에서 실의 방향을 돌려 사슬뜨기 26코를 뜬다.
4. 돗바늘로 B에 꿰매 붙인다.

• 소년 모자

시작	실을 두 번 감아 원형코 만들기
① (8)	0, (✕) × 8, ·
② (16)	0, (✕⋎) × 8, ·
③ (24)	0, (✕⋎) × 8, ·
④ (32)	0, (✕⋎✕) × 8, ·
⑤ (40)	0, (✕✕✕⋎) × 8, ·
⑥ (48)	0, (✕✕⋎✕✕) × 8, ·
⑦ (52)	0, (✕✕✕✕✕¹¹✕✕✕✕✕⋎) × 4, ·
⑧ (56)	0, (✕✕✕⁶✕✕✕⋎✕✕✕⁶✕✕✕) × 4, ·
⑨ (64)	0, (✕✕✕⋎✕✕✕) × 8, ·
⑩ (72)	0, (✕✕✕⁷✕✕✕✕⋎) × 8, ·
⑪ (80)	0, (✕✕✕✕⋎✕✕✕) × 8, ·
⑫ (80)	0, (✕) × 80, ·
⑬ (80)	0, (⊻) × 80, ·
⑭ (72)	0, (✕✕✕✕⋏✕✕✕✕) × 8, ·
⑮ (64)	0, (✕✕✕⁷✕✕✕⋏) × 8, ·
⑯ (56)	0, (✕✕✕⋏✕✕✕) × 8, ·

· 실을 10cm 정도 남기고 잘라 돗바늘로 정리한다.
· 고무줄을 양쪽에 달아준다.

Color

※ 모두 레이스 코바늘 1.50mm와
레이스 실 사용
소년 모자
50번 보라
소녀 모자
30번 민트
소년 모자 꼭지
50번 보라
소년 모자 꼭지
30번 민트

• 소녀 모자

시작	실을 두 번 감아 원형코 만들기
① (8)	0, (✕) × 8, ·
② (16)	0, (⋎) × 8, ·
③ (24)	0, (✕⋎) × 8, ·
④ (32)	0, (✕⋎✕) × 8, ·
⑤ (40)	0, (✕✕✕) × 8, ·
⑥ (40)	0, (✕) × 40, ·
⑦ (40)	0, (⊻) × 40, ·
⑧ (32)	0, (✕✕✕⋏) × 8, ·
⑨ (24)	0, (✕⋏✕) × 8, ·

· 실을 10cm 정도 남기고 잘라 돗바늘로 정리한다.
· 고무줄을 양쪽에 달아준다.

• 소년 모자 꼭지

시작	실을 두 번 감아 원형코 만들기
①~② (3)	0, (✕) × 3, ·

· 실을 50cm 정도 길게 남기고 자른 후,
모자의 중앙에 달아준다.

• 소녀 모자 꼭지

시작	실을 두 번 감아 원형코 만들기
①~② (3)	0, (✕) × 3, ·

· 실을 50cm 정도 길게 남기고 자른 후,
모자의 중앙에 달아준다.

• 물병 몸통

시작	실을 두 번 감아 원형코 만들기
① (6)	0, (✕) × 6, •
② (12)	0, (♈) × 6, •
③ (18)	0, (✕♈) × 6, •
④ (18)	0, (☒) × 18, •
⑤ (18)	0, (✕) × 18, •
⑥ (18)	0, (✕) × 18, •
⑦ (18)	0, (✕) × 18, •
⑧ (18)	0, (✕) × 18, •
⑨ (18)	0, (✕) × 18, •
⑩ (18)	0, (✕) × 18, •
⑪ (18)	0, (✕) × 18, •
⑫ (18)	0, (✕) × 18, •
⑬ (18)	0, (✕) × 18, •
⑭ (18)	0, (✕) × 18, •

- ⑭단을 뜬 실로 사슬뜨기 50코를 떠서 끈을 만든다.
- 기동코(사슬뜨기 1코)를 세우고 짧은뜨기 50코를 뜬다.
- 마무리할 실 20cm 정도 남기고 자른다.

• 물병 머리

시작	몸통 ⑭단 앞걸어 짧은뜨기 안쪽에 실을 걸어 뜬다.
①~② (18)	0, (✕) × 18, •
③ (16)	0, (✕✕✕✕⁷✕✕✕▲) × 2, •
④ (14)	0, (✕✕✕▲✕✕✕) × 2, •
⑤ (7)	0, (▲) × 7, •

- 실을 50cm 정도 남기고 자른다.
- 솜을 마저 채운다.
- 남긴 실을 돗바늘에 꿴 후, 바짝 잡아당겨 구멍을 조인다.
- 물병 몸통에서 떠 놓은 끈을 돗바늘로 대칭되는 곳에 꿰맨다.
- 꿰맬 때는 인형에 맞춰 길이를 조절하는데, 긴 길이만큼 끈을 아래로 남겨 놓고 꿰맨다.

• 물병 눈코, 볼터치 수놓기

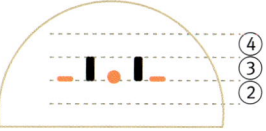

- 수놓는 방법은 44쪽을 참조한다.
- 코는 프렌치 노트 스티치로 실을 1번 감아서 수놓는다.

Color

물병 몸통(레이스 코바늘 1.50mm)
기본색 레이스 실 7번 치즈
배색 레이스 실 11번 당근 오렌지
배색 레이스 실 50번 보라
물병 머리(레이스 코바늘 1.50mm)
레이스 실 7번 치즈
물병 귀(레이스 코바늘 1.50mm)
레이스 실 11번 당근 오렌지
물병 얼굴 수놓기
레이스 실 53번 블랙(눈)
레이스 실 11번 당근 오렌지(코)

• 물병 귀(2개)

시작	실을 두 번 감아 원형코 만들기
① (4)	0, (✕) × 4

- 빼뜨기 하지 않고 원을 조인다.
- 실을 50cm 정도 남기고 자른다.
- 돗바늘로 물병에 달아준다.

• 물병 귀 달기

(뒤)

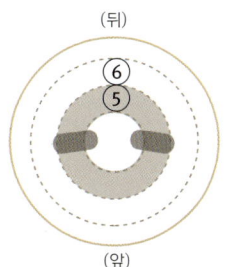

(앞)

- 귀 다는 방법은 41~42쪽을 참조한다.

시은맘의 손뜨개 인형

• 소년 카메라

시작	사슬뜨기 10코로 시작해서 타원형뜨기
① (22)	
② (22)	0, (⨉) × 22, ·
③~⑨ (22)	0, (✕) × 22, ·
⑩ (20)	0, (✕✕✕✕✕✕✕✕✕⋏) × 2, ·

· 실을 50cm 정도 남기고 자른다.
· 솜을 넣은 후 돗바늘로 꿰맨다.

Color

※ 모두 레이스 코바늘 1.0mm와
레이스 실 사용
카메라
8번 옐로우
렌즈
53번 블랙
끈
8번 옐로우

• 카메라 렌즈

시작	실을 두 번 감아 원형코 만들기
① (7)	0, (✕) × 7, ·
② (14)	0, (✖) × 7, ·
③ (14)	0, (✗) × 14, ·

· 실을 50cm 정도 남기고 잘라 카메라에 꿰매 붙인다.
· 남은 실로 버튼을 수놓고 마무리한다.

카메라 렌즈

• 끈 만들기

1. 끈은 카메라 옆쪽에 실을 걸어 사슬뜨기 50코를 뜬다.
2. 기둥코(사슬뜨기 1코)를 세우고 짧은뜨기 50코를 뜬다.
3. 마무리할 실 20cm 정도를 남기고 자른다.
4. 돗바늘로 반대쪽 옆에 꿰매 붙인다.
5. 꿰맬 때 인형에 맞춰 길이를 조절하는데, 길이가 긴 만큼의
   끈을 아래로 남겨 놓고 꿰맨다.

○ 앞 머리카락 뜨기

머리카락 18단 첫코부터 17번째 코까지 실을 걸어 뜬다.

사슬뜨기를 4코 뜨고 기둥코 1코를 더 뜬 후, 사슬 반코에 걸어 짧은뜨기 4코를 뜬다.

머리카락에 짧은뜨기 1코, 앞 코에 1코를 더 뜨고 편물을 돌려 앞이랑뜨기로 짧은뜨기 4코를 뜬다.

편물을 돌려 기둥코(사슬뜨기 1코)를 세우고, 뒤이랑뜨기로 짧은뜨기 4코를 뜬다.

앞·뒤 이랑뜨기를 반복해서 7단까지 뜬다. 이어서 사슬뜨기 4코를 뜨고 기둥코를 세운다. 이 부분에서 앞 머리카락이 나뉜다.
도안대로 모두 뜨고, 실을 길게 남겨 자른다.

얼굴과 머리카락의 경계 부분 중앙에 앞 머리카락을 꿰매 붙인 후, 돗바늘을 안쪽으로 넣는다.
돗바늘을 반대쪽 끝으로 빼서 머리카락 코의 머리 쪽으로 넣어 꿰맨 후, 중간 부분도 꿰맨다.
앞 머리카락이 2단 정도 내려온 곳까지 얼굴에 꿰매 붙인다.

○ 물병 뜨기

도안을 참고해 14단까지 뜨고, 100cm 정도 실을 남기고 자른다.

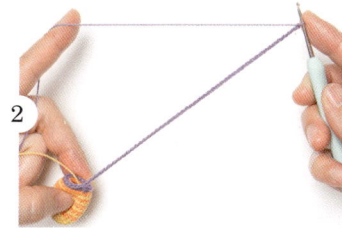

이어서 끈을 뜨는데, 사슬뜨기 50코를 뜬다. 이어서 기둥코를 세우고, 짧은뜨기 50코를 뜬다. 실을 길게 남기고 자른다.

14단의 앞걸어 짧은뜨기한 곳의 안쪽 코의 머리에 실을 걸어 뚜껑을 뜬다. 물병에 솜을 채워 마무리한다.

10 Making of Crochet Doll

사랑스러운 엘리샤

다홍색 머리카락과 주근깨가 귀여운 소녀 엘리샤예요.

여행을 좋아해서 나들이 갈 때도 항상 여행 가방을 들고 다녀요.

information.

level	size	
★ ★ ☆	16cm	11cm

준비물

실　　엘리샤 3번 피치, 4번 연베이지, 8번 옐로우, 15번 진러블리 핑크,
　　　29번 진블루, 41번 진레드 베이지, 30번 청록, 38번 민트
　　　돌리코튼 레이스 18번 다홍, 15번 진러블리 핑크
　　　튤립 돌리코튼 15번 진러블리 핑크, 45번 월넛 브라운, 39번 카키
바늘　모사용 코바늘 2/0호(2.0mm)
기타　돗바늘, 겸자, 마커, 시침핀, 가위, 방울 솜. 미싱 고무줄, 긴바늘 9cm

사용한 뜨개 기법

사슬뜨기(◯ 또는 ◖), 짧은뜨기(✕), 짧은뜨기 2코 늘려뜨기(✖), 짧은뜨기 2코 모아 변형이랑뜨기(⚁), 빼뜨기(●), 짧은뜨기 뒤이랑뜨기(✕̲), 짧은뜨기 앞이랑뜨기(✕̄), 짧은뜨기 2코 모아 뒤이랑뜨기(⚁̲), 짧은뜨기 2코 늘려 뒤이랑뜨기(✖̲)

인형 만들기 기초

28~46쪽을 참조한다.

・엘리샤

1 팔 2개와 다리 2개를 뜬다.

2 다리를 이은 후, 14단까지 도안대로 몸통을 뜬다.

3 팔과 몸통에 솜을 채운다.

4 몸통과 팔을 같이 뜨면서 잇는다.

5 15단까지 머리를 뜬다.

6 솜을 채운다.

7 나머지 단을 뜬 후, 솜을 더 채워 정리한다.

8 레이스 실을 뭉쳐서 머리카락을 만든다.

9 인형의 머리에 머리카락을 꿰매 붙인다.

10 얼굴에 눈코입을 수놓는다.

11 얼굴에 주근깨를 수놓는다.

12 가방을 뜬다.

13 모자를 뜨고, 공예용 본드로 리본을 붙인다.

14 모자에 고무줄 끈을 꿰매 붙이고 마무리한다.

・튤립

1 바닥을 뜨고, 남은 실을 매듭지어 정리한다.

2 꽃을 떠서 모양을 잡는다.

3 아랫부분에 실을 걸어 6코를 만들고 줄기를 뜬다.

4 줄기에 와이어를 넣고 바닥과 함께 뜬다.

5 꽃잎 2개를 떠서 돗바늘로 줄기와 바닥에 꿰맨다.

시은맘의 손뜨개 인형

• 다리(2개)

시작	사슬뜨기 6코로 시작해서 타원형뜨기
① (13)	
② (17)	
③ (15)	0, (⟋) × 6, ⟰, ×, ⟰, (⟍) × 6, ·
④ (13)	0, (×) × 5, ⟰, ×, ⟰, (×) × 5, ·
⑤ (11)	0, (×) × 4, ⟰, ×, ⟰, (×) × 4, ·
⑥~⑯ (11)	0, (×) × 11, ·

· 실을 10cm 정도 남기고 자른다.
· 남긴 실을 첫코의 안쪽으로 빼내 매듭짓는다.

• 팔(2개)

시작	실을 두 번 감아 원형코 만들기
① (4)	0, (×) × 4, ·
② (8)	0, (⋎) × 4, ·
③~⑭ (8)	0, (×) × 8, ·

· 실을 10cm 정도 남기고 자른다.
· 남긴 실을 첫코의 안쪽으로 빼내 매듭짓는다.
· 솜을 채운다.

Color

다리
①~⑤ 41번 진레드 베이지
⑥~⑮ 3번 피치
⑯ 4 연베이지
팔
3번 피치
몸통
4번 연베이지

• 몸통

시작	다리에 이어서 뜨는데, ①단에서 다리 2개를 연결한다.
① (26)	○ , · , 0 , (×) × 12, ×, (×) × 12, ×, ·
	다리 A 다리 B
②~⑪ (26)	0, (×) × 26, ·
⑫ (24)	0, (× × × × × × ¹¹× × × × × × ⟰) × 2, ·
⑬ (20)	0, (× × ⟰ × ×) × 4, ·
⑭ (20)	0, (×) × 20, ·
⑮ (20)	0, (×) × 4, (×) × 4, (×) × 6, (×) × 4, (×) × 2, ·
⑯ (15)	0, (× × ⟰) × 5, ·
⑰ (10)	0, (× ⟰) × 5, ·

· ⑮단의 ___ 부분은 팔과 함께 뜬다(32쪽과 38쪽 참조).
· 팔을 이을 때 다리 에 솜을 넣는다.

• 다리 연결하기(1단)

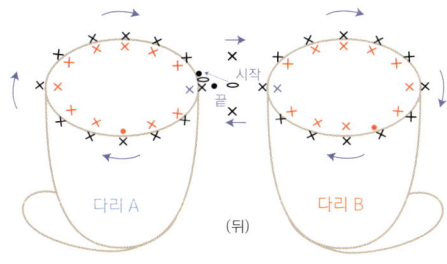

1. 다리가 뒤가 보이도록 놓고 B의 4번째 코에 실을 건다.
   (실을 걸기 전 굵게 매듭지어 빠지지 않도록 한다.)
2. 사슬뜨기 1코를 뜨고, A의 9번째 코에 빼뜨기로 연결한다.
3. 다시 기둥코(사슬뜨기 1코)를 세우고 빼뜨기와 기둥코를 세운
   자리에 짧은 뜨기 1코를 뜬 후(첫코가 된다) 빼뜨기 코도 포함해서
   짧은뜨기 11코를 뜬다.
4. A와 B의 중간부분 사슬뜨기에 짧은뜨기 1코를 뜬 후, 빼뜨기 코도
   포함해서 짧은뜨기 12코를 뜬다.
5. A와 B의 중간 부분 사슬뜨기에 짧은뜨기 1코를 뜬다.
6. A의 첫코에 빼뜨기를 한다.

시은맘의 손뜨개 인형

• 머리

시작	몸통에 이어서 뜬다.
① (20)	0, (ᐯ) × 10, ·
② (30)	0, (×ᐯ) × 10, ·
③ (30)	0, (×) × 30, ·
④ (36)	0, (× × ᐯ × ×) × 6, ·
⑤ (42)	0, (× × ×̅⁵ × × ᐯ) × 6, ·
⑥ ~ ⑮ (42)	0, (×) × 42, ·
⑯ (39)	0, (× × ×̅⁶ × × ⋀ × × ×̅⁶ × × ×) × 3, ·
⑰ (36)	0, (× × × × ×̅¹¹ × × × × × × ⋀) × 3, ·
⑱ (32)	0, (× × × ×̅⁷ × × × ⋀) × 4, ·
⑲ (24)	0, (× × ⋀) × 8, ·
⑳ (16)	0, (× ⋀) × 8, ·
㉑ (8)	0, (⋀) × 8 ·

· ⑮단까지 뜨고 얼굴에 솜을 채운다.
· 마무리할 실 50cm 정도를 남기고 자른다.
· 솜을 마저 채운다.
· 남긴 실을 돗바늘에 꿴 후, 바짝 잡아당겨 구멍을 조인다.

• 원피스

시작	사슬뜨기 27코로 원형코 만들기
① (27)	0, (×) × 27, ·
② (27)	0, (×) × 4, (○) × 6, (×) × 7, (○) × 6, (×) × 4, ·
③ (27)	0, (×) × 27, ·
④ (30)	0, (× × × × ᐯ × × × ×) × 3, ·
⑤ (30)	0, (×) × 30, ·
⑥ (33)	0, (× × × × ×̅⁹ × × × × ᐯ) × 3, ·
⑦ (36)	0, (× × ×̅⁵ × × ᐯ × × ×̅⁵ × × ×) × 3, ·
⑧ (36)	0, (×) × 36, ·
⑨ ~ ⑫ (36)	0, (× ☒) × 18, ·
⑬ ~ ⑰ (36)	0, (☒) × 36, ·
⑱ (36)	0, (☒) × 36, ·

· 실을 적당히 남기고 잘라 돗바늘로 정리한다.

Color

머리	원피스
3번 피치	기본색 38번 민트
머리카락	배색 15번 진러블리 핑크, 18번 다홍
8번 다홍	**가방**
머리끈	기본색 29번 진블루
레이스 실 18번 다홍	배색 8번 옐로우
얼굴 수놓기	
30번 청록색(눈)	
레이스 실 18번 다홍(코와 입, 주근깨)	

• 머리카락 꿰매 붙이기

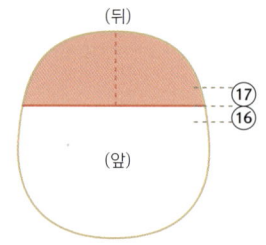

(뒤)
(앞)
⑰
⑯

· 머리카락 만들기(163쪽 참조)
1. 앞 머리카락은 손가락 두 개를 펴고 실을 여러 번 감아 실뭉치를 만든다.
2. 머리의 중앙을 중심으로 균형을 잡고 꿰매서 고정한다.
3. 옆 머리카락은 25cm 정도 길이로 실뭉치를 만들어 위치를 잡고 꿰매 붙인다.
4. 양갈래로 나눠 고정하고, 머리끈으로 묶는다.
5. 머리카락을 잘라 다듬는다.

• 눈코입, 주근깨 수놓기

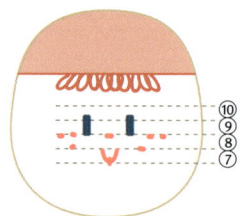

⑩
⑨
⑧
⑦

· 수놓는 방법은 44쪽을 참조한다.
· 눈은 한 단의 높이보다 살짝 길게 수놓는다.

• 가방

시작	사슬뜨기 6코로 기초코 만들어 타원형뜨기
① (14)	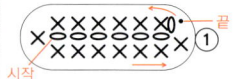
② (14)	0, (×) × 14, ·
③ (14)	0, (× ☒) × 7, ·
④ (14)	0, (☒) × 14, ·
⑤ ~ ⑥ (14)	0, (☒) × 14, ·

끝
시작

· 실을 끊지 않고 이어서 가방끈을 뜬다.

• 가방끈

시작	가방에 이어서 뜬다.
① (30)	(○) × 30, ·

· 실을 30cm 정도 남기고 자른다.
· 맞은편에 돗바늘로 꿰매 붙인다.

• 모자

시작	실을 두 번 감아 원형코 만들기
① (8)	0, (✕) × 8, ·
② (16)	0, (✕ᐁ) × 8, ·
③ (24)	0, (✕ᐁ) × 8, ·
④ (32)	0, (✕ᐁ✕) × 8, ·
⑤ (40)	0, (✕✕✕ᐁ) × 8, ·
⑥ (48)	0, (✕✕ᐁ✕✕) × 8, ·
⑦ (48)	0, (⨯) × 48, ·
⑧~⑪ (48)	0, (✕) × 48, ·
⑫ (72)	0, (⨯ ᐁ) × 24, ·
⑬ (78)	0, (✕✕✕✕✕¹¹✕✕✕✕✕ᐁ) × 6, ·
⑭ (78)	0, (✕) × 78, ·

· 실을 10cm 정도 남기고 잘라 돗바늘로 정리한다.
· 목공풀을 모자에 발라 리본을 붙이고 묶는다.
· 고무줄을 양쪽에 달아준다.
· 모자를 예쁘게 뜨는 방법은 90~91쪽을 참조한다.

• 튤립 바닥

시작	실을 두 번 감아 원형코 만들기
① (8)	0, (✕) × 8 , ·
② (16)	0, (ᐁ) × 8, ·
③ (24)	0, (✕ᐁ) × 8, ·
④ (32)	0, (✕ᐁ✕) × 8, ·
⑤ (40)	0, (✕✕✕ᐁ) × 8, ·
⑥ (42)	0, (✕✕✕✕✕✕✕✕✕¹⁹✕✕✕✕✕✕✕✕ᐁ) × 2, ·

· 10cm 실을 남기고 자른다.
· 남긴 실을 첫코의 안쪽으로 빼내 매듭짓는다.

• 튤립 꽃

시작	사슬뜨기 12코를 만들어 평면뜨기
① (12)	0, (✕) × 12
② (12)	0, (✕) × 2, (↑) × 8, (✕) × 2 (코산에 걸어뜨기)
③ (12)	0, (⨯) × 2, (⊥) × 8, (⨯) × 2
④ (12)	0, (✕) × 2, (↑) × 8, (✕) × 2 (코산에 걸어뜨기)
⑤ (12)	0, (⨯) × 2, (⊥) × 8, (⨯) × 2
⑥ (12)	0, (✕) × 2, (↑) × 8, (✕) × 2 (코산에 걸어뜨기)
⑦ (12)	0, (⨯) × 2, (↑) × 8, (⨯) × 2
⑧ (12)	0, (✕) × 2, (↑) × 8, (✕) × 2 (코산에 걸어뜨기)
⑨ (12)	0, (⨯) × 2, (↑) × 8, (⨯) × 2
⑩ (12)	0, (✕) × 2, (⊤) × 8, (✕) × 2 (코산에 걸어뜨기)
⑪ (12)	0, (⨯) × 2, (↑) × 8, (⨯) × 2
⑫ (12)	0, (✕) × 2, (⊤) × 8, (✕) × 2 (코산에 걸어뜨기)
⑬ (12)	0, (⨯) × 2, (↑) × 8, (⨯) × 2
⑭ (12)	0, (✕) × 2, (↑) × 8, (✕) × 2 (코산에 걸어뜨기)
⑮ (12)	0, (⨯) × 2, (⊥) × 8, (⨯) × 2
⑯ (12)	0, (✕) × 2, (↑) × 8, (✕) × 2 (코산에 걸어뜨기)
⑰ (12)	0, (⨯) × 2, (↑) × 8, (⨯) × 2
⑱ (12)	0, (✕) × 2, (↑) × 8, (✕) × 2 (코산에 걸어뜨기)
⑲ (12)	0, (⨯) × 2, (↑) × 8, (⨯) × 2

Color

모자
4번 연베이지
튤립 바닥
45번 월넛 브라운
튤립
15번 진러블리 핑크

• 꽃 만들기

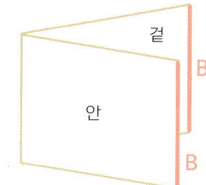

1. ⑲단까지 뜨고 기둥코를 세운다.
2. A부분에 짧은뜨기 19코를 뜬다.

3. 겉면이 마주보도록 놓고 반으로 접는다.
4. B부분을 함께 뜨면서(짧은뜨기 12코) 잇는다.
5. 실을 50cm 정도 남기고 자른 후, 남은 실로 구멍을 조인다.
6. 겉 무늬가 밖이 되도록 꽃을 뒤집는다.

시은맘의 손뜨개 인형

Color

줄기
①~⑮ 39번 카키
⑯~㉑ 45번 월넛 브라운
잎사귀
39번 카키

• 줄기

시작	튤립 꽃의 막힌 부분에 실을 걸어 뜬다.
①~⑮ (6)	0, (×) × 6 , ·
⑯ (12)	0, (ꕤ) × 6 , ·
⑰ (18)	0, (×ꕤ) × 6 , ·
⑱ (24)	0, (×ꕤ×) × 6 , ·
⑲ (30)	0, (×××ꕤ) × 6 , ·
⑳ (36)	0, (××ꕤ××) × 6 , ·
㉑ (42)	0, (×××××ꕤ) × 6 , ·

· 와이어를 넣은 후, 튤립 바닥과 함께 뜬다.
· 마지막 단까지 뜬 후, 실을 10cm 정도 남기고 자른다.
· 남긴 실을 안쪽으로 빼내 매듭짓는다.

• 잎사귀(2개)

시작	실을 두 번 감아 원형코 만들기
① (6)	0, (×) × 6 , ·
② (9)	0, (×ꕤ) × 3 , ·
③ (12)	0, (×ꕤ×) × 3 , ·
④ (12)	0, (×) × 12 , ·
⑤ (15)	0, (×××ꕤ) × 3 , ·
⑥ (18)	0, (××ꕤ××) × 3 , ·
⑦ (18)	0, (×) × 18 , ·
⑧ (21)	0, (×××××ꕤ) × 3 , ·
⑨~⑫ (21)	0, (×) × 21 , ·
⑬ (18)	0, (×××××⩗) × 3 , ·
⑭ (18)	0, (×) × 18 , ·
⑮ (15)	0, (××⩗××) × 3 ,
⑯ (15)	0, (×) × 15 , ·
⑰ (12)	0, (×××⩗) × 3 , ·
⑱ (9)	0, (××⩗) × 3 , ·
⑲ (6)	0, (×⩗) × 3 , ·

· 실을 50cm 정도 남기고 자른다.
· 바닥과 줄기에 돗바늘로 꿰매 붙인다.

○ 앞 머리카락 꿰매 붙이기

1 손가락 두 개를 펴서 25~30번 정도 실을 고르게 감는다. 이때, 너무 세게 감지 않도록 주의한다.

2 긴바늘을 감은 실 안쪽으로 넣는다.

3 바늘을 빼낸 후 사진처럼 한쪽을 묶는다. 실을 길게 남기고 자른다.

4 앞 머리카락을 인형의 중앙, 이마를 13단 정도 덮도록 위치를 잡는다.

5 정수리부터 꿰매서 머리에 붙인다.

○ 머리카락 꿰매 붙이기

1 옆 머리카락을 만들기 위해 먼저 길이를 잰다. 사진처럼 양쪽 팔 끝이 닿을 정도로 한다.

2 실을 오른쪽에 한 번 왼쪽에 한 번씩 감으면서 두껍게 만든다.

3 어느 정도 두께가 되면 실을 자르고, 인형 머리의 중심에 오도록 놓는다.

4 앞 머리카락 중심에 시침핀을 꽂은 후, 양갈래로 머리를 묶었을 때 모양을 손으로 잡아본다.

5 긴바늘을 사진처럼 뒤통수에서 앞머리카락 상단으로 빼낸다.

6 머리의 중심에 박음질로 머리카락을 꿰매 붙인다. 땀의 크기는 0.2mm~0.3mm 정도로 한다.

7 뒤통수에 붙일 머리카락을 과정 2에서처럼 하나 더 만든 뒤 박음질로 꿰맨다. 뒤통수 끝까지 덮도록 한 개 더 만들어서 꿰매 붙인다.

○ 옆 머리카락 꿰매 붙이기

1 공예용 와이어나 실을 이용해서 양 갈래로 머리카락을 묶는다. 실을 이용할 때 두 바퀴를 돌려서 묶으면 고정이 쉽다.

2 묶은 실 바로 위쪽의 중앙 부분에 바늘로 꿰맨다. 양쪽을 통과하면서 4~5번 정도 왕복해서 고정한다.

3 꿰맨 후 묶었던 실을 풀고, 바늘귀로 머리카락을 가지런하게 다듬는다.

4 머리끈을 만들어 두 바퀴 돌려 예쁘게 묶고, 리본을 만든다.

5 머리카락을 원하는 길이로 잘라서 다듬는다.

6 다른 한쪽도 마무리한다.

○튤립 만들기

1 튤립의 꽃 부분을 사진처럼 19단까지 뜬다.

2 옆면 한 줄에 짧은뜨기를 뜬다.

3 사진처럼 겉면이 마주보도록 반으로 접어서 잡고, 뜨면서 연결한다. 실을 50cm 정도 남기고 자른다.

4 남긴 실로 구멍을 조인 후, 무늬가 있는 부분이 겉면이 되도록 꽃을 뒤집는다.
카키색 실을 꽃잎 아래쪽에 걸어 도안대로 줄기를 뜬다.

5 바닥은 '05. 라마의 나무 만들기(117쪽)'의 과정 1~2를 참조해서 만든다.

6 잎사귀를 줄기와 바닥에 꿰매 붙인다.

11 Making of Crochet Doll

벚꽃 소녀와 고양이 친구

벚꽃 모양의 모자를 쓰고, 양갈래 머리로 한껏 꾸민 벚꽃 소녀예요.

곁에는 항상 같이 다니는 고양이 친구가 있어요.

information.	level	size
	★★★	소녀 13cm 고양이 6.5cm

준비물

실   고양이 돌리코튼 2번 아이보리, 3번 피치, 7번 치즈, 15번 진러블리 핑크, 46번 브라운

소녀 돌리코튼 2번 아이보리, 3번 피치, 4번 연베이지, 18번 다홍, 45번 월넛 브라운, 46번 브라운, 52번 다크 그레이

돌리코튼 레이스 7번 치즈, 13번 연핑크, 17번 진핑크, 18번 다홍, 36번 민트 스카이

바늘   모사용 코바늘 2/0호(2.0mm), 레이스 코바늘 1.50mm, 1.25mm

기타   돗바늘, 겸자, 마커, 가위, 방울 솜, 미싱고무줄

사용한 뜨개 기법

사슬뜨기(○ 또는 〇), 짧은뜨기(×), 짧은뜨기 2코 늘려뜨기(∨), 짧은뜨기 2코 모아뜨기(∧), 짧은뜨기 2코 모아 변형이랑뜨기(⩘), 빼뜨기(●), 긴뜨기(†), 짧은뜨기 뒤이랑뜨기(×), 짧은뜨기 2코 늘려 뒤이랑뜨기(∨)

인형 만들기 기초

28~46쪽을 참조한다.

·고양이

1 다리 1개를 뜬다.

2 다리 1개를 더 뜬 후, 과정 1의 다리와 연결해서 뜬다(앞쪽 다리).

3 7단까지 한 쌍을 더 만들어서 준비한다(뒤쪽 다리).

4 앞쪽 다리와 뒤쪽 다리를 연결하면서 배를 뜬다.

5 몸통을 뜨고 등과 머리를 나누어 놓는다.

6 등을 먼저 뜬 후, 머리에서 실을 걸어 뜬다.

7 인형에 솜을 채운다.

8 머리와 등 부분을 꿰매 모양을 잡는다.

9 코와 귀를 얼굴에 꿰매 붙인다.

10 얼굴에 눈코입을 수놓는다.

11 꼬리를 떠서 엉덩이에 꿰매 붙인다.

12 리본을 묶는다.

·벚꽃 소녀

1 팔 2개, 다리 2개를 뜬다.

2 팔과 다리에 솜을 채워 준비한다.

3 몸통을 8단까지 뜨고, 9단에서 다리와 함께 뜬다.

4 22단까지 뜬 후, 몸통에 솜을 채운다.

5 23단에서 팔과 함께 몸통을 뜬다.

6 머리까지 이어서 뜨고, 솜을 넣고 마무리한다.

7 머리카락을 떠서 머리에 꿰매 붙인다.

8 묶은 머리카락을 뜬 후, 솜을 넣고 머리에 꿰매 붙인다.

9 얼굴에 눈코입을 수놓는다.

10 벚꽃 모자 꽃잎을 5단까지 2개를 떠서 이은 후, 21단까지 뜬다.

11 꽃잎을 5개 뜨고 꿰매 연결한다.

12 고무줄을 머리 크기에 맞게 꿰매 붙인다.

13 원피스를 떠서 입힌다.

시은맘의 손뜨개 인형

• 고양이 다리(2개)

시작 | 실을 두 번 감아 원형코 만들기

		다리 A	다리 B
①	(5)	0, (×) × 5, ·	0, (×) × 5, ·
②	(9)	0, ×, (ⱽ) × 4, ·	0, ×, (ⱽ) × 4, ·
③~⑥	(9)	0, (×) ×9, ·	0, (×) ×9, ·
⑦	(22)	○, ·, 0, (×) × 10, ×, (×) × 10, × ·

· ⑥단까지 다리 A와 다리 B를 뜬다. 이때, 다리 A는 실을 10cm 정도
  남기고 잘라 첫코의 안쪽으로 매듭지어 마무리한다. 다리 B는 실을
  자르지 않고 둔다.
· ⑦단에서 다리를 연결한 후, 10cm 정도 실을 남기고 자른다.
· 한 쌍을 더 만든다.

Color

다리
①~② 2번 아이보리
③~⑦ 7번 치즈
배
7번 치즈

• 다리 연결하기(7단)

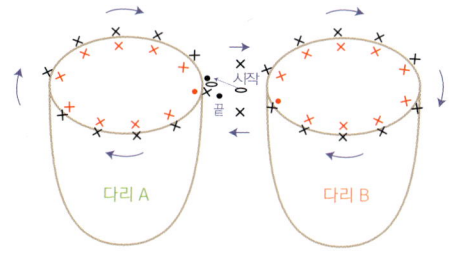

1. ⑦단은 다리 B를 잡고 다리 A에 연결하면서 뜬다.
2. 사슬뜨기 1코를 뜨고, 다리 A의 마지막 빼뜨기한 코에 빼뜨기로 연결한다.
3. 기둥코(사슬뜨기 1코)를 세우고 같은 자리에 짧은뜨기 1코, 나머지 코에 짧은뜨기 9코를 뜬다.
4. 다시 다리 B와 다리 A를 연결할 때 뜬 사슬코에 짧은뜨기 1코, 다리 B ⑥단의 첫코부터
   짧은뜨기 9 코, ⑥단 빼뜨기한 자리에 짧은뜨기 1코를 더 뜬다.
5. 다리 B와 A를 연결할 때 뜬 사슬코에 짧은뜨기 1코를 뜬 후, A의 첫코에 다시 빼뜨기한다.

• 다리 연결해서 배 뜨기

1. ⑦단 마지막 빼뜨기 코가 안쪽으로 오도록 앞쪽과 뒤쪽 다리를
   일러스트처럼 놓는다.
2. 앞쪽 다리 18번째 코에 실을 걸어서 사슬뜨기 6코를 뜬다.
3. 뒤쪽 다리의 4번째 코에 빼뜨기로 연결한다.
4. 도안을 참고해 ⑨단까지 연결 부분을 확인하면서 평면뜨기한다.
5. 이때, 첫코와 마지막 코(빼뜨기와 짧은뜨기)는 앞쪽과 뒤쪽 다리에 걸어 뜬다.
6. 마지막 단까지 뜬 후, 실을 끊지 않고 이어서 몸통을 뜬다.
tip. ⑦단의 마지막 빼뜨기 코도 콧수에 포함해서 뜬다.

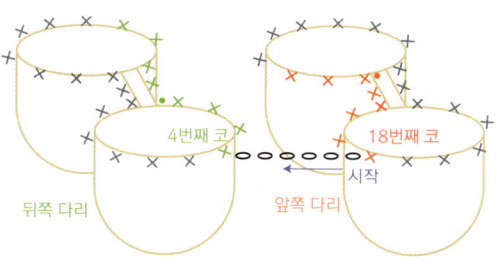

※ 고양이 만드는 방법은 '05. 여행
친구 라마(106쪽)'를 참조하세요.

• 고양이 배

⑨	(7)	××××××× ·
⑧	(7)	· ×××××××
⑦	(7)	××××××× ·
⑥	(7)	· ×××××××
⑤	(7)	××××××× ·
④	(7)	· ×××××××
③	(7)	××××××× ·
②	(7)	· ×××××××
①	(7)	××××××× ·

시작

뒤쪽 다리 ⑦단
4번째 코에 걸어 뜬다.

앞쪽 다리 ⑦단
18번째 코에 걸어 뜬다.

• 고양이 몸통

시작	배에 이어서 원형뜨기
① (38)	·, 0 , (×) × 13, (×) × 6, (×) × 13, (×) × 6, ·
②~③ (38)	0, (×) × 38, ·

앞쪽 다리   배   뒤쪽 다리   배

· ①단의 ___ 부분은 해당하는 곳에 뜬다.
· 마지막 단까지 뜬 후, 실을 끊지 않고 이어서 등을 뜬다.

• 고양이 등

시작	몸통에 이어서 사슬뜨기 8코를 뜬다. 몸통의 14번째 코에 빼뜨기로 연결 후, 15번째 코가 첫코가 되도록 원형뜨기
① (28)	(× × × × × 솟) × 2, (×) × 7, (솟), (×) × 2, 솟, (×) × 2, (솟)
② (22)	(×) × 5, 솟, (×) × 2, 솟, (×) × 2, 솟, (×) × 4, (솟) × 2, (×) × 3, 솟
③ (15)	(×) × 3, 솟, ×, 솟, ×, 솟, (×) × 4, (솟) × 3
④ (10)	(×) × 3, (솟) × 3, (×) × 3, 솟

· ①단의 ___ 부분은 시작할 때 뜬 사슬뜨기 8코에 연결해서 뜬다.
  이때, 줄이는 ◌ 부분은 일러스트의 동그란 점선 부분으로 짧은뜨기와
  사슬뜨기를 1코로 줄인다.
· 마지막까지 뜬 후, 30cm 정도 실을 남기고 자른다.
· 남긴 실을 돗바늘에 꿴 후, 바짝 잡아당겨 구멍을 조인다.

Color

몸통 &등
7번 치즈

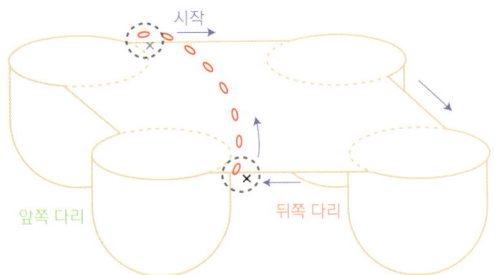

앞쪽 다리   뒤쪽 다리

· 116쪽 라마의 '등 뜨기'를 참조한다.

시은맘의 손뜨개 인형

• 고양이 머리

시작	몸통의 첫코에 실을 걸어서 뜬다.
① (15)	0, ×, ⚞, ×, (⚞) × 2, ×, ⚞, (×) × 2, (×) × 2, (⚞) × 2, (×) × 2, ·
② (15)	0, (×) × 9, (×) × 6, ·
③ (24)	0, (⚟) × 9, (×) × 6, ·
④ (30)	0, (×) × 2, ×, ⚟, (×××⚟) × 2, (×××⚟) × 3, ·
⑤ (30)	0, (×) × 4, (×) × 14, (×) × 12, ·
⑥ (30)	0, (×) × 6, (×) × 10, (×) × 14, ·
⑦ (30)	0, (×) × 7, (×) × 8, (×) × 15, ·
⑧ (30)	0, (×) × 9, (×) × 4, (×) × 17, ·
⑨~⑩ (30)	0, (×) × 10, (×) × 2, (×) × 18, ·
⑪ (24)	0, (×××⚞) × 2, (×) × 2, ×, ⚞, (×××⚞) × 3, ·
⑫ (18)	0, (××⚞) × 6, ·
⑬ (12)	0, (×⚞) × 6, ·
⑭ (6)	0, (⚞) × 6, ·

- ①단의 ___ 부분은 사슬뜨기한 부분에 걸어 뜬다.
- ⑩단까지 뜬 후, 몸통과 머리에 솜을 넣는다.
- 마지막 단까지 뜬 후, 실을 100cm 정도 남기고 자른다.
- 솜을 마저 채운다.
- 남긴 실을 돗바늘에 꿴 후, 바짝 잡아당겨 구멍을 조인다.
- 몸통 부분과 목 뒷쪽을 꿰매서 모양을 잡는다.

Color

머리
기본색 7번 치즈
배색 2번 아이보리
꼬리
7번 치즈
코
2번 아이보리
귀
기본색 7번 치즈
배색 15번 진러블리 핑크
얼굴 수놓기
46번 브라운(눈)
15번 진러블리 핑크(코와 입)

• 고양이 귀(2개)

시작	실을 두 번 감아 원형코 만들기
① (4)	0, (×) × 4, ·
② (6)	0, ×, ⚟, ⚟, ×, ·
③ (8)	0, ×, ⚟, ×, ×, ×, ⚟, ·

- 실을 100cm 정도 남기고 자른다.
- 돗바늘로 얼굴에 꿰매 붙인다.

• 고양이 코

시작	실을 두 번 감아 원형코 만들기
① (5)	0, (×) × 5, ·
② (6)	0, (×) × 4, ⚟, ·

- 실을 30cm 정도 남기고 자른다.
- 솜을 넣는다.
- 돗바늘로 인형에 꿰매 붙인다.

• 리본

1. 실을 30cm 정도 잘라 고양이 목에 리본으로 묶는다.
2. 양끝을 매듭짓는다(35쪽 '끈 마무리' 참조).

• 고양이 꼬리

시작	실을 두 번 감아 원형코 만들기
① (4)	0, (×) × 4, ·
② (5)	0, (×) × 3, ⚟, ·
③~⑤ (5)	0, (×) × 5, ·

- 실을 50cm 정도 남기고 자른다.
- 돗바늘로 인형에 꿰매 붙인다.
- 솜은 넣지 않는다.

• 귀 달기

(뒤)

⑪ ⑫ ⑬ ⑭

(앞)

- 귀 다는 방법은 41쪽을 참조한다.

• 코 달기, 눈코입 수놓기

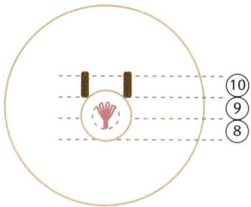

⑩ ⑨ ⑧

- 코 다는 방법은 40쪽을 참조한다.
- 수놓는 방법은 42~43쪽을 참조한다.
- 눈은 한 단의 높이보다 살짝 길게 수놓는다.

• 다리(2개)

시작	사슬뜨기 6코를 기초코로 만들어 타원형뜨기
① (13)	
② (18)	
③ (20)	0, (ᐃ) × 8, ᐁ, ᐃ, ᐁ, (ᐃ) × 7, ·
④ (20)	0, (×) × 20, ·
⑤ (17)	0, (×) × 7, (ᐃ) × 3, (×) × 7, ·
⑥ (14)	0, (×) × 6, (ᐃ) × 3, (×) × 5, ·
⑦~⑬ (14)	0, (×) × 14, ·

· 실을 10cm 정도 남기고 자른다.
· 남긴 실을 첫코의 안쪽으로 빼내 매듭짓는다.
· 솜을 채운다.

• 몸통

시작	실을 두 번 감아 원형코 만들기
① (8)	0, (×) × 8, ·
② (16)	0, (ᐁ) × 8, ·
③ (24)	0, (×ᐁ) × 8, ·
④ (32)	0, (×ᐁ×) × 8, ·
⑤ (40)	0, (×××ᐁ) × 8, ·
⑥ (48)	0, (××ᐁ××) × 8, ·
⑦ (56)	0, (×××ᐁ×) × 8, ·
⑧ (56)	0, (×) × 56, ·
⑨ (56)	0, (×) × 18, (×) × 7, (×) × 6, (×) × 7, (×) × 18, ·
⑩ (56)	0, (×) × 56, ·
⑪ (52)	0, (×××ˣ×××ᐃ×××ˣ×××) × 4, ·
⑫ (52)	0, (×) × 52, ·
⑬ (48)	0, (××××ˣˣ×××××ᐃ) × 4, ·
⑭~⑮ (48)	0, (×) × 48, ·
⑯ (44)	0, (×××ˣ×ᐃ×××ˣ×) × 4, ·
⑰ (44)	0, (×) × 44, ·
⑱ (40)	0, (××××ˣ×××ᐃ) × 4, ·
⑲ (40)	0, (×) × 40, ·
⑳ (36)	0, (××××ᐃ××××) × 4, ·
㉑ (32)	0, (××××ˣ××ᐃ) × 4, ·
㉒ (32)	0, (×) × 32, ·
㉓ (32)	0, (×) × 9, (×) × 5, (×) × 8, (×) × 5, (×) × 5, ·
㉔ (24)	0, (××ᐃ) × 8, ·
㉕ (16)	0, (×ᐃ) × 8, ·

· ⑨단에서 ＿＿＿ 부분을 다리와 함께 뜨는데, 다리를 접어 4번째 코를 시작코로 한다(37쪽 참조).
· ㉓단의 ＿＿＿ 부분을 팔과 함께 뜬다(32쪽과 38쪽 참조).
· 마지막 단까지 뜨고, 이어서 얼굴을 뜬다.

• 팔(2개)

시작	실을 두 번 감아서 원형코 만들기
① (5)	0, (×) × 5, ·
② (10)	0, (ᐁ) × 5, ·
③~⑯ (10)	0, (×) × 10, ·

· 실을 10cm 정도 남기고 자른다.
· 남긴 실을 첫코의 안쪽으로 빼내 매듭짓는다.
· 솜을 채운다.

Color

다리
①~⑥ 46번 브라운
⑦~⑬ 3번 피치
팔
3번 피치
몸통
4번 연베이지

머리
3번 피치
머리카락
45번 월넛 브라운

• 머리카락

시작	실을 두 번 감아 원형코 만들기
①(8)	0, (×)×8, ·
②(16)	0, (∨)×8, ·
③(24)	0, (×∨)×8, ·
④(32)	0, (×∨×)×8, ·
⑤(40)	0, (××∨)×8, ·
⑥(48)	0, (××∨××)×8, ·
⑦(52)	0, (×××××¹¹××××∨)×4, ·
⑧(56)	0, (×××⁶×××∨×××⁶×××)×4, ·
⑨(58)	0, (×)×27, ∨, (×)×27, ∨, ·
⑩(60)	0, (×)×14, ∨, (×)×28, ∨, (×)×14, ·
⑪(62)	0, (×)×29, ∨, (×)×29, ∨, ·
⑫(64)	0, (×)×15, ∨, (×)×30, ∨, (×)×15, ·
⑬~㉔(64)	0, (×)×64, ·

· 실을 100cm 정도 길게 남기고 자른다.
· 앞 머리카락을 뜨고 인형에 꿰매 붙인다.

• 묶은 머리카락(2개)

시작	실을 두 번 감아 원형코 만들기
①(5)	0, (×)×5, ·
②(8)	0, (×∨)×2, ∨, ·
③(12)	0, (×∨)×4, ·
④(16)	0, (×∨×)×4, ·
⑤(20)	0, (×××∨)×4, ·
⑥~⑪(20)	0, (×)×20, ·
⑫(16)	0, (×××∧)×4, ·
⑬(12)	0, (××∧)×4, ·
⑭(8)	0, (×∧)×4, ·

· 실을 100cm 정도 길게 남기고 자른다.
· 솜을 넣고 돗바늘로 인형에 꿰매 붙인다.

• 머리

시작	몸통에 이어서 뜬다.
①(32)	0, (∨)×16, ·
②(48)	0, (×∨)×16, ·
③(56)	0, (×××⁵×××∨)×8, ·
④(56)	0, (×)×56, ·
⑤(64)	0, (×××∨×××)×8, ·
⑥~⑳(64)	0, (×)×64, ·
㉑(60)	0, (××××⁷×××∧××××⁷××××)×4, ·
㉒(56)	0, (××××××¹³××××××∧)×4, ·
㉓(49)	0, (×××∧×××)×7, ·
㉔(42)	0, (×××⁵×××∧)×7, ·
㉕(35)	0, (××∧××)×7, ·
㉖(28)	0, (×××∧)×7, ·
㉗(21)	0, (××∧)×7, ·
㉘(14)	0, (×∧)×7, ·
㉙(9)	0, (×∧)×4, ∧, ·

· ⑳단까지 뜨고, 몸통과 머리에 솜을 넣는다.
· 마무리할 실 50cm 정도를 남기고 자른다.
· 솜을 마저 채운다.
· 남긴 실을 돗바늘에 꿴 후, 바짝 잡아당겨 구멍을 조인다.

• 앞 머리카락

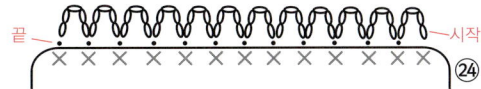

· 머리카락 앞쪽에 실을 걸어서 뜬다.
· 남은 실은 머리카락을 꿰맬 때 사용한다.

• 묶은 머리카락 달기

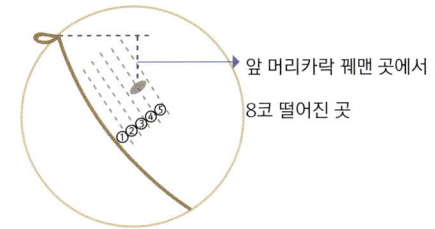

앞 머리카락 꿰맨 곳에서 8코 떨어진 곳

· 머리카락이 뜨지 않도록 묶은 머리카락 2단 아래를 인형과 꿰맨다.
· 자세한 방법은 40쪽은 참조한다.

• 벚꽃 모자 꽃잎

시작		실을 두 번 감아 원형코 만들기	
		A	B
①	(4)	0, (✕) × 4 , ·	0, (✕) × 4 , ·
②	(8)	0, (∨) × 4 , ·	0, (∨) × 4 , ·
③	(12)	0, (✕∨) × 4 , ·	0, (✕∨) × 4 , ·
④	(16)	0, (✕✕∨) × 4 , ·	0, (✕✕∨) × 4 , ·
⑤	(16)	0, (✕) × 16 , ·	0, (✕) × 16 , ·
⑥	(34)	0, (✕) × 17, (✕) × 17 , ·	
⑦ ~ ⑧	(34)	0, (✕) × 34 , ·	
⑨	(32)	0, (✕✕✕✕✕✕✕✕¹⁵✕✕✕✕✕✕✕ 仐) × 2 , ·	
⑩	(30)	0, (✕✕✕✕✕✕⁷✕仐✕✕✕✕✕⁷✕✕✕) × 2 , ·	
⑪	(30)	0, (✕) × 30 , ·	
⑫	(28)	0, (✕✕✕✕✕✕¹³✕✕✕✕✕✕ 仐) × 2 , ·	
⑬	(26)	0, (✕✕✕⁶✕✕仐✕✕✕⁶✕✕✕) × 2 , ·	
⑭	(24)	0, (✕✕✕✕✕¹¹✕✕✕✕✕ 仐) × 2 , ·	
⑮	(22)	0, (✕✕✕⁵✕仐✕✕✕✕⁵✕) × 2 , ·	
⑯	(20)	0, (✕✕✕✕⁹✕✕✕✕ 仐) × 2 , ·	
⑰	(18)	0, (✕✕⁴✕✕仐✕✕✕⁴✕✕) × 2 , ·	
⑱	(16)	0, (✕✕✕⁷✕✕✕ 仐) × 2 , ·	
⑲	(14)	0, (✕✕✕ 仐✕✕✕) × 2 , ·	
⑳	(7)	0, (仐) × 7 , ·	
㉑	(4)	0, (仐) × 3 , ✕ , ·	

- ⑤단까지 2개를 뜬다. 하나는 실을 10cm 정도 실을 남기고 잘라 첫코의 안쪽으로
  실을 빼고 매듭지어 마무리한다. 나머지 하나는 실을 끊지 않고 ⑥단에서 두 개를 연결한다.
- 마지막 단까지 뜬 후, 실을 100cm 정도 남기고 자른다.
- 꽃잎 총 5개를 만들고 돗바늘로 꿰매 붙인다.
- 프렌치 노트 스티치로 실을 3번 감아서 꽃씨를 수놓는다.
- 고무줄로 끈을 만든다.

Color

벚꽃 모자 꽃잎(레이스코바늘 1.25mm)
레이스 실 13번 연핑크
얼굴 수놓기
52번 다크 그레이(눈)
18번 다홍(코입, 볼터치)
꽃씨
레이스 실 18번 다홍
레이스 실 7번 치즈

• 눈코입과 볼터치 수놓기

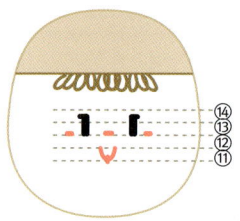

- 수놓는 방법은 44쪽을 참조한다.
- 눈은 한 단의 높이보다 살짝 길게 수놓는다.

• 꽃잎 연결하기(6단)

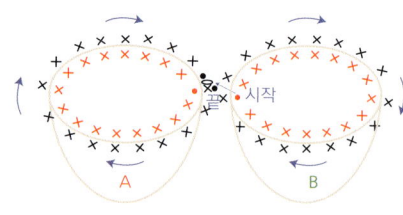

1. ⑥단은 B를 잡고 A에 연결하면서 뜬다.
2. A의 마지막 빼뜨기 코에 빼뜨기로 연결한다.
3. 기둥코(사슬뜨기 1코)를 세우고 같은 자리에 짧은뜨기 1코를
   뜬 후, 짧은뜨기 16코를 뜬다.
4. B ⑥단의 첫코부터 짧은뜨기 16코, ⑥단 빼뜨기 코에 짧은뜨기
   1코를 더 뜬다.
5. A의 첫코에 다시 빼뜨기한다.

시 은 맘 의 손 뜨 개 인 형

• 원피스

시작	사슬뜨기 50코로 원형코 만들기
① (50)	0, (×)×50, ·
② (50)	0, (×)×10, (⌒)×9, (×)×12, (⌒)×9, (×)×10, ·
③~⑤ (50)	0, (×)×50, ·
⑥ (55)	0, (××××9×××××≫)×5, ·
⑦ (55)	0, (×)×55, ·
⑧ (60)	0, (××5××≫××5××)×5, ·
⑨ (60)	0, (×)×60, ·
⑩ (65)	0, (×××××11××××≫)×5, ·
⑪ (65)	0, (×)×65, ·
⑫ (70)	0, (×××6××≫×××6×××)×5, ·
⑬ (70)	0, (×)×70, ·
⑭ (75)	0, (××××××13×××××≫)×5, ·
⑮ (75)	0, (×)×75, ·
⑯ (80)	0, (×××7×××≫×××7×××)×5, ·
⑰ (85)	0, (×××××15×××××≫)×5, ·
⑱ (85)	0, (×)×85, ·
⑲ (85)	8, (⊤)×85, ·

· 실을 10cm 정도 남기고 잘라 돗바늘로 정리한다.

Color

원피스(레이스 코바늘 1.50mm)
①~⑱ 레이스 실 36번 민트 스카이
⑲ 레이스 실 17번 진핑크

포인트 레슨

○ 양갈래 머리카락 꿰매 붙이기

솜을 채우고 양갈래 머리카락의 코 머리를 잡아서 머리에 꿰매 붙인다. 달랑거리지 않도록 2단 아랫부분을 머리카락에 붙도록 꿰맨다. 이때, 머리카락과 붙는 쪽만 꿰맨다.

○ 벚꽃 모자 만들기

1

꽃잎 5장을 빼뜨기 코가 보이지 않도록 놓는다. 꽃잎이 서로 만나는 부분이 연결되도록 꿰맨다. 이때 12~21단까지 연결되도록 한다.

2

프렌치 노트 스티치(46쪽 참조)로 실을 3번 감아 꽃씨를 수놓는다.

12 Making of Crochet Doll

우리 결혼했어요!

귀여운 신랑 신부는 오늘도 알콩달콩 행복한 하루를 보냅니다.

information.

level	size
★ ★ ★	13cm

준비물

실   돌리코튼 2번 아이보리, 3번 피치, 22번 진빈티지 핑크, 41번 진레드 베이지, 47번 초코 브라운, 53번 블랙
돌리코튼 레이스 2번 아이보리, 3번 피치, 7번 치즈, 12번 오렌지, 15번 진러블리 핑크, 16번 핑크, 20번 레드, 38번 민트, 50번 보라, 51번 그레이, 53번 블랙

바늘   모사용 코바늘 2/0호(2.0mm), 레이스 코바늘 1.50mm와 1.0mm

기타   돗바늘, 겸자, 마커, 가위, 방울 솜, 미싱고무줄, 레이스 원단

사용한 뜨개 기법

사슬뜨기(○ 또는 ◌), 짧은뜨기(×), 짧은뜨기 2코 늘려뜨기(∨), 짧은뜨기 2코 모아 변형이랑뜨기(⋏), 빼뜨기(●), 짧은뜨기 뒤이랑뜨기(×), 짧은뜨기 2코 늘려 뒤이랑뜨기(∨), 긴뜨기(↑), 한길긴뜨기(†), 한길긴뜨기 2코 늘려뜨기(∨), 긴뜨기 뒤이랑뜨기(⌶), 한길긴뜨기 뒤이랑뜨기(†)

인형 만들기 기초

28~46쪽을 참조한다.

• 신랑

1 팔 2개, 다리 2개를 뜬다.
2 팔과 다리에 솜을 채워 준비한다.
3 몸통을 8단까지 뜨고, 9단에서 다리와 함께 뜬다.
4 22단까지 뜬 후, 몸통에 솜을 채운다.
5 23단에서 팔과 함께 몸통을 뜬다.
6 머리까지 이어서 뜬 후, 솜을 넣고 마무리한다.
7 머리카락을 떠서 머리에 꿰매 붙인다.
8 앞 머리카락과 귀를 떠서 머리에 꿰매 붙인다.
9 코를 떠서 얼굴에 꿰매 붙인다.
10 얼굴에 눈입, 볼터치를 수놓는다.
11 멜빵을 떠서 몸통에 꿰매 붙인다.
12 리본을 떠서 목 아래에 꿰매 붙인다.
13 모자를 뜨고 고무줄을 단다.

• 신부

1 팔 2개, 다리 2개를 뜬다.
2 팔과 다리에 솜을 채워 준비한다.
3 몸통을 8단까지 뜨고, 9단에서 다리와 함께 뜬다.
4 22단까지 뜨고, 몸통에 솜을 채운다.
5 23단에서 팔과 함께 몸통을 뜬다.
6 머리까지 이어서 뜨고, 솜을 넣어 마무리한다.
7 머리카락과 앞 머리카락을 뜬 후 머리에 꿰매 붙인다.
8 코를 떠서 얼굴에 꿰매 붙인다.
9 얼굴에 눈입, 볼터치를 수놓는다.
10 드레스를 떠서 입힌다.
11 화관링을 뜬 후, 꽃과 잎을 떠서 꿰매 붙인다.
12 레이스 원단을 화관에 꿰매 붙인다.

시은맘의 손뜨개 인형

• 신랑&신부 다리(2개)

시작	사슬뜨기 6코로 기초코 민들어 타원형뜨기

① (13)	
② (18)	
③ (20)	0, (⤬) × 8, ⤸, ⤬, ⤸, (⤬) × 7, ·
④ (20)	0, (×) × 20, ·
⑤ (17)	0, (×) × 7, (⤿) × 3, (×) × 7, ·
⑥ (14)	0, (×) × 6, (⤿) × 3, (×) × 5, ·
⑦~⑮ (14)	0, (×) × 14, ·

· 실을 10cm 정도 남기고 자른다.
· 남긴 실을 첫코의 안쪽으로 빼내 매듭짓는다.
· 솜을 채운다.

• 신랑&신부 팔(2개)

시작	실을 두 번 감아 원형코 만들기
① (5)	0, (×) × 5 , ·
② (10)	0, (⤸) × 5, ·
③~⑱ (10)	0, (×) ×10, ·

· 실을 10cm 정도 남기고 자른다.
· 남긴 실을 첫코의 안쪽으로 빼내 매듭짓는다.
· 솜을 채운다.

Color

신부 다리
①~⑥ 2번 아이보리
⑦~⑮ 3번 피치

신랑 다리
①~⑥ 53번 블랙
⑦ 3번 피치
⑧~⑮ 53번 블랙

신부 팔
3번 피치

신랑 팔
①~③ 3번 피치
④~⑱ 2번 아이보리

신부 몸통
2번 아이보리

신랑 몸통
①~⑭ 53번 블랙
⑮~㉕ 2번 아이보리

• 신랑&신부 몸통

시작	실을 두 번 감아 원형코 만들기
① (8)	0, (×) × 8, ·
② (16)	0, (⤸) × 8, ·
③ (24)	0, (×⤸) × 8, ·
④ (32)	0, (×⤸×) × 8, ·
⑤ (40)	0, (××⤸) × 8, ·
⑥ (48)	0, (××⤸××) × 8, ·
⑦ (56)	0, (×××⤸×) × 8, ·
⑧ (56)	0, (×) × 56, ·
⑨ (56)	0, (×) × 20, (×) × 7, (×) × 2, (×) × 7, (×) × 20, ·
⑩ (56)	0, (×) × 56, ·
⑪ (52)	0, (××× ⤿ ××××) × 4, ·
⑫ (52)	0, (×) × 52, ·
⑬ (48)	0, (××××××× ⤿) × 4, ·
⑭ (48)	0, (×) × 48, ·
⑮ (48)	0, (×) × 48, ·
⑯ (44)	0, (××× ⤿ ×××) × 4, ·
⑰ (44)	0, (×) × 44, ·
⑱ (40)	0, (×××× ⤿) × 4, ·
⑲ (40)	0, (×) × 40, ·
⑳ (36)	0, (×××× ⤿ ××××) × 4, ·
㉑ (32)	0, (×××× ⤿) × 4, ·
㉒ (32)	0, (×) × 32, ·
㉓ (32)	0, (×) × 9, (×) × 5, (×) × 8, (×) × 5, (×) × 5, ·
㉔ (24)	0, (×× ⤿) × 8, ·
㉕ (16)	0, (× ⤿) × 8, ·

·⑨단 ＿＿＿ 부분을 다리와 함께 뜬다. 다리를 접어 A는 4번째 코를,
  B는 5번째 코를 시작코로 하여 몸통과 함께 뜬다(37쪽 참조).
·㉓단 ＿＿＿ 부분을 팔과 함께 뜬다. 팔을 이을 때 몸통에 솜을 넣는다(32쪽과 38쪽 참조).

• 신부&신랑 머리

시작	몸통에 이어서 뜨기
① (32)	0, (✲) × 16, •
② (48)	0, (× ✲) × 16, •
③ (56)	0, (×××× ✲) × 8, •
④~⑲ (56)	0, (×) × 56, •
⑳ (49)	0, (××× 仌 ×××) × 7, •
㉑ (42)	0, (××××× 仌) × 7, •
㉒ (35)	0, (×× 仌 ××) × 7, •
㉓ (28)	0, (××× 仌) × 7, •
㉔ (24)	0, (××××× 仌) × 4, •
㉕ (18)	0, (×× 仌) × 6, •
㉖ (9)	0, (仌) × 9, •

· ⑲단까지 뜨고 몸통과 머리에 솜을 넣는다.
· 마지막 단까지 뜬 후, 30cm 정도 마무리할 실을 남기고 자른다.
· 솜을 마저 채운다.
· 남긴 실을 돗바늘에 꿴 후, 바짝 잡아당겨 구멍을 조인다.

• 신부 머리카락

시작	실을 두 번 감아 원형코 만들기
① (8)	0, (×) × 8, •
② (16)	0, (✲) × 8, •
③ (24)	0, (× ✲) × 8, •
④ (32)	0, (× ✲ ×) × 8, •
⑤ (40)	0, (××× ✲) × 8, •
⑥ (48)	0, (×× ✲ ××) × 8, •
⑦ (48)	0, (×) × 48, •
⑧ (54)	0, (××××××× ✲) × 6, •
⑨ (56)	0, (×××××× ×13× ××××× ✲ ××××××× ×13× ×××××) × 2, •
⑩~⑮ (56)	0, (×) × 56, •
⑯ (46)	0, (×) × 44, ✲ (A부분)
⑰ (46)	(×) × 46 (안쪽으로 방향을 돌려서 코산에 걸어서 46코를 뜬다. 마지막 코는 기둥코 부분에 뜬다. – B부분)
⑱~㉚ (92)	(×) × 92 (원통으로 쭉 뜬다. 이때, 빼뜨기와 기둥코는 하지 않는다.)
㉛ (46)	(×) × 46 (A부분과 B부분을 접어서 함께 뜨면서 구멍을 막는다.)

· 100cm 정도 실을 길게 남기고 자른다.

Color

신부&신랑 머리
3번 피치
신부 머리카락&앞 머리카락
41번 진레드 베이지

• 신부 머리카락 꿰매 붙이기

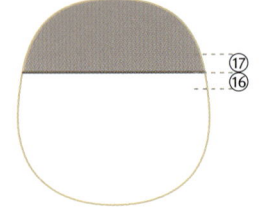

· 머리카락을 꿰매 붙이는 방법은 45쪽은 참조한다.

• 신부 머리카락 뜨기

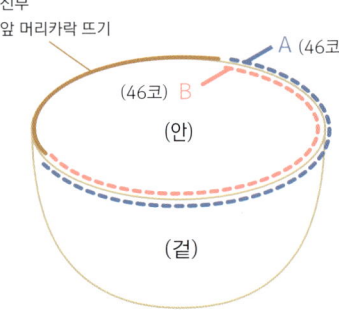

신부
앞 머리카락 뜨기
A (46코)
(46코) B
(안)
(겉)

• 신부 앞 머리카락

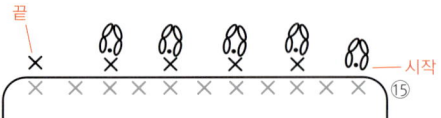

끝
시작
⑮

· 머리카락 ⑮단의 남은 11코 앞쪽에 실을 걸어서 뜬다.
· 남은 실은 얼굴에 머리카락을 꿰맬 때 사용한다.
· 머리카락을 인형에 씌우고 모양을 잡는다. 이때, 볼쪽은 공간이 생기도록 한다.
· 돗바늘에 실을 꿴 후, 머리카락 모양을 잡으면서 아래와 앞 머리카락 부분만을 꿰맨다.

시은맘의 손뜨개 인형

• 신부 원피스 윗부분

시작		사슬뜨기 50코로 원형코 만들기
①~②	(50)	0, (×)×50, ·
③	(50)	0, (×)×10, (◦)×9, (×)×12, (◦)×9, (×)×10, · (편물을 돌려 다음 단을 뜬다.)
④	(50)	0, (⊠)×10, (⊤)×4, (⟙)×2, (⊤)×3, (⊠)×2, ⊤, ⟙, ⊤, (·)×2, ⊤, ⟙, ⊤, (⊠)×2, (⊤)×3, (⟙)×2, (⊤)×4, (⊠)×10, ·
⑤	(50)	0, (×)×10, (⊤)×4, (⟙)×2, (⊤)×3, (×)×2, ⊤, ⟙, ⊤, (·)×2, ⟙, ⊤, (×)×2, (⊤)×3, (⟙)×2, (⊤)×4, (×)×10, ·

· 실을 50cm 정도로 길게 남기고 자른다.
· 돗바늘에 실을 꿴 후, 상의에 옷깃에 들뜨지 않도록 꿰맨다
· 옷깃 중앙에 프렌치 노트 스티치(46쪽 참조)로 실을 1번 감아 수놓는다.
  총 3번 수놓아 역삼각형 모양을 만든다.

• 신부 원피스 아랫부분

시작		원피스 윗부분 ①단에 걸어 뜨는데, 거꾸로 놓고 뜬다 .
①~⑨	(50)	0, (×)×50, ·
⑩	(75)	0, (×❤)×25, ·
⑪	(100)	0, (××❤)×25, ·
⑫	(100)	0, (×)×100, ·
⑬	(150)	0, (×❤)×50, ·
⑭~㉖	(150)	0, (×)×150, ·

· 이어서 치맛단을 뜬다.

• 신부 치맛단 뜨기

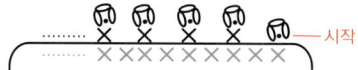

· 26단에 이어서 치맛단을 뜬다.
· 한 단을 뜬 후, 실을 10cm 정도 남기고 잘라 돗바늘로 정리한다.

• 신랑 머리카락

시작		실을 두 번 감아 원형코 만들기
①	(8)	0, (×)×8, ·
②	(16)	0, (❤)×8, ·
③	(24)	0, (×❤)×8, ·
④	(32)	0, (×❤×)×8, ·
⑤	(40)	0, (××❤)×8, ·
⑥	(48)	0, (××❤××)×8, ·
⑦	(48)	0, (×)×48, ·
⑧	(54)	0, (×××❤×××)×6, ·
⑨	(56)	0, (×)×13, ❤, (×)×26, ❤, (×)×13, ·
⑩	(58)	0, (×)×27, ❤, (×)×27, ❤, ·
⑪	(60)	0, (×)×14, ❤, (×)×28, ❤, (×)×14, ·
⑫~㉒	(60)	0, (×)×60, ·
㉓	(59)	0, (×)×58, ⋀ (편물 돌리기)
㉔	(57)	0, __, (×)×56, ⋀

· ㉔단의 ___ 부분은 1코를 비우고 뜬다.
· 마지막 단까지 뜬 후, 실을 100cm 정도 남기고 자른다.
· 인형에 머리카락을 씌운 후, 모양을 잡으면서 돗바늘로 꿰매 붙인다.

• 신랑 리본

시작		사슬뜨기 6코로 시작해서 타원형뜨기
①	(14)	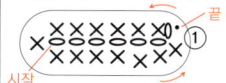
②~⑥	(14)	0, (×)×14, ·

• 리본 만들기

1. 리본 한쪽을 뜬 후, 10cm 정도 실을 남기고 잘라 안쪽에서 매듭짓는다.
2. 한쪽을 더 뜬 후, 먼저 떠 놓은 것과 함께 떠서 잇는다.
3. 실을 100cm 정도로 길게 남기고 자른다.
4. 직사각형의 길쭉한 모양 가운뎃부분을 실로 감아 리본 모양으로 만든다.
5. 아이보리색 실(레이스 실)로 무늬를 수놓는다.
6. 3번에서 길게 남긴 실을 돗바늘에 꿴 후, 리본을 옷에 꿰매 붙인다.
· 103쪽 리본 만들기 참조.

• 신랑 앞 머리카락

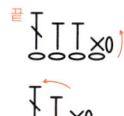

· 실을 100cm 정도 남기고 자른다.
· 머리카락의 빼뜨기 코가 있는 위치에 꿰매 붙인다
  (앞 머리카락 꿰매 붙이는 방법은 193쪽을 참조한다).

• 신랑 머리카락 꿰매 붙이기

빼뜨기 자리는 중앙에서
오른쪽으로 치우치도록 한다

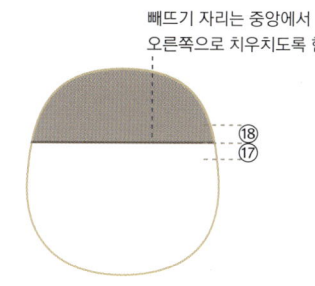

· 머리카락 꿰매 붙이는 방법은 45쪽을 참조한다.

Color

신부 원피스 전체(레이스 코바늘 1.50mm)
기본색 레이스 실 2번 아이보리
치맛단 레이스 실 15번 진러블리 핑크
신랑 머리카락&앞 머리카락
41번 진레드 베이지
리본(레이스 코바늘 1.0mm)
레이스 실 53번 블랙

사랑스러운 사람 인형 만들기

• 멜빵(2개)

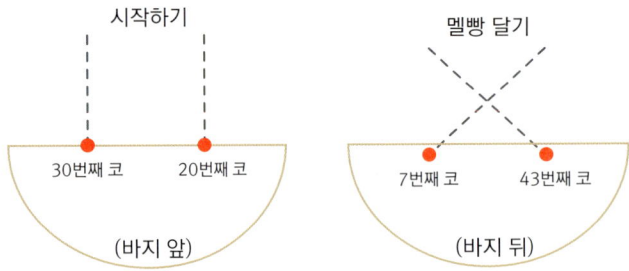

시작하기

멜빵 달기

| 30번째 코 | 20번째 코 |
| 7번째 코 | 43번째 코 |

(바지 앞)   (바지 뒤)

1. 인형 바지 앞의 30번째 코에 실을 걸어 사슬뜨기 30코를 뜬다.
2. 인형을 뒤로 돌리고, 대각선 방향의 바지 7번째 코에 돗바늘로 꿰매 붙인다.
3. 인형 바지 앞의 20번째 코에 실을 걸어 사슬뜨기 30코를 뜬다.
4. 인형을 뒤로 돌리고, 대각선 방향의 바지 43번째 코에 돗바늘로 꿰매 붙인다.

Color

신랑 모자&꼭지(레이스 코바늘 1.50mm)
레이스 실 20번 레드
화관링(레이스 코바늘 1.0mm)
레이스 실 20번 아이보리

• 신랑 모자

시작	실을 두 번 감아 원형코 만들기
① (8)	0, (✕)×8, ·
② (16)	0, (♈)×8, ·
③ (24)	0, (✕♈)×8, ·
④ (32)	0, (✕♈✕)×8, ·
⑤ (40)	0, (✕✕✕♈)×8, ·
⑥ (48)	0, (✕✕♈✕✕)×8, ·
⑦ (52)	0, (✕✕✕✕✕¹¹✕✕✕✕✕♈)×4, ·
⑧ (56)	0, (✕✕✕⁶✕✕✕ ♈ ✕✕✕⁶✕✕✕)×4, ·
⑨ (64)	0, (✕✕✕ ♈ ✕✕✕)×8, ·
⑩ (72)	0, (✕✕✕✕⁷✕✕✕♈)×8, ·
⑪ (80)	0, (✕✕✕✕ ♈ ✕✕✕✕)×8, ·
⑫ (88)	0, (✕✕✕✕⁹✕✕✕✕♈)×8, ·
⑬ (96)	0, (✕✕✕⁵✕✕ ♈ ✕✕✕⁵✕✕)×8, ·
⑭ (96)	0, (✕)×96, ·
⑮ (88)	0, (✕✕✕✕⁵✕ ⚰ ✕✕✕✕⁵✕)×8, ·
⑯ (80)	0, (✕✕✕✕✕⁹✕✕✕ ⚰)×8, ·
⑰ (72)	0, (✕✕✕✕ ⚰ ✕✕✕✕)×8, ·
⑱ (72)	0, (✕)×72, ·

· 10cm 정도 실을 남기고 잘라 돗바늘로 정리한다.
· 고무줄을 모자의 양쪽에 달아준다.

• 모자 꼭지

시작	실을 두 번 감아 원형코 만들기
① (4)	0, (✕)×4, ·
② (4)	0, (⚰)×4 ·
③ (4)	0, (✕)×4 ·

· 실을 50cm 정도로 길게 남기고 자른다.
· 남길 실을 돗바늘에 펜 후, 모자의 중앙에 꿰매 붙인다.

• 화관링

시작	사슬뜨기 6코로 원형코 만들기
① (6)	0, (✕)×6, ·

· 길이 15cm가 될 때까지 뜬다.
· 처음 부분과 돗바늘로 꿰매서 링을 만든다.
  이때, 솜은 채우지 않는다.

• 꽃(21개)

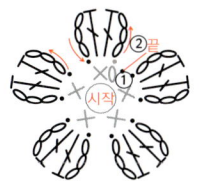

1. 실을 두 번 감아 원형코를 만들어 시작한다.
2. ①단을 뜬 후, 실을 15cm 정도 남기고 자른다.
3. 실 색을 바꿔 ②단을 뜬다.
4. 실을 50cm 정도 남기고 자른 후, 꽃의 뒷면에서 시작할 때 남긴 실과 함께 바짝 매듭지어 묶는다.
5. 가장 긴 실만 남기고 자른 후, 화관링에 꿰매 붙인다.

• 꽃봉오리(3개)

시작	실을 두 번 감아 원형코 만들기
① (5)	0, (✕) × 5, •
② (10)	0, (ⱱ) × 5, •
③ (10)	0, (✕) × 10, •
④ (5)	0, (△) × 5, •

· 실을 50cm 정도 남기고 자른다.
· 남긴 실을 돗바늘에 꿴 후, 화관링에 꿰매 붙인다.

• 큰 잎사귀(3개)

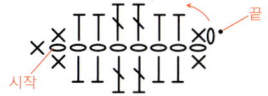

• 작은 잎사귀(4개)

· 실을 50cm 정도 남기고 자른다.
· 남긴 실을 돗바늘에 꿴 후, 화관링에 꿰매 붙인다.

• 신랑 귀(2개)

시작	실을 두 번 감아 원형코 만들기
① (5)	0, (✕) × 5

· 빼뜨기는 하지 않고 원을 조인다.
· 실을 50cm 정도 남기고 잘라 돗바늘에 꿴 후, 인형에 꿰매 붙인다.

• 신랑&신부 코

시작	실을 두 번 감아 원형코 만들기
① (4)	0, (✕) × 4, •

· 실을 100cm 정도로 길게 남기고 자른다.
· 남긴 실을 돗바늘에 꿴 후, 인형에 꿰매 붙인다.

• 신랑 귀 달기

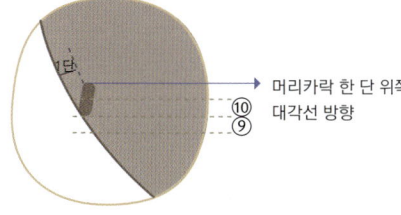

머리카락 한 단 위쪽 대각선 방향

· 귀 다는 방법은 41쪽을 참조한다.

※ 귀는 사진처럼 꿰매 붙인다.

• 신랑 코 달기, 눈입 수놓기

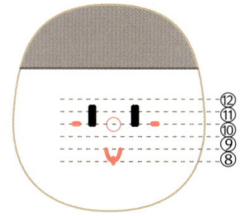

· 수놓는 방법은 44쪽을 참조한다.
· 눈은 한 단의 높이보다 살짝 길게 수놓는다.
· 코 다는 방법은 40쪽을 참조한다.

• 신부 코 달기, 눈입 수놓기

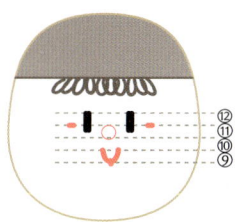

· 수놓는 방법은 44쪽을 참조한다.
· 눈은 한 단의 높이보다 살짝 길게 수놓는다.
· 코 다는 방법은 40쪽을 참조한다.

Color

꽃(레이스 코바늘 1.0mm)
① 레이스 실 7번 치즈
② 레이스 실 2번 아이보리(6개),
16번 핑크(5개),
51번 그레이(4개),
50번 보라(3개),
12번 오렌지(3개)
꽃봉오리(레이스 코바늘 1.0mm)
레이스 실 7번 치즈
큰 잎사귀&작은 잎사귀(레이스 코바늘 1.0mm)
레이스 실 38번 민트
신랑 귀
3번 피치
신랑&신부 코(레이스 코바늘 1.50mm)
레이스 실 3번 피치
신랑&신부 얼굴 수놓기
47번 초코 브라운(신랑&신부 눈)
22번 진빈티지 핑크(신랑&신부 입과 볼터치)

○신랑 앞 머리카락 꿰매 붙이기

신랑의 앞 머리카락을 중앙에서 오른쪽에 위치하도록 꿰매 붙인다(193쪽 참조).

○신부 머리카락 뜨기

16단은 기둥코(사슬뜨기 1코)를 세우고 44코 뜨고, 45번째 코는 2코 늘려뜨기한다.

안쪽으로 방향을 돌린 후, 코산에 걸어서 짧은뜨기 46코를 뜬다. 이때 46번째 코는 기둥코에 걸어서 뜬다.

편물을 돌려 입체원형으로 뜬다. 이렇게 뜨면 머리카락이 두 겹이 된다. 두 겹으로 만들면 휘지 않고 단단한 머리카락을 만들 수 있다.

27단까지 뜬 후, 28단에서는 두 겹으로 된 부분을 사진처럼 잡고 함께 뜨면서 구멍을 막아 완성한다.

○신부 머리카락 꿰매 붙이기

머리카락을 인형 머리에 씌워 중앙을 잘 맞춘다. 옆 머리카락과 얼굴 사이에 공간이 생기도록 하고 아랫단의 위치를 잡아 시침핀을 꽂는다.

모양을 잡으면서 앞 머리카락과 아랫 부분을 꿰매 붙인다.

※ 꿰맬 때는 머리카락 위치가 움직이지 않도록 계속 손으로 모양을 잡아 주면서 꿰맨다.

○드레스에 옷깃 꿰매 붙이기

옷깃을 드레스 상단에 돗바늘로 꿰매 붙인다. 이때, 옷깃이 들뜨지 않도록 성글게 꿰맨다.

○화관 만들기

화관 틀을 떠서 양끝을 꿰매 링을 만든다. 솜은 넣지 않는다.

2 꽃은 원형뜨기로 1단을 뜨고, 도안을 참고해 2단까지 떠서 완성한다.

3 꽃을 뜬 후 남은 실들을 꽃의 뒤쪽에서 바짝 붙여 매듭짓는다. 가장 긴한 가닥만 남기고 자른다.

4 꽃, 꽃봉오리, 잎사귀(대), 잎사귀(소)도 도안의 개수만큼 떠서 준비한다.

5 과정 1에서 준비한 화관링 겉면에 하나씩 꿰매 붙인다. 이때, 화관링 안쪽에서 실끼리 엉키도록 실을 길게 안쪽에 넣고 자른다. 따로 매듭을 짓지 않아도 된다.

6 꽃은 화관링의 안쪽 면에는 꿰매지 않고 겉면에 촘촘하게 꿰맨다. 컬러가 겹치지 않도록 사진을 참고해서 꽃과 꽃잎을 배치한다.

7 꽃, 꽃봉오리, 잎사귀를 모두 붙였으면 레이스 원단을 화관링 안쪽 면에 대고 꿰맨다.

13 Making of Crochet Doll

꼬마마녀

마녀 모자부터 호박 가방과 빗자루까지,

나름대로 마녀 흉내를 낸 귀여운 삐삐 머리의 꼬마 숙녀예요.

information.

level	size
★ ★ ☆	19cm

준비물

실   돌리코튼 2번 아이보리, 3번 피치, 5번 베이지, 10번 피넛, 12번 오렌지,
18번 다홍, 47번 초코 브라운, 49번 자주, 50번 보라, 53번 블랙
돌리코튼 레이스 20번 레드

바늘   모사용 코바늘 2/0호(2.0mm), 레이스 코바늘 1.50mm

기타   돗바늘, 겸자, 마커, 시침핀, 가위, 방울 솜, 가방 단추

사용한 뜨개 기법

사슬뜨기(○ 또는 ◖), 짧은뜨기(×), 짧은뜨기 2코 늘려뜨기(ᐺ), 짧은뜨기 2코 모아 변형이랑뜨기(ᐃ), 빼뜨기(●), 긴뜨기(↑), 한길긴뜨기(ᵻ), 한길긴뜨기 2코 늘려뜨기(Ⅴ), 한길긴뜨기 3코 늘려뜨기(Ⅵ), 뒤걸어 짧은뜨기(Ⴟ), 앞걸어 짧은뜨기(Ⴑ), 짧은뜨기 뒤이랑뜨기(᙭), 긴뜨기 뒤이랑뜨기(Ⅰ), 짧은뜨기 2코 모아 뒤이랑뜨기(ᐃ)

인형 만들기 기초

28~46쪽을 참조한다.

1   팔 2개와 다리 2개를 뜬다.

2   다리의 14단 부분에 실을 걸어 바지 레이스를 뜬다.

3   다리를 이은 후, 12단까지 도안대로 몸통을 뜬다.

4   편물을 돌려 치마를 뜬다.

5   12단 안쪽 코의 머리에 실을 걸어 상의를 7단까지 뜬다.

6   팔과 몸통에 솜을 채운다.

7   팔을 몸통과 연결해서 몸통을 뜬다.

8   머리를 18단까지 뜬 후, 솜을 채운다.

9   나머지 단을 모두 뜨고, 솜을 더 채워 마무리한다.

10   머리카락을 떠서 머리에 꿰매 붙인다.

11   앞 머리카락을 떠서 앞머리에 꿰매 붙인다.

12   땋은 머리카락을 만들어 머리 양쪽에 꿰매 붙인다.

13   옷깃을 떠서 옷에 꿰매 붙인다.

14   얼굴에 눈코입을 수놓는다.

15   모자를 뜬다.

16   빗자루를 뜨고 솜을 넣는다.

17   호박 가방을 뜬다.

• 다리(2개)

시작	사슬뜨기 9코로 기초코 만들어 타원형뜨기
① (19)	
② (23)	
③ (21)	0, (×) × 9, ♠, ×, ♠, (×) × 9, •
④ (19)	0, (×) × 8, ♠, ×, ♠, (×) × 8, •
⑤ (17)	0, (×) × 7, ♠, ×, ♠, (×) × 7, •
⑥ (15)	0, (×) × 6, ♠, ×, ♠, (×) × 6, •
⑦ (13)	0, (×) × 5, ♠, ×, ♠, (×) × 5, •
⑧~⑬ (13)	0, (×) × 13, •
⑭ (13)	0, (×) × 13, •
⑮ (14)	0, (×) × 6, ♥, (×) × 6, •
⑯ (16)	0, (× × × ♥ × × ×) × 2 •
⑰ (20)	0, (× × × ♥) × 4, •
⑱ (24)	0, (× × ♥ × ×) × 4, •

· 10cm 정도 실을 남기고 자른다.
· 남긴 실을 첫코의 안쪽으로 빼내 매듭짓는다.

• 몸통

시작	다리 2개를 ①단에서 연결한다.
① (52)	○, •, 0, (×) × 25, ×, (×) × 25, ×, •
	다리 A 다리 B
②~④ (52)	0, (×) × 52, •
⑤ (50)	0, (× × × × × × × ×^12 × × × × × ♠ × × × × × × × × × × ×) × 2, •
⑥ (48)	0, (× × × × × × × × × × × ×^23 × × × × × × × × × × × ♠) × 2, •
⑦ (44)	0, (× × ×^5 × × ♠ × × ×^5 × ×) × 4, •
⑧ (40)	0, (× × × × ×^9 × × × ♠) × 4, •
⑨ (35)	0, (× × × ♠ × × ×) × 5, •
⑩ (30)	0, (× × × × × ♠) × 5, •
⑪ (30)	0, (×) × 30, •
⑫ (30)	0, (×) × 30, •

· 마지막 단까지 뜬 후, 방향을 돌려 이어서 치마를 뜬다.

Color

다리	몸통
①~⑦ 49번 자주	①~⑩ 2번 아이보리
⑧~⑫ 3번 피치	⑪~⑫ 50번 보라
⑬~⑱ 2번 아이보리	**바지 레이스**
팔	2번 아이보리
①~④ 3번 피치	**치마**
⑤~⑯ 50번 보라	50번 보라

• 팔(2개)

시작	실을 두 번 감아 원형코 만들기
① (5)	0, (×) × 5, •
② (9)	0, ×, (♥) × 4, •
③~⑯ (9)	0, (×) × 9, •

· 10cm 정도 실을 남기고 자른다.
· 남긴 실을 첫코의 안쪽으로 빼내 매듭짓는다.
· 솜을 채운다.

• 바지 레이스

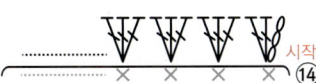

· 바지 ⑭단 이랑뜨기한 코에 실을 걸어서 한길긴뜨기 3코 늘려뜨기를 한다.
· 인형을 거꾸로 놓고 뜬다.

• 치마

시작	몸통에 이어서 뜬다.
① (45)	0, (× ♥) × 15, •
② (60)	0, (× × ♥) × 15, •
③~⑤ (60)	0, (×) × 60, •
⑥ (55)	0, (× × × ×^5 × ♠ × ×^5 × × ×) × 5, •
⑦~⑬ (55)	0, (×) × 55, •

· 인형을 거꾸로 놓고 뜬다.

• 다리 연결하기(1단)

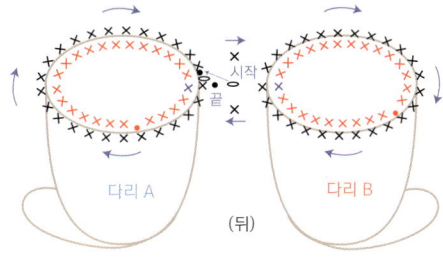

(뒤)

1. 다리가 뒤가 보이도록 놓고 B의 10번째 코에 실을 건다.
  (실을 걸기 전 굵게 매듭지어 빠지지 않도록 한다.)
2. 사슬뜨기 1코를 뜨고, A의 20번째 코에 빼뜨기로 연결한다.
3. 다시 기둥코(사슬뜨기 1코)를 세우고 빼뜨기와 기둥코를 세운
  자리에 짧은 뜨기 1코를 뜬 후(첫코가 된다) 빼뜨기 코도 포함해서
  짧은뜨기 24코를 뜬다.
4. A와 B의 중간부분 사슬뜨기에 짧은뜨기 1코를 뜬 후, 빼뜨기 코도
  포함해서 짧은뜨기 25코를 뜬다.
5. A와B의 중간 부분 사슬뜨기에 짧은뜨기 1코를 뜬다.
6. A의 첫코에 빼뜨기를 한다.

• 상의

시작	몸통의 ⑫단에 실을 걸어 뜬다.
①~⑤ (30)	0, (×) × 30, ·
⑥ (25)	0, (× × 〆 × ×) × 5, ·
⑦ (25)	0, (×) × 25, ·
⑧ (25)	0, (×) × 6, (×) × 4, (×) × 8, (×) × 4, (×) × 3, ·
⑨ (20)	0, (× × × 〆) × 5, ·
⑩ (15)	0, (× × 〆) × 5, ·

· ⑧단의 ___ 부분을 팔과 함께 뜬다(32쪽과 38쪽 참조).
· 팔을 이을 때 다리에 솜을 넣는다.

• 머리카락

시작	실을 두 번 감아 원형코 만들기
① (8)	0, (×) × 8, ·
② (16)	0, (⋎) × 8, ·
③ (24)	0, (× ⋎) × 8, ·
④ (32)	0, (× ⋎ ×) × 8, ·
⑤ (40)	0, (× × × ⋎) × 8, ·
⑥ (48)	0, (× × ⋎ × ×) × 8, ·
⑦ (48)	0, (×) × 48, ·
⑧ (54)	0, (× × × ⁷× × × ⋎) × 6, ·
⑨ (56)	0, (× × × × ×¹³× × × × × ⋎ × × × × × ¹³× × × × ×) × 2, ·
⑩ (58)	0, (× × × × × × × × × ×²⁷× × × × × × × × × × × × ⋎) × 2, ·
⑪ (60)	0, (× × × × × × ¹⁴× × × × × × ⋎ × × × × × × ¹⁴× × × × × ×) × 2, ·
⑫~⑳ (60)	0, (×) × 60, ·
㉑ (59)	0, (×) × 58, 〆 (편물 돌리기)
㉒ (57)	0, ___, (×) × 56, 〆
㉓ (56)	0, ___, (×) × 56

· ㉒와 ㉓단의 ___ 부분은 1코씩 비운다.
· 실을 100cm 정도 남기고 자른다.
· 인형에 머리카락을 씌운 후, 모양을 잡으면서 돗바늘로 꿰매 붙인다.

• 머리카락 꿰매 붙이기

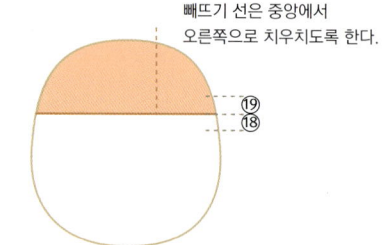

빼뜨기 선은 중앙에서
오른쪽으로 치우치도록 한다.

⑲
⑱

· 머리카락 꿰매 붙이는 방법은 45쪽을 참조한다.

• 머리

시작	상의에 이어서 뜬다.
① (30)	0, (⋎) × 15, ·
② (45)	0, (× ⋎) × 15, ·
③ (54)	0, (× × ⋎ × ×) × 9, ·
④ (54)	0, (×) × 54, ·
⑤ (60)	0, (× × × × ⋎ × × × ×) × 6, ·
⑥~⑱ (60)	0, (×) × 60, ·
⑲ (54)	0, (× × × × 〆 × × × ×) × 6, ·
⑳ (48)	0, (× × × × × ⁷× × 〆) × 6, ·
㉑ (42)	0, (× × × 〆 × × ×) × 6, ·
㉒ (36)	0, (× × × ⁵× × 〆) × 6, ·
㉓ (30)	0, (× × 〆 × ×) × 6, ·
㉔ (24)	0, (× × × 〆) × 6, ·
㉕ (18)	0, (× × 〆) × 6, ·
㉖ (9)	0, (〆) × 9, ·

· ⑱단까지 뜨고, 얼굴에 솜을 넣는다.
· 마지막 단을 뜬 후, 30cm 정도 마무리할 실을 남기고 자른다.
· 솜을 마저 채운다.
· 남긴 실을 돗바늘에 꿴 후, 바짝 잡아당겨 구멍을 조인다.

Color

상의
50번 보라
머리
3번 피치
머리카락
12번 오렌지

Color

앞 머리카락, 땋은 머리카락	모자
12번 오렌지	53번 블랙
옷깃	머리끈(레이스 코바늘 1.50mm)
40번 자주	레이스 실 20번 레드
얼굴 수놓기	
47번 초코 브라운(눈)	
18번 다홍(코, 입, 주근깨)	

• 앞 머리카락

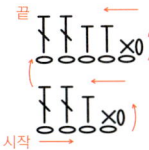

· 실을 100cm 정도로 길게 남기고 자른다.
· 머리의 빼뜨기 코가 있는 위치에 달아준다.

• 땋은 머리카락(2개)

1. 실을 100cm 정도로 길게 남기고 자른다.
2. 3가닥으로 땋은 후, 머리끈으로 묶는다.
3. 머리끈은 사슬뜨기 50코를 떠서 만든다.
4. 얼굴이 아닌 머리카락에 달아준다.

• 땋은 머리카락 달기 /
• 눈코입, 주근깨 수놓기

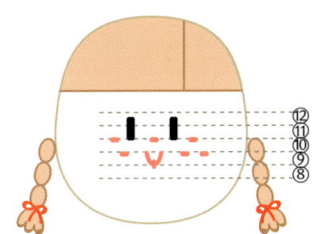

· 땋은 머리카락을 그림처럼 ⑩~⑪단 사이에 꿰매 붙인다.
  달랑거리지 않도록 2단 아랫부분을 머리카락에 붙도록 꿰맨다.
· 수놓는 방법은 44쪽을 참조한다.
· 눈은 두 단의 높이보다 조금 낮게 수놓는다.

• 옷깃

끝 · 시작 → 사슬뜨기 23코

· 실을 50cm 정도 남기고 자른다.
· 남길 실을 돗바늘에 꿴 후, 인형에 꿰매 붙인다.

• 모자

시작	실을 두 번 감아 원형코 만들기
① (6)	0, (×) × 6, ·
② (12)	0, (⩗) × 6, ·
③ (12)	0, (×) × 12, ·
④ (18)	0, (×⩗) × 6, ·
⑤ (18)	0, (×) × 18, ·
⑥ (24)	0, (×⩗×) × 6, ·
⑦ (24)	0, (×) × 24, ·
⑧ (30)	0, (×××⩗) × 6, ·
⑨~⑩ (30)	0, (×) × 30, ·
⑪ (36)	0, (××⩗××) × 6, ·
⑫~⑬ (36)	0, (×) × 36, ·
⑭ (42)	0, (××ˣ×××⩗) × 6, ·
⑮ (42)	0, (×) × 42, ·
⑯ (56)	0, (××⩗) × 14, ·
⑰ (64)	0, (××⩗×××) × 8, ·
⑱ (72)	0, (×××⁷×××⩗) × 8, ·
⑲ (72)	0, (×) × 72, ·
⑳ (80)	0, (××××⩗××××) × 8 ·
㉑ (88)	0, (××××⁹××××⩗) × 8, ·
㉒ (88)	0, (×) × 88, ·
㉓ (96)	0, (×××××⩗××××) × 8, ·
㉔~㉕ (96)	0, (×) × 96, ·

· 10cm 정도 실을 남기고 잘라 돗바늘로 정리한다.

• 모자끈

1. 모자 ⑱단 부분의 안쪽에 실을 걸어 사슬뜨기 50코로 끈을 뜬다(양쪽).

2. 단단하게 매듭짓고 실을 잘라 마무리한다(끈 마무리는 35쪽을 참조한다).

사랑스러운 사람 인형 만들기

• 빗자루

시작	실을 두 번 감아 원형코 만들기
① (3)	0, (×) × 3, ·
② (5)	0, ×, (⋎) × 2, ·
③ (7)	0, ×, (⋎) × 2, (×) × 2, ·
④ (10)	0, (×) × 2, (⋎) × 3, (×) × 2, ·
⑤ (11)	0, (×) × 4, ⋎, (×) × 5, ·
⑥ (15)	0, (×) × 2, ⋎, (×⋎) × 2, (×) × 2, ⋎, ×, ·
⑦ (15)	0, (×) × 15, ·
⑧ (17)	0, (×) × 7, ⋎, (×) × 6, ⋎, ·
⑨ (19)	0, (×) × 4, ⋎, (×) × 7, ⋎, (×) × 4, ·
⑩ (22)	0, (××××^{8}×××⋎) × 2, ⋎, ·
⑪ (22)	0, (×) × 22, ·
⑫ (24)	0, (××××^{5}×⋎××××) × 2, ·
⑬ (24)	0, (×) × 24, ·
⑭ (21)	0, (×××쏘×××) × 3, ·
⑮ (18)	0, (×××^{5}×쏘) × 3, ·
⑯ (13)	0, (××쏘) × 4, 쏘, ·
⑰ (9)	0, (×쏘) × 4, ×, ·
⑱ (13)	0, (×⋎) × 4, ×, ·
⑲ (12)	0, (×) × 11, 쏘, ·
⑳ (9)	0, (××쏘) × 3, ·

• 빗자루 손잡이

시작	빗자루에 이어서 뜬다.
①~㉖ (9)	0, (×) × 9, ·
㉗ (9)	0, (×) × 9, ·

- ⑯단까지 뜨고 솜을 넣는다.
- 마지막 단까지 뜬 후, 실을 30cm 정도 남기고 자른다.
- 솜을 마저 채운다.
- 남긴 실을 돗바늘에 꿴 후, 실을 바짝 잡아당겨 구멍을 조인다.
- 빗자루 부분 ⑰~⑱단 사이를 실로 묶어서 조인다.

• 호박 가방 뚜껑

시작	실을 두 번 감아 원형코 만들기
①~③ (4)	0, (×) × 4, ·
④ (8)	0, (⋎) × 4, ·
⑤ (14)	0, (×⋎⋎⋎) × 2, ·
⑥ (21)	0, (×⋎) × 7, ·
⑦ (28)	0, (××⋎) × 7, ·
⑧ (28)	0, (×) × 28, ·

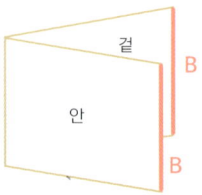

- 실을 100cm 정도 길게 남기고 자른다.
- 남긴 실을 돗바늘에 꿴 후, 뚜껑을 가방에 단다.
- 사슬뜨기 5코로 단추고리를 만든 후, 돗바늘로 가방에 꿰매 붙인다.
- 가방에 단추를 단다.

Color	
빗자루 5번 베이지	**호박 가방** 10번 피넛
빗자루 손잡이 47번 초코 브라운	**호박 가방 뚜껑** 47번 초코 브라운

• 호박 가방

시작	사슬뜨기 9코로 시작해서 평면뜨기
① (9)	0, (×) × 9
② (9)	0, (×) × 2, (⊤) × 5, (×) × 2 (코산에 걸어뜨기)
③ (9)	0, (×) × 2, (⊤) × 5, (×) × 2
④ (9)	0, (×) × 2, (⊤) × 5, (×) × 2 (코산에 걸어뜨기)
⑤ (9)	0, (×) × 2, (⊤) × 5, (×) × 2
⑥ (9)	0, (×) × 2, (⊤) × 5, (×) × 2 (코산에 걸어뜨기)
⑦ (9)	0, (×) × 2, (⊤) × 5, (×) × 2
⑧ (9)	0, (×) × 2, (⊤) × 5, (×) × 2 (코산에 걸어뜨기)
⑨ (9)	0, (×) × 2, (⊤) × 5, (×) × 2
⑩ (9)	0, (×) × 2, (⊤) × 5, (×) × 2 (코산에 걸어뜨기)
⑪ (9)	0, (×) × 2, (⊤) × 5, (×) × 2
⑫ (9)	0, (×) × 2, (⊤) × 5, (×) × 2 (코산에 걸어뜨기)
⑬ (9)	0, (×) × 2, (⊤) × 5, (×) × 2
⑭ (9)	0, (×) × 2, (⊤) × 5, (×) × 2 (코산에 걸어뜨기)
⑮ (9)	0, (×) × 2, (⊤) × 5, (×) × 2
⑯ (9)	0, (×) × 2, (⊤) × 5, (×) × 2 (코산에 걸어뜨기)
⑰ (9)	0, (×) × 2, (⊤) × 5, (×) × 2
⑱ (9)	0, (×) × 2, (⊤) × 5, (×) × 2 (코산에 걸어뜨기)
⑲ (9)	0, (×) × 2, (⊤) × 5, (×) × 2
⑳ (9)	0, (×) × 2, (⊤) × 5, (×) × 2 (코산에 걸어뜨기)
㉑ (9)	0, (×) × 2, (⊤) × 5, (×) × 2

• 호박 가방 테두리

1. ㉑단까지 뜨고 기둥코를 세운다. A 부분에 짧은뜨기 21코를 뜬다.

2. 겉면이 맞닿도록 반을 접는다. B 부분을 함께 뜨면서 잇는다.
3. 기둥코를 세우고, 짧은뜨기 9코를 뜬다.
4. 200cm 정도로 길게 실을 남기고 자른다.
5. 남긴 실을 돗바늘에 꿴 후, 바짝 잡아당겨 구멍을 조인다.
   계속해서 끈을 뜰 위치로 실을 숨기면서 바늘을 빼낸다.
6. 겉 무늬가 밖이 되도록 가방을 뒤집고, 사슬뜨기 34코로 끈을 뜬다.
7. 돗바늘에 실을 꿴 후, 대칭되는 곳에 달아준다.

시은맘의 손뜨개 인형

○ 앞 머리카락 꿰매 달기

1 빼뜨기 코 위치에 앞 머리카락이 오도록 놓는다.
사진처럼 한쪽 끝을 꿰맨다.

2 다른 한쪽 끝도 꿰맨다.
사진처럼 뒤에서 바늘을 넣는다.

3 앞 머리카락과 머리카락의 코 머리를 잡아서 꿰맨다.

○ 땋은 머리카락 달기

4 꿰매 붙이면 끝 쪽이 자연스럽게 말려서 사진과 같은 모양이 된다.

1 도안을 참고해 3줄 머리카락 2개를 만들어 땋는다.
땋은 머리카락 2개를 만든다.

2 끈을 만들어 머리 끝부분에 묶는다.

○ 옷깃 꿰매 붙이기

3 완성된 땋은 머리카락을 얼굴 도안 아래쪽에서 10단 위쪽에 사진처럼 꿰매 붙인다.

1 떠 놓은 옷깃을 목에 둘러 위치를 잡는다. 길게 남긴 실을 돗바늘에 꿴 후, 사진처럼 첫코에 넣는다.

2 돗바늘은 목 뒷부분으로 통과해 옷깃 코 머리 부분 한 코를 꿰맨다.
2~3번 반복해서 꿰맨다.

사랑스러운 사람 인형 만들기

14 Making of Crochet Doll

버섯 요정과 버섯집

버섯마을에 살고 있는 할아버지 요정이 귀여운 버섯집을 만들었어요.

information.

level	size					

★ ★ ☆ 　　　　　 8cm 　　 12cm 　　 5cm

준비물

실　　돌리코튼 2번 아이보리, 12번 오렌지, 15번 진러블리 핑크, 20번 레드, 39번 카키, 46번 브라운
　　　돌리코튼 레이스 2번 아이보리, 3번 피치, 19번 핑크다홍, 40번 그린, 53번 블랙

바늘　모사용 코바늘 2/0호(2.0mm), 레이스 코바늘 1.0mm

기타　돗바늘, 겸자, 마커, 시침핀, 가위, 방울 솜, 마분지, 와이어

사용한 뜨개 기법

사슬뜨기(○ 또는 ◖), 짧은뜨기(✕), 짧은뜨기 2코 늘려뜨기(✖), 짧은뜨기 2코 모아 변형이랑뜨기(⌃), 빼뜨기(•), 긴뜨기(⊤), 한길긴뜨기(Ŧ), 앞걸어 짧은뜨기(⦚), 피코뜨기(⬮), 짧은뜨기 뒤이랑뜨기(⋉), 짧은뜨기 2코 늘려 뒤이랑뜨기(⩔)

인형 만들기 기초

28~46쪽을 참조한다.

• 버섯집

1 집을 뜬다.
2 입구의 테두리에 짧은뜨기로 한 바퀴 뜬다.
3 대문을 뜬다.
4 집과 같이 떠서 연결한다.
5 지붕을 뜬 후, 솜을 채운다.
6 버섯 무늬를 떠서 지붕에 꿰매 붙인다.
7 집 안에 마분지를 잘라서 넣는다.

• 버섯 요정

1 팔 2개를 뜬다.
2 몸통을 뜬 후, 13단에서 팔과 같이 떠서 연결한다.
3 이어서 모자를 뜨고, 솜을 넣어 마무리한다.
4 발을 떠서 몸통 아래에 꿰매 붙인다.
5 머리카락과 수염을 떠서 머리와 얼굴에 꿰매
   붙인다.
6 얼굴에 눈코입을 수놓는다.

• 버섯(중, 소)

1 버섯 아랫면을 뜬다.
2 버섯 윗면을 뜨고 아랫부분과 함께 뜨면서 구멍을
   막는다.
3 구멍을 막기 전에 솜을 채운다.
4 아이보리색 실로 수놓는다.

• 버섯(중) 기둥

시작	실을 두 번 감아 원형코 만들기
① (8)	0, (×) × 8, ·
② (16)	0, (ⓥ) × 8, ·
③ (24)	0, (×ⓥ) × 8, ·
④ (32)	0, (×ⓥ×) × 8, ·
⑤ (40)	0, (××ⓥ) × 8, ·
⑥ (48)	0, (××ⓥ×) × 8, ·
⑦~⑪ (48)	0, (×) × 48, ·
⑫ (46)	0, (×××××¹¹×××××⚠×××××××¹¹×××××) × 2, ·
⑬ (44)	0, (××××××××××²¹×××××××××⚠) × 2, ·
⑭ (42)	0, (××××××××¹⁰×⚠××××××××¹⁰××××) × 2, ·
⑮ (40)	0, (×××××××¹⁹×××××××××××⚠) × 2, ·
⑯ (38)	0, (××××⁹××××⚠×××××××⁹××) × 2, ·
⑰ (36)	0, (××××××××¹⁷×××××××⚠) × 2, ·
⑱~⑳ (36)	0, (×) × 36, ·

· 실을 10cm 정도 남기고 자른다.
· 남길 실을 첫코의 안쪽으로 빼내 매듭짓는다.

• 버섯(소) 기둥

시작	실을 두 번 감아 원형코 만들기
① (8)	0, (×) × 8, ·
② (16)	0, (ⓥ) × 8, ·
③ (24)	0, (×ⓥ) × 8, ·
④~⑥ (24)	0, (×) × 24, ·
⑦ (22)	0, (×××××⁵⚠×××⁵××) × 2, ·
⑧ (20)	0, (××××⁹××××⚠) × 2, ·
⑨ (18)	0, (××××⚠××××) × 2, ·
⑩ (16)	0, (××××⁷×××⚠) × 2, ·
⑪ (16)	0, (×) × 16, ·
⑫ (24)	0, (ⓧⓥ) × 8, ·
⑬ (30)	0, (×××ⓥ) × 6, ·
⑭ (30)	0, (×) × 30, ·

· 실을 10cm 정도 남기고 자른다.
· 남긴 실을 첫코의 안쪽으로 빼내 매듭짓는다.

Color

버섯(중, 소) 기둥
2번 아이보리
버섯(중, 소) 지붕
20번 레드

• 버섯(중) 지붕

시작	실을 두 번 감아 원형코 만들기
① (6)	0, (×) × 6, ·
② (12)	0, (ⓥ) × 6, ·
③ (18)	0, (×ⓥ) × 6, ·
④ (24)	0, (×ⓥ×) × 6, ·
⑤ (30)	0, (××ⓥ) × 6, ·
⑥ (36)	0, (××ⓥ××) × 6, ·
⑦ (42)	0, (××××⁵××ⓥ) × 6, ·
⑧ (48)	0, (×××ⓥ×××) × 6, ·
⑨ (54)	0, (××××××⁷ⓥ) × 6, ·
⑩ (60)	0, (××××ⓥ×××××) × 6, ·
⑪ (66)	0, (×××××××⁹××⚠) × 6, ·
⑫~⑭ (66)	0, (×) × 66, ·
⑮ (60)	0, (××××××⁹××⚠) × 6, ·
⑯ (54)	0, (××××⚠××××) × 6, ·
⑰ (48)	0, (××××⁷×××⚠) × 6, ·
⑱ (42)	0, (×××⚠××) × 6, ·
⑲ (36)	0, (×××××⁵⚠) × 6, ·

· 마지막 단까지 뜨고 기둥과 함께 뜬다.
· 3~4코를 남긴 후, 솜을 채운다.
· 마지막 코까지 뜬 후, 매듭을 안쪽으로 넣어 정리한다.
· 아이보리색 실로 버섯 지붕에 무늬를 수놓는다.
  이때, 39쪽을 참조해 바닥을 오목하게 만들어 잘 서 있도록 한다.

• 버섯(소) 지붕

시작	실을 두 번 감아 원형코 만들기
① (6)	0, (×) × 6, ·
② (12)	0, (ⓥ) × 6, ·
③ (18)	0, (×ⓥ) × 6, ·
④ (24)	0, (×ⓥ×) × 6, ·
⑤ (24)	0, (×) × 24, ·
⑥ (30)	0, (×××ⓥ) × 6, ·
⑦ (30)	0, (×) × 30, ·

· 마지막 단까지 뜨고 기둥과 함께 뜬다.
· 3~4코를 남긴 후, 솜을 채운다.
· 마지막 코까지 뜬 후, 매듭을 안쪽으로 넣어 정리한다.
· 아이보리색 실로 버섯 지붕에 무늬를 수놓는다.
  이때, 39쪽을 참조해 바닥을 오목하게 만들어 잘 서 있도록 한다.

사랑스러운 사람 인형 만들기

Color

버섯집	버섯집 입구 테두리
①~⑧ 12번 오렌지	① 2번 아이보리
⑨~㉚ 2번 아이보리	② 46번 브라운

• 버섯집

시작	실을 두 번 감아 원형코 만들기
① (8)	0, (✕) × 8, ·
② (16)	0, (✻) × 8, ·
③ (24)	0, (✕✻) × 8, ·
④ (32)	0, (✕✻✕) × 8, ·
⑤ (40)	0, (✕✕✕✻) × 8, ·
⑥ (48)	0, (✕✕✻✕✕) × 8, ·
⑦ (56)	0, (✕✕✕✕✕✻) × 8, ·
⑧ (64)	0, (✕✕✕✻✕✕✕) × 8, ·
⑨ (64)	0, (✕) × 64 (빼뜨기 하지 않고 다음 단을 뜬다.)
⑩ (30)	(✕) × 30 (기둥코 없이 뜬 후, 편물을 돌려 평면뜨기한다.)
⑪ (52)	0, (✕) × 52 (편물 돌리기)
⑫ (52)	0, (✕) × 52 (편물 돌리기)
⑬ (52)	0, (✕) × 52 (편물 돌리기)
⑭ (52)	0, (✕) × 52 (편물 돌리기)
⑮ (52)	0, (✕) × 52 (편물 돌리기)
⑯ (52)	0, (✕) × 52 (편물 돌리기)
⑰ (52)	0, (✕) × 52 (편물 돌리기)
⑱ (52)	0, (✕) × 52 (편물 돌리기)
⑲ (52)	0, (✕) × 52 (편물 돌리기)
⑳ (52)	0, (✕) × 52 (편물 돌리기)
㉑ (53)	0, (✕) × 51, ✻ (편물 돌리기)
㉒ (54)	0, (✕) × 52, ✻ (편물 돌리기)
㉓ (55)	0, (✕) × 53, ✻ (편물 돌리기)
㉔ (55)	0, (✕) × 55
㉕ (65)	(○) × 10, (✕) × 55 (사슬뜨기 10코를 뜬 후, 첫코와 이어서 원통으로 뜬다.)
㉖~㉘ (65)	(✕) × 65
㉙ (95)	(✕) × 95
㉚ (65)	(⅄) × 65

· ⑩~㉔단: 버섯집 입구를 만들기 위해 평면으로 뜬다.
· ㉕~㉚단: 버섯집 입구 상단을 연결해 윗부분을 원통으로 뜬다.

• 버섯집 25단 연결 부분

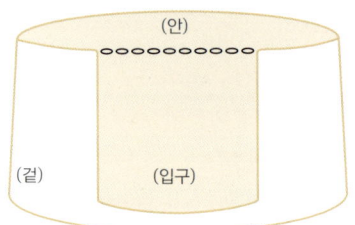

· ㉕단: ㉔단을 뜬 후, 사슬뜨기 10코를 뜬다.
  ㉔단의 첫코에 짧은뜨기로 연결해서 원통으로 뜬다.

• 버섯집 입구 테두리 뜨기

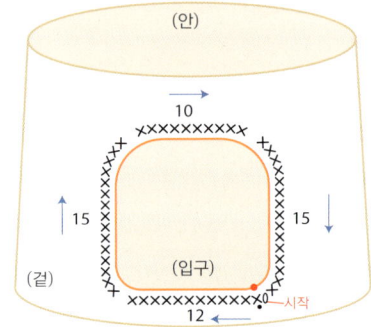

1. 입구 부분에 실을 걸어 테두리를 뜬다.
2. 1단: 기둥코(사슬뜨기 1코)를 세우고, 짧은뜨기 52코, 빼뜨기
3. 2단: 기둥코(사슬뜨기 1코)를 세우고, 짧은뜨기 52코, 빼뜨기
4. 10cm 정도 남기고 잘라 실을 정리한다.

시은맘의 손뜨개 인형

• 버섯집 지붕

시작		실을 두 번 감아 원형코 만들기
①	(8)	0, (✕) × 8, ·
②	(16)	0, (Ⅴ) × 8, ·
③	(24)	0, (✕Ⅴ) × 8, ·
④	(32)	0, (✕Ⅴ✕) × 8, ·
⑤	(40)	0, (✕✕✕Ⅴ) × 8, ·
⑥	(48)	0, (✕✕Ⅴ✕✕) × 8, ·
⑦	(48)	0, (✕) × 48, ·
⑧	(60)	0, (✕✕✕Ⅴ) × 12, ·
⑨~⑩	(60)	0, (✕) × 60, ·
⑪	(72)	0, (✕✕Ⅴ✕✕) × 12, ·
⑫	(84)	0, (✕✕✕✕Ⅴ) × 12, ·
⑬~⑮	(84)	0, (✕) × 84, ·
⑯	(78)	0, (✕✕✕⁶✕✕ ⋏ ✕✕✕✕⁶) × 6, ·
⑰	(72)	0, (✕✕✕✕✕¹¹✕✕✕✕ ⋏) × 6, ·
⑱	(64)	0, (✕✕✕⁷✕✕✕ ⋏) × 8, ·
⑲	(64)	0, (✕) × 64, ·
⑳	(56)	0, (✕✕✕ ⋏ ✕✕✕) × 8, ·
㉑	(56)	0, (✕) × 56, ·
㉒	(48)	0, (✕✕✕⁵✕✕ ⋏) × 8, ·
㉓	(48)	0, (✕) × 48, ·
㉔	(40)	0, (✕✕ ⋏ ✕✕) × 8, ·
㉕	(40)	0, (✕) × 40, ·
㉖	(32)	0, (✕✕✕ ⋏) × 8, ·
㉗	(24)	0, (✕✕ ⋏) × 8, ·
㉘	(16)	0, (✕ ⋏) × 8, ·
㉙	(8)	0, (⋏) × 8, ·

· 솜을 마저 채운다.
· 실을 100cm 정도로 길게 남기고 자른다.
· 돗바늘에 실을 꿴 후, 바짝 잡아당겨서 구멍을 막는다.
· 남은 실로 아랫부분이 오목하게 되도록 모양을 잡는다(39쪽 참조).

• 잎사귀

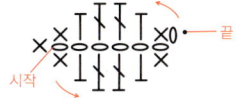

· 실을 50cm 정도 남기고 자른다.
· 남긴 실을 돗바늘에 꿴 후, 지붕에 달아준다.

tip 버섯집을 완성한 후, 마분지를 집 안쪽 크기에 맞게
    잘라 넣어 잘 세워지도록 하면 좋다.

Color

버섯집 대문	잎사귀
46번 브라운	39번 카키
지붕	큰 무늬(레이스 코바늘 1.0mm)
20번 레드	레이스 실 2번 아이보리
	작은 무늬(레이스 코바늘 1.0mm)
	레이스 실 2번 아이보리

• 버섯집 대문(2개)

시작		사슬뜨기 15코를 기초코로 만들어 타원형뜨기
①	(32)	✕✕✕✕✕✕✕✕✕✕✕✕✕✕✕ 시작 ①
②~④	(32)	0, (✕) × 32, ·
⑤	(15)	0, (✕) × 15, ·

· ⑤단은 대문을 접어 구멍을 막으면서 함께 뜬다.
· 대문을 완성한 후 접어 집과 함께 떠서 연결한다.
· 오른쪽 문: 집 입구의 브라운색 테두리 13번째 코부터 같이 뜬다.
· 왼쪽 문: 집 입구의 브라운색 테두리 빼뜨기 코를 포함하여
  15번째 코부터 같이 뜬다.

• 큰 무늬(3개)

시작		실을 두 번 감아 원형코 만들기
①	(8)	0, (✕) × 8, ·
②	(16)	0, (Ⅴ) × 8, ·
③	(24)	0, (✕Ⅴ) × 8, ·

· 실을 50cm 정도 남기고 자른다.
· 남긴 실을 돗바늘에 꿴 후, 지붕에 달아준다.

• 작은 무늬(3개)

시작		실을 두 번 감아 원형코 만들기
①	(6)	0, (✕) × 6, ·
②	(12)	0, (Ⅴ) × 6, ·

· 실을 50cm 정도 남기고 자른다.
· 남긴 실을 돗바늘에 꿴 후, 지붕에 달아준다.

요정 몸통(레이스 코바늘 1.0mm)
①~⑧ 레이스 실 19번 핑크 다홍
⑨~⑫ 레이스 실 40번 그린
⑬~⑯ 레이스 실 3번 피치
⑰~⑱ 19번 핑크 다홍
요정 모자(레이스 코바늘 1.0mm)
레이스 실 19번 핑크 다홍

요정 팔(레이스 코바늘 1.0mm)
① 레이스 실 3번 피치
②~④ 레이스 실 40번 그린
요정 발(레이스 코바늘 1.0mm)
레이스 실 4번 연베이지

요정 머리카락&수염(레이스 코바늘 1.0mm)
레이스 실 2번 아이보리
얼굴 수놓기
레이스 실 53번 블랙(눈)
레이스 실 19번 핑크 다홍(코)

• 요정 몸통

시작	실을 두 번 감아 원형코 만들기
① (8)	0, (×) × 8, ·
② (16)	0, (∀) × 8, ·
③ (20)	0, (××× ∀) × 4, ·
④ (20)	0, (×) × 20, ·
⑤ (25)	0, (×) × 5, (× ∀) × 5, (×) × 5, ·
⑥ (30)	0, (×) × 7, ∀, (× ×) × 4, (×) × 5, ·
⑦~⑧ (30)	0, (×) × 30, ·
⑨ (27)	0, (××× 仝 ××××) × 3, ·
⑩ (24)	0, (×××× 7 ×××× 仝) × 3, ·
⑪ (24)	0, (×) × 24, ·
⑫ (24)	0, (×) × 7, (×) × 2, (×) × 8, (×) × 2, (×) × 5, ·
⑬ (21)	0, (××× 仝 ×××) × 3, ·
⑭ (21)	0, (×) × 21, ·
⑮ (18)	0, (×× 5 ×× × 仝) × 3, ·
⑯~⑰ (18)	0, (×) × 18, ·
⑱ (18)	0, (×) × 18, ·

· ⑫단의 ___ 부분을 팔과 함께 뜬다(38쪽 참조).
· 마지막 단까지 뜬 후, 실을 10cm 정도 남기고 자른다.
· 남긴 실을 첫코 안쪽으로 빼내 매듭짓는다.
· 솜을 아래쪽부터 채우는데, 너무 가득 채우지는 않는다.

• 요정 모자

시작	몸통 ⑱단 앞걸어 짧은뜨기 안쪽에 실을 걸어 뜬다(155쪽 참조).
① (18)	0, (×) × 18, ·
② (16)	0, (××× 7 ×× × 仝) × 2, ·
③ (14)	0, (××× 仝 ×××) × 2, ·
④ (12)	0, (××× 5 ×× 仝) × 2, ·
⑤ (8)	0, (× 仝) × 4, ·
⑥ (4)	0, (仝) × 4, ·

· ⑤단까지 뜨고 솜을 채운다.
· 마지막 단까지 뜬 후, 실을 50cm 정도 남기고 자른다.
· 남길 실을 돗바늘에 꿴 후, 바짝 잡아당겨 구멍을 조인다.
· 인형이 서 있을 수 있도록 바닥을 오목하게 꿰맨다(39쪽 참조).

• 요정 팔(2개)

시작	실을 두 번 감아 원형코 만들기
①~④ (4)	0, (×) × 4, ·

· 실을 10cm 정도 남기고 자른다.
· 남긴 실을 첫코의 안쪽으로 빼내 매듭짓는다.
· 솜은 넣지 않는다.

• 요정 발(2개)

시작	실을 두 번 감아 원형코 만들기
① (6)	0, (×) × 6

· 빼뜨기 하지 않고 원을 조인다.
· 실을 50cm 정도 남기고 자른다.
· 남긴 실을 돗바늘에 꿴 후, 몸통에 달아준다.

• 요정 머리카락

시작
1. 피코뜨기 13코를 뜬다.
2. 실을 50cm 정도 남기고 자른다.
3. 남긴 실을 돗바늘에 꿴 후, 머리카락을 얼굴과 모자의 경계 부분에 달아준다.

• 요정 수염

시작
1. 피코뜨기 3코를 뜬다.
2. 실을 50cm 정도 남기고 자른다.
3. 남긴 실을 돗바늘에 꿴 후, 수염을 얼굴에 달아준다.

• 발 달기

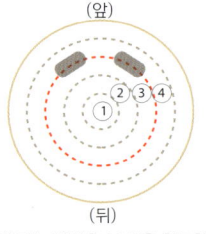

(앞)
②③④
①
(뒤)

· 발 다는 방법은 90쪽을 참조한다.

• 수염 달기, 눈코 수놓기

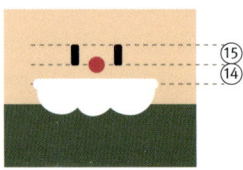

⑮
⑭

· 코는 프렌치 노트 스티치로 실을 1번 감아 수놓는다.
· 수놓는 방법은 44쪽을 참조한다.

○ 버섯집 만들기

1 입구에 실을 걸어 짧은뜨기로 테두리를 뜬다.

2 대문을 짧은뜨기로 뜨면서 구멍을 막은 후, 집과 함께 떠서 연결한다.

3 오른쪽 문을 집과 함께 잡고 연결하면서 뜬다. 집 입구의 브라운색 테두리의 13번째 코에 실을 걸어 빼서 연결한다.

4 기둥코를 세운다.

5 짧은뜨기 15코를 집과 연결해서 뜬다.

6 왼쪽 문은 빼뜨기 코를 포함하여 15번째 코부터 같은 방법으로 뜬다.

○ 버섯 무늬 꿰매 붙이기

아이보리색 실로 버섯 무늬를 떠서 지붕에 꿰매 붙인다(40쪽 '코 달기' 참조).

○ 버섯(중) 만들기

1 버섯 지붕에 이어진 실로 버섯 기둥에 실을 걸어 빼서 연결한 후, 기둥 코를 세운다. 짧은뜨기로 연결하면서 뜬다.

2 구멍을 모두 막기 전에 솜을 채운다. 마저 뜨고 실을 정리한다. 아이보리색 실을 이용해 두 겹으로 수놓아 완성한다.

15 Making of Crochet Doll

빨간 망토 소녀와 늑대 소년

빨간 망토를 입은 소녀와 늑대 탈을 쓴 소년이에요.

망토와 늑대 탈을 벗으면 평범한 소년 소녀가 된답니다.

information.	level	size
	★ ★ ☆	19cm

준비물

실 　돌리코튼 2번 아이보리, 3번 피치, 15번 진러블리 핑크, 18번 다홍,
　　20번 레드, 23번 다크 레드, 25번 빈티지 블루, 30번 청록색, 46번 브라운,
　　51번 그레이, 52번 진그레이
　　돌리코튼 레이스 2번 아이보리, 20번 레드, 51번 그레이, 53번 블랙
　　키드 모헤어 브라운, 옐로우

바늘 　모사용 코바늘 2/0호(2.0mm), 레이스 코바늘 1.50mm

기타 　돗바늘, 겹자, 마커, 시침핀, 가위, 방울 솜, 긴바늘 9cm

사용한 뜨개 기법

사슬뜨기(○ 또는 ◌), 짧은뜨기(✕), 짧은뜨기 2코 늘려뜨기(✺), 짧은뜨기 2코 모아 변형
이랑뜨기(✧), 빼뜨기(•), 긴뜨기(ϯ), 짧은뜨기 뒤이랑뜨기(✕), 짧은뜨기 2코 모아 뒤이
랑뜨기(✧)

인형 만들기 기초

28~46쪽을 참조한다.

• 빨간 망토 소녀
1   팔 2개와 다리 2개를 뜬다.
2   다리를 이은 후, 18단까지 몸통을 뜬다.
3   팔과 몸통에 솜을 채운다.
4   팔을 몸통과 같이 떠서 연결한다.
5   17단까지 머리를 뜬다.
6   솜을 채운다.
7   나머지 단을 모두 뜨고, 솜을 더 채워 마무리한다.
8   머리카락을 머리에 꿰매 붙인다.
9   양쪽 머리카락을 땋는다.
10 얼굴에 눈코입을 수놓는다.
11 원피스를 배색하면서 뜬다.
12 망토를 뜨고 끈을 끼운다.

• 늑대 소년
1   팔 2개와 다리 2개를 뜬다.
2   다리를 이은 후, 18단까지 몸통을 뜬다.
3   팔과 몸통에 솜을 채운다.
4   팔을 몸통과 같이 떠서 연결한다.
5   17단까지 머리를 뜬다.
6   솜을 채운다.
7   나머지 단을 모두 뜨고, 솜을 더 채워 마무리한다.
8   머리카락을 떠서 머리에 꿰매 붙인다.
9   얼굴에 눈코입을 수놓는다.
10 멜빵 바지를 뜬다.
11 망토를 뜨고 끈을 끼운다.
12 귀와 코를 떠서 망토에 꿰매 붙인다.
13 눈과 이빨을 떠서 망토에 꿰매 붙인다.

시은맘의 손뜨개 인형

• 소녀&소년 다리(2개)

시작	사슬뜨기 9코를 기초코 만들어 타원형뜨기
① (19)	
② (23)	
③ (21)	0, (⤬) × 9, 仝, ⤬, 仝, (⤬) × 9, •
④ (19)	0, (×) × 8, 仝, ×, 仝, (×) × 8, •
⑤ (17)	0, (×) × 7, 仝, ×, 仝, (×) × 7, •
⑥ (15)	0, (×) × 6, 仝, ×, 仝, (×) × 6, •
⑦~⑫ (15)	0, (×) × 15, •
⑬ (15)	0, (⤬) × 15,
⑭~⑲ (15)	0, (×) × 15, •

- 실을 10cm 정도 남기고 자른다.
- 남긴 실을 첫코의 안쪽으로 빼내 매듭짓는다.

Color

소녀 다리
①~⑫ 46번 브라운
⑬~⑱ 3번 피치
⑲ 15번 진러블리 핑크

소년 다리
①~⑨ 52번 다크 그레이
⑩~⑱ 3번 피치
⑲ 2번 아이보리

소년 팔
(도안 배색 참조)
①~④ 3번 피치
⑤⑦⑨⑪⑬⑮⑰ 23번 다크레드
⑥⑧⑩⑫⑭⑯⑱ 2번 아이보리

소녀 팔
①~④ 3번 피치
⑤~⑱ 15번 진러블리 핑크

• 소녀&소년 팔(2개)

시작	실을 두 번 감아 원형코 만들기
① (5)	0, (×) × 5, •
② (10)	0, (ⱽ) × 5, •
③~④ (10)	0, (×) × 10, •
⑤ (10)	0, (×) × 10, •
⑥ (10)	0, (×) × 10, •
⑦ (10)	0, (×) × 10, •
⑧ (10)	0, (×) × 10, •
⑨ (10)	0, (×) × 10, •
⑩ (10)	0, (×) × 10, •
⑪ (10)	0, (×) × 10, •
⑫ (10)	0, (×) × 10, •
⑬ (10)	0, (×) × 10, •
⑭ (10)	0, (×) × 10, •
⑮ (10)	0, (×) × 10, •
⑯ (10)	0, (×) × 10, •
⑰ (10)	0, (×) × 10, •
⑱ (10)	0, (×) × 10, •

- 실을 10cm 정도 남기고 자른다.
- 남긴 실을 첫코의 안쪽으로 빼내 매듭짓는다.
- 솜을 채운다.

• 소녀&소년 몸통

시작	다리 2개를 ①단에서 연결한다.
① (34)	0, ·, 0, (×) × 16, ×, (×) × 16, ×, · 다리 A ／ 다리 B
② (34)	0, (×) × 34, ·
③ (34)	0, (×) × 34, ·
④ (34)	0, (×) × 34, ·
⑤ (34)	0, (×) × 34, ·
⑥ (34)	0, (×) × 34, ·
⑦ (34)	0, (×) × 34, ·
⑧ (34)	0, (×) × 34, ·
⑨ (34)	0, (×) × 34, ·
⑩ (34)	0, (×) × 34, ·
⑪ (34)	0, (×) × 34, ·
⑫ (34)	0, (×) × 34, ·
⑬ (28)	0, (××××⦙)×2, ×, ×, ×, ⦙, (××××⦙)×2, ×, ×, ×, ⦙, ·
⑭ (28)	0, (×) × 28, ·
⑮ (28)	0, (×) × 28, ·
⑯ (26)	0, (×××××⦙ ×××××)× 2, ·
⑰ (26)	0, (×) × 26, ·
⑱ (26)	0, (×) × 26, ·
⑲ (26)	0, (×) × 6, (×) × 4, (×) × 9, (×) × 4, (×) × 3, ·
⑳ (24)	0, (×××××××××⦙)× 2, ·
㉑ (12)	0, (⦙) × 12, ·

· ⑲단의 ───── 은 팔과 함께 뜬다.
· 팔을 이을 때 다리에 솜을 넣는다.

Color

소년 몸통
짝수단 2번 아이보리
홀수단 23번 다크 레드
소녀 몸통
15번 진러블리 핑크
소년&소녀 머리
3번 피치

소녀 머리카락
키드 모헤어 옐로우
소년 머리카락
키드 모헤어 브라운
얼굴 수놓기
53번 블랙(눈)
15번 진러블리 핑크
(입코, 볼터치)

1. 다리가 뒤가 보이도록 놓고 B의 6번째 코에 실을 건다.
   (실을 걸기 전 굵게 매듭지어 빠지지 않도록 한다.)
2. 사슬뜨기 1코를 뜨고, A의 13번째 코에 빼뜨기로 연결한다.
3. 다시 기둥코(사슬뜨기 1코)를 세우고 빼뜨기와 기둥코를 세운
   자리에 짧은뜨기 1코를 뜬 후(첫코가 된다), 빼뜨기 코도 포함해서
   짧은뜨기 15코를 뜬다.
4. A와 B의 중간 부분 사슬뜨기에 짧은뜨기 1코를 뜬 후, 빼뜨기 코도
   포함해서 짧은뜨기 16코를 뜬다.
5. A와 B의 중간 부분 사슬뜨기에 짧은뜨기 1코를 뜬다.
6. A의 첫코에 빼뜨기를 한다.

• 소녀 머리카락 만들기

1. 15cm 정도 길이로 실뭉치를 만들어 꿰매 붙인다.
2. 양갈래로 나눠 고정한 후, 끝을 자르고 땋는다.
3. 땋은 머리카락을 끈으로 묶고 끝을 가위로 다듬는다.
4. 머리끈은 14번 러블리 핑크색으로 양쪽 끝을
   매듭지어 만든다(끈 마무리는 35쪽 참조).

• 소년 머리카락 만들기

1. 사슬뜨기 15코를 떠서 첫코에 빼뜨기한다.
2. 인형 머리에 두를 수 있을 만큼 길게 만든다.

• 소녀&소년 머리

시작	몸통에 이어서 뜬다.
① (24)	0, (⦖) × 12, ·
② (36)	0, (×⦖) × 12, ·
③ (36)	0, (×) × 36, ·
④ (42)	0, (××××⦖) × 6, ·
⑤ (48)	0, (×××⦖×××) × 6, ·
⑥~⑰ (48)	0, (×) × 48, ·
⑱ (42)	0, (×××⦙×××) × 6, ·
⑲ (36)	0, (×××××⦙) × 6, ·
⑳ (30)	0, (××××⦙) × 6, ·
㉑ (24)	0, (×××⦙) × 6, ·
㉒ (16)	0, (×⦙) × 8, ·
㉓ (8)	0, (⦙) × 8, ·

· ⑰단까지 뜨고 몸통과 머리에 솜을 넣는다.
· 다 뜬 후, 마무리할 실 30cm 정도를 남기고 자른다.
· 솜을 마저 채우고 돗바늘로 구멍을 막는다.

• 소녀 머리카락 꿰매 붙이기 /
 • 눈코입, 볼터치 수놓기

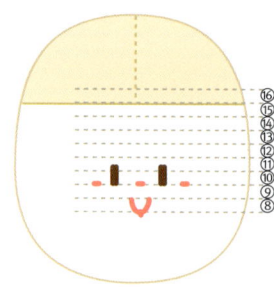

· 머리카락 꿰매 붙이는 방법은 163쪽을 참조한다.
· 수놓는 방법은 44쪽을 참조한다.
· 눈은 한 단의 높이보다 살짝 길게 수놓는다.

• 소년 머리카락 꿰매 붙이기 /
 • 눈코입, 볼터치 수놓기

· 머리카락 꿰매 붙이는 방법은 209쪽을 참조한다.
· 수놓는 방법은 44쪽을 참조한다.
· 눈은 한 단의 높이보다 살짝 길게 수놓는다.

시은맘의 손뜨개 인형

• 소녀 원피스

시작	사슬뜨기 30코로 원형코 만들기
① (30)	0, (X) × 30, ·
② (30)	0, (X) × 5, (◠) × 6, (X) × 8, (◠) × 6, (X) × 5, ·
③ (30)	0, (X) × 30, ·
④ (33)	0, (X X X X ⁹ X X X X X ᐁ) × 3, ·
⑤ (33)	0, (X) × 33, ·
⑥ (36)	0, (X X X X X ⁵ ᐁ X X X X ⁵ X) × 3, ·
⑦ (36)	0, (X) × 36, ·
⑧ (39)	0, (X X X X X ¹¹ X X X X X ᐁ) × 3, ·
⑨ (52)	0, (X X ᐁ) × 13, ·
⑩ (52)	0, (X, X) × 26, ·
⑪ (52)	0, (X) × 52, ·
⑫ (52)	0, (X, X) × 26, ·
⑬ (52)	0, (X) × 52, ·
⑭ (52)	0, (X, X) × 26, ·
⑮ (52)	0, (X) × 52, ·
⑯ (52)	0, (X, X) × 26, ·
⑰ (52)	0, (X) × 52, ·
⑱ (52)	0, (X, X) × 26, ·
⑲ (52)	0, (X) × 52, ·

· 10cm 정도 실을 남기고 잘라 돗바늘로 정리한다.

Color

소녀 원피스	소년 멜빵바지의 바지 부분
기본색 25번 빈티지 블루	30번 청록색
배색 2번 아이보리	

• 바지통 연결하기(5단)

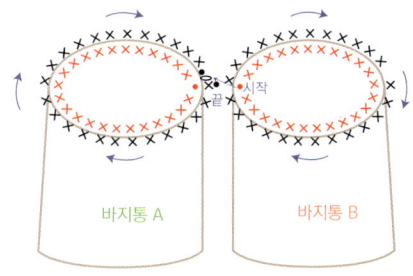

바지통 A   바지통 B

1. ⑤단은 바지통 B를 잡고 바지통 A에 연결하면서 뜬다.
2. 바지통 A의 마지막 빼뜨기한 코에 빼뜨기로 연결한다.
3. 기둥코(사슬뜨기 1코)를 세우고 같은 자리에 짧은뜨기 1코, 나머지 코에
   짧은뜨기 24코를 뜬다.
4. 바지통 B ④단의 첫코부터 짧은뜨기 24코, 빼뜨기 코에 짧은뜨기 1코를 더 뜬다.
5. 바지통 A의 첫코에 다시 빼뜨기한다.

• 소년 멜빵바지의 바지 부분

시작	몸통에 이어서 뜬다.	
	바지통 A	바지통 B
①~④ (24)	0, (X) × 24, ·	0, (X) × 24, ·
⑤ (50)	·, 0, (X) × 25, (X) × 25, ·	
⑥~⑦ (50)	0, (X) × 50, ·	
⑧ (48)	0, (X X X X X X X X X X ²³ X X X X X X X X X X X 쇼) × 2, ·	
⑨ (46)	0, (X X X X X ¹¹ X X X X X 쇼 X X X X X X ¹¹ X X X X X) × 2, ·	
⑩ (44)	0, (X X X X X X X X X X ²¹ X X X X X X X X X X 쇼) × 2, ·	
⑪ (42)	0, (X X X X X ¹⁰ X X X X X 쇼 X X X X X X ¹⁰ X X X X X) × 2, ·	
⑫ (40)	0, (X X X X X X X X X ¹⁹ X X X X X X X X X 쇼) × 2, ·	
⑬~⑭ (40)	0, (X) × 40, ·	

· 바지통 A는 실을 10cm 정도 남기고 자른 후, 돗바늘로 숨겨 정리한다.
  바지통 B는 실을 자르지 않고 둔다.
· 마지막 단까지 뜬 후, 실을 10cm 정도 남기고 잘라 돗바늘로 정리한다.

4. 상단의 ⑦단 9번째 코 기둥 부분에 짧은뜨기를 하고
⑥단 10번째 코의 머리에 빼뜨기한다.
실을 15cm 정도 남기고 잘라 돗바늘로 정리한다.

• 소년 멜빵바지의 상의와 멜빵

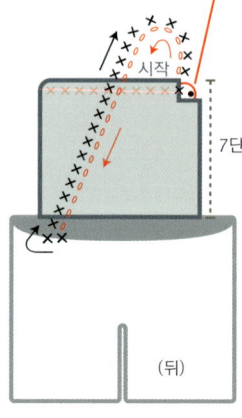

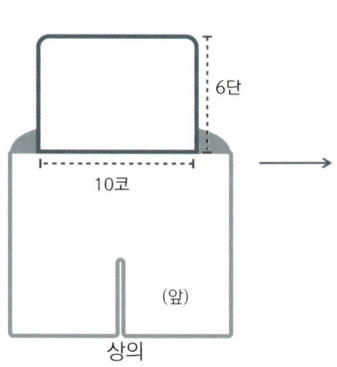

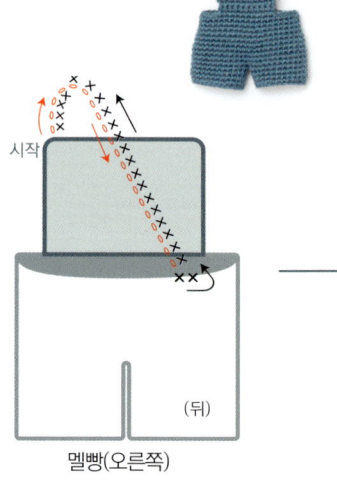

6단

10코

(앞)

상의

1. 바지의 18번째 코에 실을 걸어 뜬다.
먼저 기둥코를 세우고 짧은뜨기 10코로
시작해 상의를 뜬다. ⑥단까지 짧은뜨기
평면뜨기로 뜬다.

시작

(뒤)

멜빵(오른쪽)

2. 사슬뜨기 20코를 뜨고, 바지의 38번째 코에
짧은뜨기를 하고, 37번째 코에 한 코를 더 뜬다.
이때, 바지의 안쪽을 보고 뜬다. 바지의 겉면으로
방향을 돌려 사슬뜨기에 짧은뜨기 20코를 뜬다.

시작

7단

(뒤)

멜빵(왼쪽)

3. 상의 윗면에 ⑥단에 짧은뜨기 9코(⑦단)를 뜬다. 이어서
사슬뜨기 20코를 뜬 후, 바지의 8번째 코에 짧은뜨기를
하고 7번째 코에 한 코를 더 뜬다. 이때, 바지의 안쪽을 보
고 뜬다. 바지의 겉면으로 방향을 돌려 사슬뜨기에 짧은뜨
기 20코를 뜬다.

• 빨간&늑대 망토

시작

① ~ ㊼ (24)

사슬뜨기 24코를 만들어 평면뜨기

$X, (T) \times 24$

· 늑대 망토는 ㊷단까지만 뜬다.
· 테두리 부분은 그림을 참고해 짧은뜨기를 한다.
· 망토 끈은 사슬뜨기를 해서 40cm 정도 길이로 뜬다.

Color

소년 멜빵바지의 상의와 멜빵
30번 청록색
늑대 망토 끈
레이스 실 51번 그레이

• 빨간 망토 끈 끼우기

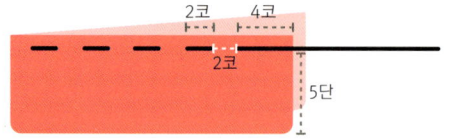

2코   4코

2코

5단

1. 겉에서 안으로 4코를 건너뛰고 시작한다.
2. 2코씩 건너뛰면서 한 단 전체를 둘러 끼운다.
3. 반대쪽 끝나는 부분도 4코를 남기고 밖으로 빼준다.
4. 모두 끼우고 끈의 양쪽 끝을 매듭지어 마무리한다.

• 늑대 망토 끈 끼우기

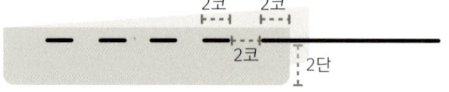

2코   2코

2코

2단

1. 겉에서 안으로 2코를 건너뛰고 시작한다.
2. 2코씩 건너뛰면서 한 단 전체를 둘러 끼운다.
3. 반대쪽 끝나는 부분도 2코를 남기고 밖으로 빼준다.
4. 모두 끼우고 끈의 양쪽 끝을 매듭지어 마무리한다.

시은맘의 손뜨개 인형

208

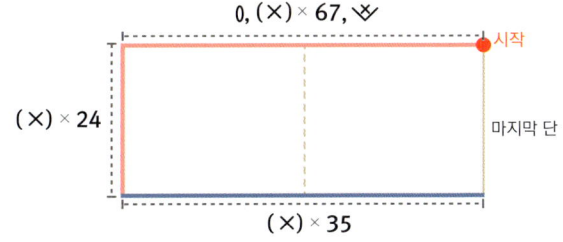

• 늑대 망토 코

시작	실을 두 번 감아 원형코 만들기
①~③ (5)	0, (×) × 5, ·
④ (10)	0, (⋎) × 5, ·
⑤ (15)	0, (× ⋎) × 5, ·
⑥ (15)	0, (×) × 15, ·

· 실을 50cm 정도 남기고 자른다.
· 납작하게 접어 돗바늘로 망토에 꿰매 붙인다.

• 늑대 망토 귀(2개)

시작	실을 두 번 감아 원형코 만들기
① (5)	0, (×) × 5, ·
② (10)	0, (⋎) × 2, ⋎, (⋎) × 2, ·
③ (15)	0, ×, ⋎, ×, ⋎, ×, ×, ×, ⋎, ×, ⋎, × , ·
④~⑧ (15)	0, (×) × 5, (×) × 5, (×) × 5, ·

· 실을 50cm 정도 남기고 자른다.
· 돗바늘로 망토에 꿰매 붙인다.

• 이빨(3개)

시작	실을 두 번 감아 원형코 만들기
① (4)	0, (×) × 4, ·
② (8)	0, (⋎) × 4, ·
③ (10)	0, (× × × ⋎) × 2, ·

· 실을 50cm 정도 남기고 자른다.
· 돗바늘로 망토에 꿰매 붙인다.

• 빨간&늑대 망토 테두리 뜨기

0, (×) × 67, ⋎

(×) × 24

(×) × 35

시작

마지막 단

1. 다 뜬 후 그림의 ▬ 부분을 짧은뜨기로 뜬다.
2. 반을 접어 그림의 ▬ 부분을 짧은뜨기로 뜬다(겉면이 마주보게 접는다).
3. 실을 10cm 정도 남기고 자른 후, 돗바늘로 정리한다.

• 눈 흰자위(2개)

시작	실을 두 번 감아 원형코 만들기
① (8)	0, (×) × 8, ·
② (16)	0, (⋎) × 8, ·

· 실을 50cm 정도 남기고 자른다.
· 돗바늘로 망토에 꿰매 붙인다.

• 눈동자(2개)

시작	실을 두 번 감아 원형코 만들기
① (6)	0, (×) × 6, ·

· 실을 50cm 정도 남기고 자른다.
· 돗바늘로 망토에 꿰매 붙인다.

Color

빨간 망토&테두리
20번 레드

늑대 망토&테두리
51번 그레이

빨간 망토 끈
레이스 실 20번 레드

늑대 망토 코
①~② 52번 진그레이
③~⑥ 51번 그레이

늑대 망토 귀
기본색 51번 그레이
배색 52번 진그레이

늑대 망토 눈 흰자위(레이스
코바늘 1.50mm)
2번 아이보리

늑대 망토 눈동자(레이스 코
바늘 1.50mm)
53번 블랙

늑대 망토 이빨(레이스 코바
늘 1.50mm)
2번 아이보리

사랑스러운 사람 인형 만들기

포인트 레슨

○ 소녀 머리카락 땋기

163~164쪽을 참조해 머리카락을 만들어 꿰매 붙인다. 머리카락 아랫부분을 자른 후, 3가닥으로 나누어 땋는다.
머리를 끈으로 묶은 후, 가위로 머리 끝을 다듬어 완성한다.

○ 소년 머리카락 꿰매 붙이기

1 사슬뜨기 15코를 뜬 후, 첫코에 빼뜨기를 해서 고리를 만든다. 머리에 두를 수 있는 길이만큼 뜬다.

2 당겼을 때 뜨는 곳이 없도록 촘촘히 꿰맨다.

209

16 Making of Crochet Doll

빨간 망토 소녀와 늑대 소년 미니

빨간 망토 소녀와 늑대 소년의 미니 버전이에요.

크기가 다른 인형을 뜨면서 색다른 재미를 느껴보세요.

information.	level	size
	★ ★ ☆	8cm

준비물

실   돌리코튼 레이스 2번 아이보리, 3번 피치, 15번 진러블리 핑크, 18번 다홍,
20번 레드, 23번 다크레드, 25번 빈티지 블루, 30번 청록색, 46번 브라운,
51번 그레이, 52번 진그레이, 51번 그레이, 53번 블랙
키드 모헤어 브라운, 옐로우

바늘   레이스 코바늘 1.50mm, 0.9mm

기타   돗바늘, 겸자, 마커, 시침핀, 가위, 방울 솜, 긴바늘 9cm

사용한 뜨개 기법

사슬뜨기(○ 또는 ⑴), 짧은뜨기(×), 짧은뜨기 2코 늘려뜨기(⋎), 짧은뜨기 2코 모아 변
형이랑뜨기(⋏), 빼뜨기(●), 긴뜨기(T), 한길긴뜨기(T̄)

인형 만들기 기초

28~46쪽을 참조한다.

시은맘의 손뜨개 인형

· 빨간 망토 소녀

1 팔 2개를 뜬다.
2 다리 2개를 떠서 연결한다.
3 20단까지 몸통을 뜬다.
4 팔을 몸통과 같이 떠서 연결한다.
5 다리에 솜을 채운다.
6 나머지 단을 모두 뜨고 솜을 더 채워 마무리한다.
7 머리카락을 떠서 머리에 꿰매 붙인다.
8 머리카락을 땋는다.
9 얼굴에 눈코입을 수놓는다.
10 원피스를 배색하면서 뜬다.
11 망토를 뜨고 끈을 끼운다.

· 늑대 소년

1 팔 2개를 뜬다.
2 다리 2개를 떠서 연결한다.
3 20단까지 몸통을 뜬다.
4 팔을 몸통과 같이 떠서 연결한다.
5 다리에 솜을 채운다.
6 나머지 단을 모두 뜨고 솜을 더 채워 마무리한다.
7 머리카락을 떠서 머리에 꿰매 붙인다.
8 얼굴에 눈코입을 수놓는다.
9 멜빵바지를 뜬다.
10 망토를 뜨고 끈을 끼운다.
11 귀와 코를 뜨고 망토에 꿰매 붙인다.
12 눈과 이빨을 떠서 망토에 꿰매 붙인다.

• 소년&소녀 다리

시작 | 실을 두 번 감아 원형코 만들기

		다리 A	다리 B
①	(6)	0, (✕) × 6, ·	0, (✕) × 6, ·
②	(11)	0, ✕, (✁) × 5, ·	0, ✕, (✁) × 5, ·
③~⑨	(11)	0, (✕) × 11, ·	0, (✕) × 11, ·
⑩	(11)	0, (✕) × 11, ·	0, (✕) × 11, ·
⑪	(24)	0, (✕) × 12, (✕) 12, ·	
⑫	(24)	0, (✕) × 24, ·	
⑬	(24)	0, (✕) × 24, ·	
⑭	(24)	0, (✕) × 24, ·	
⑮	(24)	0, (✕) × 24, ·	
⑯	(24)	0, (✕) × 24, ·	
⑰	(24)	0, (✕) × 24, ·	
⑱	(20)	0, (✕✕ ✁ ✕✕) × 4, ·	
⑲	(16)	0, (✕✕✕ ✁) × 4, ·	
⑳	(16)	0, (✕) × 16, ·	
㉑	(16)	0, (✕) × 3, (✕) × 3, (✕) × 5, (✕) × 3, (✕) × 2, ·	
㉒	(12)	0, (✕✕ ✁) × 4, ·	

· ⑪단까지 다리 A(왼쪽 다리)와 다리 B(오른쪽 다리)를 뜬다.
 이때, 다리 A는 실을 10cm 정도 남기고 잘라 첫코의 안쪽으로
 매듭지어 마무리한다. 다리 B는 실을 자르지 않고 둔다.
· ㉑단의 ___ 부분은 팔과 함께 뜬다(38쪽 참조).
· 팔을 이을 때 다리에 솜을 넣는다.

Color

※ 모두 레이스 코바늘 0.9mm
와 레이스 실을 사용했다.

소년 다리
①~③ 52번 다크 그레이
④~⑨ 3번 피치
⑩⑫⑭⑯⑱⑳㉒ 2번 아이보리
⑪⑬⑮⑰⑲㉑ 23번 다크 레드

소녀 다리
①~③ 46번 브라운
④~⑨ 3번 피치
⑩~㉒ 14번 진러블리 핑크

소년 팔
①~② 3번 피치
③⑤⑦⑨ 23번 다크 레드
④⑥⑧⑩ 2번 아이보리

소녀 팔
①~② 3번 피치
③~⑩ 14번 러블리 핑크

소녀 원피스
기본색 25번 빈티지 블루
배색 2번 아이보리

• 소년&소녀 팔(2개)

시작 | 실을 두 번 감아 원형코 만들기

①	(6)	0, (✕) × 6, ·
②	(8)	0, (✕✕ ✁) × 2, ·
③	(8)	0, (✕) × 8, ·
④	(8)	0, (✕) × 8, ·
⑤	(8)	0, (✕) × 8, ·
⑥	(8)	0, (✕) × 8, ·
⑦	(8)	0, (✕) × 8, ·
⑧	(8)	0, (✕) × 8, ·
⑨	(8)	0, (✕) × 8, ·
⑩	(8)	0, (✕) × 8, ·

· 실을 10cm 정도 남기고 자른다.
· 첫코의 안쪽으로 매듭지어 마무리한다.
· 팔에 솜은 채우지 않는다.

• 다리 연결하기(11단)

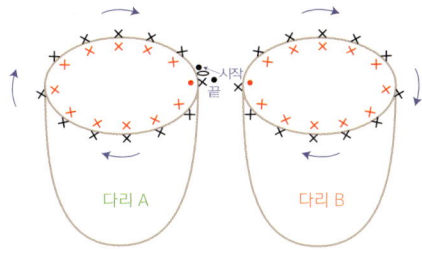

다리 A   다리 B

1. ⑪단은 다리 B를 잡고 다리 A에 연결하면서 뜬다.
2. 다리 A의 마지막 빼뜨기한 코에 빼뜨기로 연결한다.
3. 기둥코(사슬뜨기 1코)를 세우고 같은 자리에 짧은뜨기 1코, 나머지 코에
 짧은뜨기 11코를 뜬다.
4. 다리 B ⑩단의 첫코부터 짧은뜨기 11코, 빼뜨기 코에 짧은뜨기 1코를 더 뜬다.
5. 다리 A의 첫코에 다시 빼뜨기한다.

• 소녀 원피스

시작 | 사슬뜨기 24코로 원형코 만들기

①	(24)	0, (✕) × 24, ·
②	(24)	0, (✕) × 4, (◦) × 5, (✕) × 6, (◦) × 5, (✕) × 4, ·
③~④	(24)	0, (✕) × 24, ·
⑤	(26)	0, (✕✕✕✕✕ 11 ✕✕✕✕✕ ✁) × 2, ·
⑥	(26)	0, (✕) × 26, ·
⑦	(28)	0, (✕✕✕ 6 ✕✕✕ ✁ ✕✕✕ 6 ✕✕✕) × 2, ·
⑧	(35)	0, (✕✕✕ ✁) × 7, ·
⑨	(35)	0, (✕) × 35, ·
⑩	(35)	0, (✕✕) × 17, ✕, ·
⑪	(35)	0, (✕) × 35, ·

· 실을 10cm 정도 남기고 자른 후, 돗바늘로 정리한다.

사랑스러운 사람 인형 만들기

• 소년&소녀 머리

시작	몸통에 이어서 원형뜨기
① (24)	0, (✕✺) × 12, ·
② (36)	0, (✕✕✺) × 12, ·
③~⑬ (36)	0, (✕) × 36, ·
⑭ (30)	0, (✕✕✕✕✕) × 6, ·
⑮ (24)	0, (✕✕✕✕) × 6, ·
⑯ (18)	0, (✕✕✕) × 6, ·
⑰ (9)	0, (✕✕) × 9, ·

· ⑬단까지 뜨고 몸통과 머리에 솜을 넣는다.
· 마지막 단까지 뜬 후, 실 100cm 정도를 남기고 자른다.
· 솜을 마저 채운다.
· 남긴 실을 돗바늘에 꿴 후, 바짝 잡아당겨 구멍을 조인다.
· 남은 실로 팔이 뜨지 않도록 꿰매 붙인다.
· 몸통과 연결된 곳에서 2단 아래를 몸통과 꿰매 붙인다.
  이때, 팔의 안쪽만 꿰매도록한다(175쪽 '양갈래 머리카락
  꿰매 붙이기' 참조).

• 소녀 머리카락 만들기

1. 15cm 정도 길이로 실뭉치를 만들어 꿰매 붙인다.
2. 양갈래로 나눠 고정하고 끝을 자르고 땋는다.
3. 땋은 머리카락을 끈으로 묶고 끝을 가위로 다듬는다.
4. 머리끈은 14번 러플리 핑크색으로 양쪽 끝을
   매듭지어 만든다(끈 마무리는 35쪽 참조).

• 소년 머리카락 만들기

1. 사슬뜨기 9코를 떠서 첫코에 빼뜨기한다.
2. 인형 머리에 두를 수 있을 만큼 길게 만든다(209쪽 참조).

Color
소년&소녀 머리(레이스 코바늘 0.9mm)
레이스 실 3번 피치
소년 머리카락(레이스 코바늘 1.50mm)
키드 모헤어 브라운
소녀 머리카락
키드 모헤어 옐로우
소년&소녀 얼굴 수놓기
레이스 실 46번 브라운(눈)
레이스 실 18번 다홍(코입, 볼터치)

• 소녀 머리카락 꿰매 붙이기 /
• 눈코입, 볼터치 수놓기

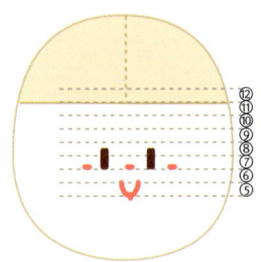

· 머리카락 꿰매 붙이는 방법은 163쪽을 참조한다.
· 수놓는 방법은 44쪽을 참조한다.
· 눈은 한 단의 높이보다 살짝 길게 수놓는다.

• 소년 머리카락 꿰매 붙이기 /
• 눈코입, 볼터치 수놓기

· 머리카락 꿰매 붙이는 방법은 209쪽을 참조한다.
· 수놓는 방법은 44쪽을 참조한다.
· 눈은 한 단의 높이보다 살짝 길게 수놓는다.

시은맘의 손뜨개 인형

• 소년 멜빵바지 바지 부분

		시작	사슬뜨기 18코로 원형코 만들기

바지통 A   바지통 B

①~② (18)	0, (×) × 18 , · 0, (×) × 18 , ·
③ (38)	0, (×) × 19 , (×) × 19 , ·
④ (36)	0, (×××××××××××××××××××͞17͞͞⅄) × 2 , ·
⑤ (36)	0, (×) × 36 , ·
⑥ (34)	0, (××××͞8͞×××× ⅄ ×××͞8͞×××) × 2 , ·
⑦ (32)	0, (×××××××͞15͞×××××× ⅄) × 2 , ·
⑧ (30)	0, (×××͞7͞××× ⅄ ×××͞7͞×××) × 2 , ·

· 바지통 A는 실을 10cm 정도 남기고 자른 후, 돗바늘로 숨겨 정리한다.
   바지통 B는 실을 자르지 않고 둔다.
· 마지막 단까지 뜬 후, 실을 10cm 정도 남기고 잘라 돗바늘로 정리한다.

Color
소년 멜빵바지 전체(레이스 코바늘 0.9mm)
레이스 실 30번 청록색

• 바지통 연결하기(3단)

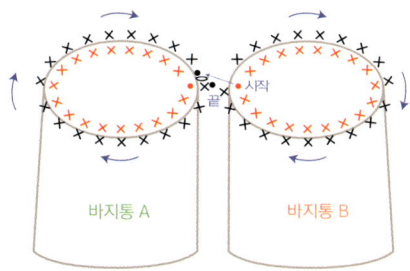

1. ③단은 바지통 B를 잡고 바지통 A에 연결하면서 뜬다.
2. 바지통 A의 마지막 빼뜨기한 코에 빼뜨기로 연결한다.
3. 기둥코(사슬뜨기 1코)를 세우고 같은 자리에 짧은뜨기 1코, 나머지 코에
   짧은뜨기 18코를 뜬다.
4. 바지통 B ②단의 첫코부터 짧은뜨기 18코, 빼뜨기 코에 짧은뜨기 1코를 더 뜬다.
5. 바지통 A의 첫코에 다시 빼뜨기한다.

• 소년 멜빵바지의 상의와 멜빵

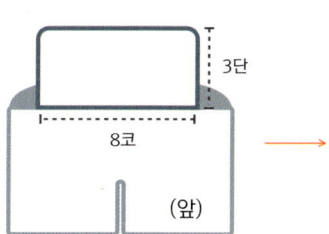

상의 뜨기

1. 바지의 13번째 코에 실을 걸어 뜨는데,
   기둥코를 세우고 시작한다.
2. ③단까지 짧은뜨기 평면뜨기로 뜬다.

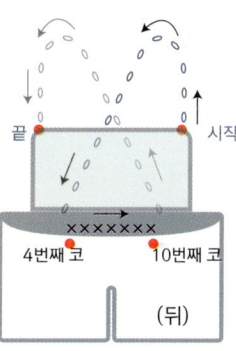

멜빵 뜨기

1. 사슬뜨기 13코를 하고 바지의 4번째 코를
   시작으로 바지 부분에 짧은뜨기 7코를 뜬다.
2. 방향을 돌려 사슬뜨기 13코를 뜬다.
3. 상의의 모서리에 돗바늘로 꿰맨다.

• 빨간&늑대 망토

시작	사슬뜨기 15코를 기초코로 평면뜨기
①~㉘ (15)	8, (T) × 15

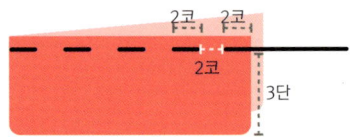

· 테두리 부분은 그림을 참조해 짧은뜨기를 한다.
· 망토 끈은 사슬뜨기를 해서 18cm 정도 길이로 뜬다.

• 빨간 망토 끈 끼우기

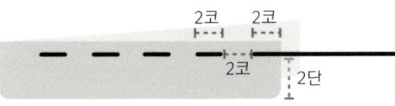

1. 겉에서 안으로 2코를 건너뛰고 시작한다.
2. 2코씩 건너뛰면서 한 단 전체를 둘러 끼운다.
3. 반대쪽 끝나는 부분도 2코를 남기고 밖으로 빼낸다.
4. 모두 끼우고 끈의 양쪽 끝을 매듭지어 마무리한다.

• 늑대 망토 끈 끼우기

1. 겉에서 안으로 2코를 건너뛰고 시작한다.
2. 2코씩 건너뛰면서 한 단 전체를 둘러 끼운다.
3. 반대쪽 끝나는 부분도 2코를 남기고 밖으로 빼낸다.
4. 모두 끼우고 끈의 양쪽 끝을 매듭지어 마무리한다.

• 늑대 망토 코

시작	실을 두 번 감아 원형코 만들기
①~③ (5)	0, (×) × 5, ·
④ (10)	0, (ℛ) × 5, ·
⑤ (15)	0, (×ℛ) × 5, ·
⑥ (15)	0, (×) × 15, ·

· 실을 50cm정도 남기고 자른다.
· 납작하게 접어 돗바늘로 망토에 꿰매 붙인다.

• 늑대 망토 눈(2개)

시작	실을 두 번 감아 원형코 만들기
① (5)	0, (×) × 5, ·
② (10)	0, (ℛ) × 5, ·

· 실을 50cm정도 남기고 자른다.
· 돗바늘로 망토에 꿰매 붙인다.

Color

※ 모두 레이스 코바늘 1.50mm와
레이스 실 사용

늑대 망토&테두리
51번 그레이

빨간 망토&테두리
20번 레드

늑대 망토 코
①~② 52번 진그레이
③~⑥ 51번 그레이

늑내 망토 눈
① 53번 블랙
② 2번 아이보리

늑대 망토 귀
기본색 51번 그레이
배색 52번 진그레이

늑대 망토 이빨
2번 아이보리

• 늑대 망토 이빨

· 사슬뜨기 9코 + 1코(기둥코)로 시작한다.
· 실을 50cm정도 남기고 자른다.
· 돗바늘로 망토에 꿰매 붙인다.

• 빨간&늑대 망토 테두리 뜨기

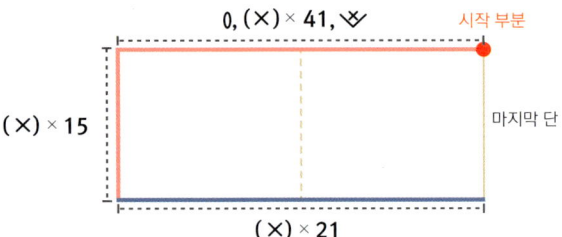

1. 다 뜬 후 그림의 ▬ 부분을 짧은뜨기로 뜬다.
2. 반을 접어 그림의 ▬ 부분을 짧은뜨기로 뜬다(겉면이 마주보게 접는다).
3. 실을 10cm 정도 남기고 자른 후, 돗바늘로 정리한다.

• 늑대 망토 귀(2개)

시작	실을 두 번 감아 원형코 만들기
① (5)	0, (×) × 5, ·
② (10)	0, (ℛ) × 2, ℛ, (ℛ) × 2, ·
③ (15)	0, ×, ℛ, ×, ℛ×ℛ, ×, ℛ, ×, ℛ, ·
④~⑤ (15)	0, (×) × 5, (×) × 5, (×) × 5, ·

· 실을 50cm정도 남기고 자른다.
· 돗바늘로 망토에 꿰매 붙인다.

시은맘의 손뜨개 인형